U0114351

心靈勵志 43

為理想而奔馳

—— 一個大學教授的夢

黃炎東　著

博客思出版社

鐵肩擔教育，一個想突破台灣困境的教授夢！

黃茂德　推薦

　　黃炎東教授出身於屏東農村，憑藉父親良好的身教及本身堅毅的性格，終於完成博士學位，並且成為國內外知名的法政學者。這本「一個大學教授的夢──開創台灣新願景」是將黃教授過往所發表的文章與論文，輯合成冊。依其內容，大致上可以分為：家庭教育與學校教育、警政與法治、政府治理與國家願景，三個部分，涵蓋的範圍廣泛且深入。藉此，我們可以看到一位知識分子，對「修身、齊家、治國、平天下」作出深刻的註解，並且身體力行；令人敬佩，更值得效法學習。

　　其中，有關我國刑法及刑度的探討，尤其讓我印象深刻。原來，我國的刑法源自於清末，承襲歐洲的刑法制度而來，在當時的時空背景之下，刑度不是很高。但我國缺乏歐洲的社會教育與宗教背景，加上民眾普遍教育水準的落差，所以將歐洲的刑度標準搬到我國，自然不是很合適。而歐洲這幾年的刑法，因應社會條件的變化，逐漸提高法定刑度；反觀我國，卻一直沒有檢討，使得民眾對於司法產生不信賴感。黃教授特別舉出英國、德國、美國、加拿大等國為例，對於重大犯罪、累犯等，提高量刑；並對假釋，訂定更嚴格的條件，以提高刑法的威嚇力。反觀台灣，遲遲無法對於不合時宜的法令及時修正，而常使社會付出慘痛的代價。黃教授呼籲政府檢討司法刑法政策，統合檢、警、調科學辦案的能力，以有效打擊犯罪、讓人民能夠安居樂業。我想，這絕對是全民的期望與共識。

而死刑存廢，也是近來社會熱議的話題。一些令人髮指，泯滅良知的罪行，總是會出現於媒體版面。而審判定讞的結果，多半是加害者「仍有教化可能」，最終處以無期徒刑。讓受害者家屬留下永難癒合的傷痕，也重擊社會大眾對司法的信心。我十分同意黃教授的觀點：

對於已經定讞的死刑犯，依法執行，行政單位不應該基於自身理念反對死刑，而予拖延消極不作為，這是怠惰，更遑論依法行政。

其次，我國既仍未廢除死刑，對於非常重大的犯罪，就應該處以死刑，而不是單從加害者的角度，而忽略民眾對於彰顯公平正義的呼聲。

也許廢除死刑是未來的趨勢，但在我們社會氛圍、人民素質無法達到理想的水平，社會共識尚未形成之前，實在不能貿然廢除死刑。除了持續教育民眾尊重生命、提高國民道德素養之外；更應該嚴謹地看待死刑的構成要件與訴訟程序，同時從犯罪心理、法律道德，深度思考適合的配套措施，一方面不流於報復性情緒，一方面兼顧受害者的傷痛，使二者達到合理的平衡。

綜觀全書，我們可以瞭解到黃教授是一位慈愛的父親；是一位知識淵博、治學嚴謹的學者；更是一位針砭時政、以國家興亡為己任的知識份子！目前正當台灣發展面臨瓶頸、前途渾沌之際，「一個大學教授的夢——開創台灣新願景」恰能適時提供指引，讓我們沉澱思緒，重新省思台灣如何突破現狀、面對接下來更艱巨的挑戰。

恆春古城文化推展協會創辦人

黃城純

中央警察大學通識教育中心於民國 105 年 12 月 6 日上午 9 時 30 分假警大推廣教育訓練中心舉行 2016 通識教育與警察學術研討會，校長刁建生先生蒞臨指導，受到與會全體師生們熱烈的歡迎。刁校長對通識教育中心所舉辦的學術研討會勉勵有加，本書作者黃炎東教授出席盛會並發表學術論文深感榮幸之至，因特與校長刁建生先生暨諸位學者專家合影誌念。

黃炎東博士自民國 74 年獲得法學博士學位後迄今民國 106 年，在這 31 年間先後歷任中華民國新聞學會總幹事、臺藝大廣播電視系兼任教授、媒體記者、特派員、總編輯、副社長、台灣大學國發所兼任法學教授、中央警察大學專任教授兼公共關係室主任、校長室機要、圖書館館長、世界警察博物館館長、崇右技術學院（現已奉教育部核准籌備升格科技大學）專任教授兼財經法律系主任、經管所法商專題講座教授、副校長、中山大學行政主管班講座、美國奧斯汀德州大學政治系及日本東京大學客座學者等工作，為感恩崇右技術學院多年來厚植之鴻恩盛德特撰【為教育理想而奔馳之心路歷程－從崇右技術學院通過教育部評鑑並積極籌備升格科技大學談起】乙文，特於校園留影誌念並發表專文於有關媒體。

為摯愛，大聲疾呼！

作者序

孟子曰：「孔子成春秋而亂臣賊子懼。」

《典論・論文》：「文章，經國之大業，不朽之盛事。」

拿破崙說：「世上有兩種力量——劍與筆，筆的力量往往遠勝於劍。」

以上諸聖先賢之言論，筆者深以為然也。

筆者出身於台灣最南端的屏東鄉下，一個家庭貧窮的放牛郎，經歷求學，從師範到大學，到研究所，博士，出國參訪到回國服務，大半生以來見證了台灣各個年代的發展情況；台灣從貧窮到「台灣錢淹腳目」，到經歷亞洲金融風暴，到大陸崛起，台灣小確幸，到各種紛紛擾擾的現在。

每一個時代，每一個年代，都有它精彩的地方，也有它的問題，過去的繁華已不用再回首了，但是今天及今天以後，台灣正面臨的各種問題，這些問題來自光復以後各個年代，各個思潮所遺留下來的問題，到今天若不能有效好好的解決，台灣的未來令人憂慮。

例如對於維持整個台灣安定主要力量的警政人員，目前大概是什麼情況？警政教育做到了什麼層面？警政教育可以為台灣做更多什麼事？警政教育與實務應該如何加以提升，建立全面性的社會安全網，確保憲法保障的基本人權，以符合社會大眾的殷切期待。

　　台灣的產業如何在國際上發光發熱，如何解決對岸的經濟封鎖，如何強大台灣本身的產業？讓台灣的產業實力擺脫對對岸的過度依賴、營造兩岸和平經貿互利的良性交流氛圍？筆者以台灣的醫療專業為例，在書中提出並介紹台灣醫療的實力及推展在全世界的競爭空間？如何與國際接軌？

　　而台灣的兩岸政策，國際外交等事務，也十分令人憂心，對於釣魚臺，南海政策，太平島乃致於兩岸問題，筆者基於歷史、憲法及國際法政規則及至台灣法律與憲政體制等問題，也依據學理及實務經驗提出了個人看法。

　　對於台灣目前年金問題，低薪問題，高房價問題，弱勢族群的扶助問題，種種致使人心混亂的各種問題，筆者深信只要有心，只要有人拋出正確的方向與道路，必定能讓台灣的未來，走出一條更順利的道路．基於此，於是寫下以下篇章，從個人的家庭，到工作到所有相關閱歷，以論述自身的經歷為借鏡，看看能否對迷惑的人心有些微的助益。

為教育理想而奔馳之心路歷程
——從崇右技術學院通過教育部評鑑並積極籌備升格科技大學談起

　　人生有夢最美，夢想乃是人生奮鬥的能量根源，但無論是築夢還是實現夢想，必須努力去實踐，堅持不懈地勇往直前，為了達成人生夢想之目標，即使前面的道路是充滿荊棘、顛簸坎坷難行，亦不可忘了當初築夢的初衷，當以「一路走來始終如一」的毅力與恆心，堅持夢想，堅苦卓絕、排除萬難地去完成。

　　筆者出生於南臺灣屏東恆春海角七號旁的車城鄉海口一個小漁村，在那窮鄉僻壤的窮困環境生活過程中，總有很多夢想的湧現，開始總希望有一天我會變成一個老師，給小朋友說很多故事。每當颱風來襲時，我就夢想我們住的茅草屋能因我有好的工作，增加收入，好好蓋一棟堅固的房屋，讓父母及兄弟姊妹住，亦夢想有一天，我能精研法律學門，為鄉親們，尤其是那些長年處於弱勢的村人，伸張公理正義。

　　從幼年至今，在人生旅程的每一階段，我總有不同的夢想，而我亦以宏觀、務實、前瞻、創新的理念不斷地充實自己，也不斷地向諸位恩師及長官、同學、同仁們請教，臺灣應如何走出一條正確的道路？如何開創臺灣更為美好的新願景？

　　我自大學研究所畢業後，有一段很長的時間從事政治、媒體與法律教學研究，且擔任主管及單位首長之工作，但沒有一

天離開我最愛的教育，且亦在教學與研究之餘，撰寫各種著作發表於媒體或成冊出版問世，其主要的目的是透過「以文會友、以友輔仁」的方式，結交朝野賢豪，考察各國政教風俗，吸取經驗教訓，誠如西方一句諺語：「觀念足以改變世界」，吾心信其可行，則移山倒海之事，終有成效之期。我亦深切的體驗到儘管我們的國家或是我們個人即使歷經多少橫逆或任何嚴厲的考驗，只要我們能堅定信心，勇敢向橫逆 say no，不畏艱辛，努力向前，我們便能克服困難，共同為我們的國家與人民開創更為美好的新願景，為國家的永續發展與人民的幸福做出更佳之奉獻。

因此，我從一個小學教師做到臺灣大學、中央警察大學教授以及崇右技術學院的講座教授，乃是我這一生在學術生涯中最感榮幸之事。我自民國 63 年，先後考入臺大、文大研究所博碩班，攻讀法政學術，在諸位學術上皆有頂尖卓越成就大師級的恩師們之指導下，我總夢想有朝一日能像他們一樣在杏壇上擁有一席之地，施展所學，得天下英才而教之。

直到民國 74 年我獲得法學博士學位後，我的夢想終於有了初步的實現，我先獲聘於臺灣大學國家發展研究所擔任法政課程教師，後轉入中央警察大學擔任專任教授並兼任警大校長室機要秘書、公共關係室主任、圖書館館長、世界警察博物館館長、全民拚治安論文集總編輯、校務發展委員會執行秘書等行政一級主管十餘年。當中亦曾經先後獲得美國奧斯汀德州大學政府系及日本東京大學等學府之邀請，前往擔任客座學者，至今仍與彼邦學者們保持聯繫，分享彼此之學術研究經驗，以收他山之石可以攻錯之效。並兼任中央政府或地方政府機關之法規委員會委員及投入社團公益工作，兼任法律顧問等義務性服務工作。

直到民國 98 年 10 月，承蒙崇右技術學院董事長林金水

先生、校長梁榮輝先生之拔擢，徵得中央警察大學長官之同意下轉入崇右技術學院服務，擔任講座教授、副校長暨財經法律系主任等工作，歷經梁榮輝前校長（現任開南大學校長）、陳啟雄前校長及現任校長俞維昇先生，如今崇右技術學院已通過教育部評鑑，並積極籌備升格科技大學。

我在崇右技術學院 7 年多來的服務工作歷程中，總覺得，在這面臨少子化的嚴厲大環境中，崇右技術學院之所以能有今日卓越的辦學成就，主要是得力於董事長林金水先生前瞻與創新的辦學理念，結合全校師生員工有規劃、有步驟的共同推動校務革新，配合時代變遷之趨勢，力行系科轉型，並以宏觀的理念，禮聘一流的各科系頂尖卓越之專業名師，如「設計學群」、「影藝學群」、「生活學群」，無論是師資陣容或是教學內容，皆是當前學生最為嚮往學習的優質環境，尤其更能落實在地文化產業合作，並透過優質的教學設備與專業教室的建置，以彰顯學習各科系的教學特色，並能與職場無縫接軌，有效提升畢業後的就職能量。日前，本校視覺傳達設計系榮獲四座 2016 年德國紅點設計獎，獨冠全國技術學院中獲獎第一名，這不但足以印證崇右學子能學以致用，更突顯本校在設計和影藝學群之優質特色，這也是當前最能吸引學生選擇就讀崇右技術學院最為關鍵之特點。筆者忝為崇右的一份子，對今日崇右技術學院能有如此的辦學成就，亦深感與有榮焉。

教育乃是百年樹人的崇高志業，無論大環境是如何的變遷，我當會秉持著一路走來始終如一的精神，努力實踐當初投入此志業之理想，因為筆者始終堅信，教育乃是國家力量的總集合，有一流的教育才能培育出一流的人才以蔚為國用，為臺灣的前途開創一個更為理想的新境界。

閱後《突圍，新平庸年代》的思維

黃茂德　撰

　　有別於台灣以前物資匱乏的時代，黃博士以「新平庸年代」，來描述目前台灣所陷入的困境：紛亂、高物價、低所得、經濟發展停滯、年輕人看不見未來的社會現象。並且以自身成長、攀向人生高峰的歷程，提出突破新平庸年代的切入點，讓我們能夠重新省思：造成目前困境的原因，以及其因應之道。

　　綜觀全書，以「教育學習、身體力行」做為主軸。教育問題，確實是造成台灣競爭力大幅下滑的主要原因，而多數學者在探討這個問題，大多聚焦於教育制度，或是教育政策方面，例如：入學制度、十二年國教、技職體系崩壞等等。但這些議題，都不是一般民眾所能深入研究的。而黃博士究其根本，從最基本的家庭教育與學校教育入手，以描繪他自小接受來自於父母親與師長的身教與言教，使得黃博士以一個屏東窮苦漁村的孩子，能夠克服萬難，堅持理想，一步一步完成博士學業，甚至獲聘為美國奧斯汀德州大學、日本東京大學客座學者；並且擔任國內多所頂尖學府的教授，以及警察大學教授兼公關室主任、圖書館館長、世界警察博物館館長等職務。令人十分欽佩黃博士的成就，也足以成為青年學子的典範！

　　書中的第一部到第四部，介紹了黃博士的成長與求學過程，一方面講述其過程中的點點滴滴，一方面也是利用這些小故事，來對比目前的社會亂象，強調建立正確的價值觀、正確人生目標的重要性。例如，黃博士的父親擔任過教師與村長，由於受過較好的教育、個性又耿直，常為村民排難解紛，頗受

愛戴；同時，這樣助人為樂的價值觀，也深深烙在黃博士的小小心靈裡。黃博士再對照目前社會的自我主義及享樂主義，「當個人只追求自我享樂，不瞭解甚麼才是人活著真正的價值，價值觀偏差，也就無法為他人付出與犧牲」、「人的價值不在於自己享樂了多少，而在於為多少人做了服務；結局不在於你在乎多少人，而是有多少人因為你的付出使人生更美好」、「父母能給孩子真正億萬家財，不是給他多少錢，而是給孩子好的身教、正確的價值觀，並且訓練他有生存的能力，讓他們可以在一生的過程中好好奮鬥，走在自己想過的生活，才是真正給他們的億萬家財」。

除了良好的家庭教育，從車城小學、恆春中學、一直到輔大、台大，黃博士真是非常珍惜得來不易的學習機會，與師長保持良好的互動、認真於課業，並且深入體會師長的教誨以及書本以外的人生智慧。廣泛的涉獵、培養多元的興趣與能力，從而擇一立為人生目標，堅持到底，絕不放棄。書中提到：「別只抱怨 22K，試問哪個時代沒有困局？為什麼只會抱怨？不能身體力行，在陽光下流下汗水，或咬緊牙關，闖出屬於自己的一片天？…要怎樣突破平庸的困局，該如何面對自己的人生路，心態才是重要的，有突圍的心，有人生的目標，便能逆轉平庸、開創新局」。

第五部及第六部，黃博士將焦點擴大到家庭關係及社會網路，例如：婚姻、婆媳、社群網路、高齡化社會以及社會公益等等。其中，有關「小確幸」的探討，確實發人深省。我非常贊同黃博士對「小確幸」的看法，「小確幸」不應該是消極、慵懶，甚至是逃避現實、自我安慰；而其本意應該是：不好高騖遠、要腳踏實地、怡然自得的生活美學。黃博士認為：「小確幸當道，台灣進入平庸年代是必然的現象。年輕人應該認清環境，收拾起慵懶的眷戀，大步向前行，勇敢與世界爭鋒，

因為處在這個全球化的地球村、處處講求競爭力的時代大浪潮中，台灣人若不能從曲解的小確幸之錯誤理念枷鎖突圍出來，那將會被時代的浪潮所沖走，跌入難以翻身的逆境」。真是鏗鏘有力、擲地有聲！

　　「修身、齊家、創業、治國、平天下」向來就是知識分子的抱負。在黃博士「突圍，新平庸年代」這本書中，我們可以看到黃博士切身真正地實踐，沒有沽名釣譽、譁眾取寵的詞藻，以一種真切、溫暖、悲天憫人的筆觸，啟迪人心。猶如一股清新的暖流，注入在這資訊爆炸卻又晦暗不清的社會，提供全體國人，特別是年輕人，一個沉心自省，策勵將來的指引，確實是一本值得推薦的好書。

永遠站在歷史正義的一邊

　　日前筆者又與內子重遊母校臺灣大學椰林大道、醉月湖等校園，舊景雖依在，腦海中湧現出無限的追憶與感懷，而在無意中又使筆者唸出這兩首古人的詩詞，其意境真是百感交集寸管難以形述矣！醉月湖景色幽雅綺麗迷人，那是筆者早年求學時代常與恩師及同學們在課餘之暇，前往憩息並藉以抒發關懷時局之地，在那兒我留下了難以數計的足跡，許下了多少殷切的盼望及美麗的願景，與大夥兒共同度過多少風晨月夕，人生有夢固然是最美，但築夢亦須踏實，「唯有行穩才能致遠」呀！自母校畢業後筆者懷著一股強烈的使命感，施展所學奉獻國家社會，但由於個人經驗智慧有限，努力不夠，因而成就亦不大。如今又重回這個昔日在此許願無數的心靈聖地，怎不令人有萬千的感懷呢？但在醉月湖畔幾近半日之沉思後，亦給了筆者莫大的啟示——人生的旅程本來就充滿坎坎坷坷，而唯有堅定奮進的心誌最後皆會達到理想之目標，以砥礪再奮發打拚的毅力與決心，並藉以激發國人愛鄉護土的高尚情節、發揮生命共同體之危機意識，全民無分朝野團結一致發揮維護治安人人有責的道德情操，重建一個富而好禮、安和樂利的社會，共同開創一個更有希望美麗的臺灣新願景，此乃筆者撰寫本書之初衷。

只要堅持理想目標奮鬥不懈，最後必能克服困難開創美好人生

　　俗云：「將相本無種，男兒當自強」，而行行出狀元，有為者亦若是。筆者有感於目前國家社會正處於急遽變遷，資

訊、科技發達一日千里的時代，一個人固然要努力的去追求其事業的成就，但不要忘了我們的社會型態與價值觀已與以前有了很大的不同，誠如一首流行歌的台語歌詞其大略描述：「每一個人都有理想，只是理想不一樣，青年朋友只要不怕艱苦，最後都能達成理想，共享人生的美景。」其實，理想與實際之間往往有若干距離，但只要一個人能堅持理想目標，即使遭遇阻撓困頓亦能不屈不撓的努力奮進，這才是主動積極樂觀進取的人生觀。我們這個社會每一個人只要能秉持這個正確的人生觀，相信必能克服當前社會的不景氣環境，勇敢而快樂的活下去，誠如台灣的諺語：「有風就有雨，有路就有步」，在人生的旅途中往往是充滿坎坷與荊棘的，但只要能堅持理想與原則，最後皆能達到成功的境界。

美不美鄉中水，親不親故鄉人

筆者一九四八年九月三日，出生於台灣的屏東縣車城鄉海口的一個小漁村。現在的墾丁國家公園與國立海生博物館等名勝，皆是我小時候與玩伴們朝夕相處的好地方，車城鄉位於恆春半島，依山傍海，風景綺麗，根據車城鄉誌所載，車城鄉古名為「龜壁灣」，鄭成功統治台灣時為防禦工事需要而築城垣，命名為「梅露城」，「車城」鄉名乃是鄉人為防禦外患而集結牛車於城外而來。車城國民小學是筆者的母校，創立於民前十一年，日前母校舉行建校一百周年時任校長的李明一學長廣邀校友及各界人士回母校慶祝，場面甚為溫馨感人，尤其校友們對李校長能以前瞻、務實、宏觀之理念推動人性化、科技化與鄉土化之教學工作，績效斐然，貢獻厥偉，甚表敬仰，而筆者亦榮獲李校長頒授車城國民小學傑出獎，深感榮幸之至，當與會人士一同唱出：「山川壯麗、海濤奔湧、溫泉洗濯、漁港豐隆，美哉吾校，醉臥其中，良師益友、學正教忠、切磋琢磨、其樂融融、乘風破浪、起舞從戎、為國為民、光祖耀宗、人才

輩出、邦國棟樑、繼往開來、發憤為雄」優美典雅之校歌時，一時間又令筆者憶及幼年就讀小學時代在王春木校長、許秀良老師、劉祿德老師、許淵明老師、黃夏茂老師、黃春海老師、王炎奇老師、陳更生老師、陳欽忠老師等，在恩師們諄諄教誨及可愛的同窗們六年間朝夕相處互相切磋功課的生活點滴，至今如影歷歷在眼前令人永遠難以忘懷矣。自從一九七〇年負笈旅北迄今，漫長的三十餘載之歲月中，雖因求學後又曾在幾個不同的工作崗位任職，總覺得故鄉的泥土永遠是芬芳的，所謂「美不美鄉中水，親不親故鄉人」，那美麗的鄉土之一草一木永遠是不時的在我腦海中魂縈夢繫。因此諸如〈涼山情歌〉、〈月琴〉、〈落山風〉、〈恆春民謠〉等乃是我最喜歡哼唱的歌曲，因為這些歌曲正是代表鄉人，敦厚純樸之民風與最誠摯的愛鄉情懷之發抒。

教育培植人才以蔚為國用

自一九六四年承惠小學時代恩師劉祿德校長的指導與鼓勵考入屏東師範，接受嚴格的文武合一、術德兼修的三年師範教育，一九六七年畢業後，旋奉派至屏東恆春鎮大平國民小學服務，當時校長為陳明章先生（按陳校長自幼刻苦奮力向上，謙沖自牧，乃是一位傑出的教育家，長年奉獻基層學校教育工作建樹良多，尤富熱愛台灣斯土斯民的情懷，甚得師生與各界人士之敬重），由於筆者全心投入培育民族幼苗之工作，深得陳校長之器重與學生的敬愛。而筆者自屏東師範畢業後，迄今四十一年以來，始終沒有放棄我所熱愛的教育工作，我想今後當會堅持這個理想與目標，全心投入學術研究與教育工作，培養更多的具有德、智、體、群、美的國家優秀人才之志業。因此，筆者由此思維考量到，政府今後更應該加強國家法政、財經、軍警、情治、文教等領導人才之培訓與儲備工作，建立更為健全的文官制度，因為未來政黨輪替的現象在我國必然是一

種正常現象，所謂「馬上取天下」與「馬下治天下」之人才是有所不同的，政務官與常務文官兩者必須相輔相成，才能使國政推動順暢，而唯有培育更多的具有專業、常任且能嚴守行政中立的文官，才是國家長治久安之計，否則任何政黨執政皆會發生不良適應現象，而常任專業且中立的文官必須靠平時的教育訓練與儲備做起。有關這一點日本與英國等先進國家的文官制度殊值我國借鏡。而有一流的憲法教育才能培育出一流的國民，有一流的國民才能建立一流的政府來為兩千三百萬同胞做最佳的服務，以落實主權在民的理想。因此，今後政府有關當局，尤其是教育部門更應該加強住民的憲法與道德教育，培養國人更為堅定的愛鄉護土之意識，並將民主憲政理念融入每一個人的生活中，因為唯有正確的憲法知識才能深化台灣的民主工程，才能使每一位台灣人民深深的了解到人民才是政府的頭家，彰顯台灣兩千三百萬人民當家做主的理念，從根本上徹底地祛除殖民統治與威權統治下台灣人民所受心靈創傷之陰霾，激發人民捍衛民主的台灣之高尚情操。唯有具備憲政理念的人才能深深體會到人權維護與提昇的重要性，以獲得愛好民主自由人權這一普世價值與世界潮流的國際友人之支持與認同。

追隨學術大師以精進法政學術研究與教學

筆者於一九七四年在恩師周世輔教授之大力指導下，以優異的成績，考入首屆國立台灣大學法學院三研所法政組（於民國八十九年改制為國家發展研究所），當時校長為閻振興先生（曾任教育部長、原子能委員會主委），姚淇清先生為研究所所長（姚先生獲有美國耶魯大學法學博士，曾任台灣大學法學院院長、教務長、教育部次長），對我們第一屆的研究生關照與培植有加，尤其對筆者期許更深，希望筆者能鑽研憲法與其他關係國家民主化與現代化之學術，以蔚為國用。一九七七年通過碩士論文口試後獲得台大法學碩士學位，論文題目為「約

翰・穆勒自由論與中山先生自由論之比較研究」，論文口試
教授為周道濟先生、姚淇清先生、胡佛先生（胡先生係享譽國
內外知名的政治學大師，現任台灣大學政治系教授、中央研
究院院士，對筆者一向指導與鼓勵有加，筆者在一九九五年
所出版的《中華民國憲政改革之研究》乙書，即承惠胡教授頒
賜題序，為拙作增添無比光彩，厚植之鴻恩大德永銘五中）。
筆者在一九八五年獲得國家法學博士學位後，承惠校長孫震先
生（曾任國防部長、工研院董事長）、國家發展研究所所長賀
凌虛先生、周道濟教授等的大力提拔，得以回台大開授憲法、
政黨理論與選舉制度等法政專題課程，迄今（二〇〇九）廿四
年來在學期中每週必回台大授課乙次以回報母校厚植之鴻恩大
德。一九八八年應美國德州大學奧斯汀校區政府系邀請前往擔
任客座教授（Visiting Professor），並就如何學習歐美民主發展
經驗，以加速我國的民主化與現代化加以深入探討，以供我國
未來憲政改革之參考。在美研究學習中，亦不忘為華僑服務，
並推動國民外交工作，因而獲得美國紐奧爾良市長辛尼（Sidny
Barthelemy）頒授國際榮譽市民證書。回國後除仍在台大任課
外，又承惠當時中央警察大學校長顏世錫先生厚植，聘為中央
警官學校兼任教師，在警政研究所及大學部開授憲法、政治
學等相關課程。一九九二年榮獲教育部頒授正教授證書，當
時並承惠國立中山大學校長林基源博士及洪墩謨所長之提拔，
得以在中山大學中山學術研究中心，擔任研究工作並教授法政
有關課程。（按洪教授時任中山學術研究所長兼中心主任，後
任中山大學社會科學院院長，其為人也謙謙君子、博學多才，
望重士林，甚得學生推崇與敬愛。）而當時中山大學為提升教
學研究之品質，與有效做好以學術理論奉獻政府實務單位及工
商企業界的交流工作，以迎接知識經濟時代的來臨，並提升國
家之競爭力，因此，特為高雄縣市等南部地區的政府單位或企
業工商部門，開設諸如社會科學研究班、行政主管等推廣班，

帶動南部地區行政單位或企業高階主管人員在公餘之暇，再投入學術充電的行列之風氣，落實了全人教育與終身學習的教育理想，並有效提升了公務員服務人民的效率與品質。而筆者當時亦應中山大學之聘，請忝為該班有關「中央與地方權限劃分之研究」專題課程主講人，而參與該班之研究人員皆是行政部門一時之選，因此於課程之研討中頗能將理論與實務充分融會貫通，以達到訓練高級行政主管人才之預期效果。筆者憶及昔日與同學們研究之點滴，至今十多年來仍令人印象深刻，而更令人深深感受到，教育乃是百年樹人，為培育國家棟樑之才的神聖志業也。同時為回饋母校——屏東師範學院，亦曾應當時先後任校長王家通校長、何福田校長之聘請，回母校教授法學緒論、國際關係等有關法政專題課程，屏東師範創校首任校長為名教育家張效良先生，培育無數基層國民小學教師，對我國師範教育貢獻至為厥偉，現已改制為屏東教育大學。現任校長劉慶中博士，學養卓越，長年奉獻屏師教學研究與行政工作績效卓著，甚得前校長林顯輝博士之肯定與大力之推荐，並獲得廣大校友與各界之支持，此番能膺當導航未來推動屏師教育工作，相信會為廣大屏師人帶來更有前瞻希望的美麗新願景。筆者又於一九九六年榮獲世界光明促進會（聯合國非政府組織）頒授傑出學術與社團服務獎，並接受母校屏東師範校長林顯輝博士頒發傑出校友之表揚。（按林顯輝校長係一位傑出的權威教育學者，為人謙沖自牧，自擔任屏東師範學院校長以來，全心全力投入屏師校務之推展，績效卓著，在全國師範院校體系之接受教育部的評鑑當中，屏東師範在當時林校長卓越領導之下，獲得多項前茅，甚得教育部及各界肯定，今日屏師能改制為教育大學，林顯輝校長之貢獻功不可歿，當會為所有屏師人永遠感念。）一九九七年筆者承惠恩師謝瑞智校長不次拔擢，聘為中央警察大學專任教授兼機要秘書及校務發展委員會執行秘書工作，當時諸如編撰中央警察大學法規彙編、中央警察大

學行政業務作業流程彙編、警察百科全書，編纂警政改革建議書，以供上級決策單位參考、獎助優良教師短期赴國外進修、加強國際學術交流工作等校務發展之方向與具體做法，皆是筆者基於回饋警大對筆者培植之鴻恩大德，並為提升學校之行政效率與學術研究水準，以落實更為現代化與民主化的警政教育革新所構思而來，並向謝校長提議採行，而謝校長亦能不棄淺見而予以採納，且在謝校長卓越的領導下，有效地結合全校所有師生員工們共同打拚，績效卓著深獲各界肯定。如今謝校長雖已榮退，但其對警大之貢獻是值得我們緬懷與感激的。筆者於一九九八年間雖獲得東京大學聘為客座研究員，因公務纏身，一時雖尚未能成行，但與彼邦學術界人士，亦經常保持良好關係，以收「他山之石，可以攻錯」之效；因而能於二〇〇六年完成《公共關係與警民聯防之研究——以日本警民聯防制度為例》乙書，並承蒙前任警大校長謝銀黨先生惠予賜序，激勵國人發揮維護治安人人有責之道德情操，共同為全民拚治安之工作奉獻心力。

筆者從一九九九年起即連續獲選入世界年鑑中華民國台灣名人錄。二十多年來在台大、警大及有關大專院校教授憲法、民法、政治學、大眾傳播與公共關係等法政有關學術領域課程，充分的體會出憲法的研究與實踐，的確關係著國家的民主發展與民眾的幸福生活至深且鉅。而筆者多年來投入法政有關學術之教學研究工作，對研究這一領域的古今中外學者專家前輩先進們所出版的大作，皆能以最虔誠的心情加以拜讀，並作為筆者進一步研究的重要參考，此對筆者之研究與教學工作助益甚大，尤其更感佩諸師長前輩先進，他們對提升我國法政學術之研究與教學水準之偉大貢獻。而筆者目睹當前的政局亂象，經深入的探討後發現其主要的因素，乃是我國尚未建立完善的憲政制度，中央政府體制權責未能釐清、權責不符之所致，因此如何建立一個真正能符合權力分立與制衡，權責相符

的憲政體制，並能為國家帶來長治久安的良性政黨競爭之政治體系，實是朝野全民責無旁貸共同思考與努力的方向。而筆者基於一個生於斯、長於斯，及熱愛台灣之情懷與兩千三百萬同胞安危之所繫的道德良知與使命感，因此，不揣讓陋於公餘之暇，長年不斷的針對以上諸問題撰文發表於各有關報章雜誌或學術期刊，以聊表書生關懷國是之區區心願，並激發國人捍衛我民主台灣之高尚情操，而筆者所發表之論文亦頗能引起各界共鳴，當中若干篇已蒙立法院國會圖書館及國史館予以蒐集編印，以提供國會及各界人士參考，誠屬筆者之榮幸也。

牧童變教授分享「吃苦」

潘煥宗　撰

桃園縣　中央警察大學專任教授黃炎東幼時家貧如洗，有感於時下年輕人抗壓力差，最近將他從赤腳牧童一路苦讀成為大學教授的歷程出書「從牧童到博士」，以自己的座右銘「橫逆的環境，往往是成功的導師」與人分享。

61 歲的黃炎東是台大國家發展研究所畢業，專攻憲法和政黨理論，24 年前取得文化大學三民主義研究所法學博士，在台大、中山大學任教，12 年前獲聘為中央警察大學教授，教過的警官難以計數。

「回顧小學、初中那段艱苦的經歷，黃炎東說，幼時住屏東鄉下，清晨四點多起床放牛，吃完番薯籤、野菜配醬油早餐，赤腳穿著麵粉袋縫製的衣褲到學校，中午偷偷「聞」同學便當的肉香。

黃炎東印象最深的是小學老師請他當小老師，送書和文具當獎勵，是另類的半工半讀，因無力支付學費，考上公費的屏東師專，將第一個月領到的米糧和零用金交給爸媽時，覺得好驕傲，「那天吃的晚餐，感覺特別香甜」。

學生時代，黃炎東沒錢買英文輔助教材，「最省錢的方法就是聽當時的美軍電台」，到現在他還常聽 ICRT 電台新聞，「遇到問題，想辦法解決，不是成天怨天尤人」。

（本文刊於聯合報，2009 年 7 月 19 日桃園地方版。）

學海縱橫開新頁：
拜讀黃炎東老師大作《管理哲學與管理策略》有感

詹景陽　撰

　　日前接到恩師黃炎東教授的電話，告我以其目前出了一本新著《管理哲學與管理策略》，囑我讀過一遍，並提供一點意見。我輩何能？在學問浩瀚的老師面前，豈能有什麼發人所不能發的意見提出？但師有命，焉能不從？僅能發揮類似考據學家「爬梳」的功夫，以一日為度，佐以清茶一杯，一字一字讀去，權為校對的工作罷了。但思及忝列門牆這十餘年來，所受教益實非淺也。清夜捫思，昔日恩師之教誨，歷歷如昨，充塞胸臆，吾人非鳥獸，豈能無感於心？故謹以讀後感一篇，略述所得（筆者亦忝為管理學院之畢業生），並綴以從遊於老師門下之日所發生之生活點滴，其盈充於懷者，述之筆墨。往昔已矣，不復可追，僅能聊發為一文，以誌此一段師生之緣並賀老師新作之梓行。

　　我之受教於黃炎東老師乃是在台大國家發展研究所碩士班的課堂上，斯時老師為中央警察大學專任教授，但在自己的母校台大兼課（按：老師為台大法學碩士，為本所之第一屆學生，民國 63 年老師入學之年，恰為筆者出生之年，大學長與小學弟其師生緣分有奇情若此），開設若干法政相關課程。我以此

機緣修讀數門老師所開設之課程，可能是因與老師氣性相投之故，在課堂中數次被老師任命為班代表，協助同學處理修課之講義暨其他相關事宜。也因此有了進一步聞老師之謦欬的機會。老師在學術上嚴謹而不苟且，可是在為人處事上卻爽朗而熱情。常招致修課同學至其寓所之內，大家就一修課主題，暢所欲言、縱論古今，如何之書生意氣、豪氣干雲也！同學們的討論往往因學植過淺，失之於簡；或因天馬行空，失卻焦點，但老師總是能適時地對同學略加點撥、導正，使討論或深入、或聚焦，使同學們咸感受益良多，因此來修課者總是極多，真可謂「立雪程門實多士，吾道不孤頗有人」，信不誣也。

我於碩士班畢業後，於某中學代課，亟思有以上進者，意欲報考本所之博士班，故請益於老師。老師對我之有上進之心，極為嘉許，並允為我撰寫推薦函。不久我幸運地以第二名的資格錄取為博士班的新鮮人（當年考生共 49 人）。老師得知後，其興奮雀躍之狀，宛若自己考取一般，從中可見其對學生關愛之深、操心之切、用力之勤，一至於斯！

後來我一方面就讀於博士班，一方面在東部的高中任教。每至北修課，若得餘暇，輒與老師聯絡，或在老師家中小坐，求學問道、敘往論今；或擇一小餐館同桌共食，析時論世、月旦臧否。直如沐於春風之中、坐於黌宮之內也。老師之為學向稱精深博洽，從其隻言片語中，往往能得到醍醐之溉，啟我學術之靈光。日後我能順利地取得台大法學博士學位，與此一時期內之常與老師析學論道、斟酌精微，殆大有相關焉。

老師多年來即已著作等身，其研究範圍從法律學、公法學、地方自治、政黨政治等為主。近年來老師不辭蕪雜，治學另闢蹊徑，一頭栽進管理學的領域。此因無他，蓋老師歷任各行政要職（中央警察大學圖書館暨世界警察博物館館長、公共關係室主任、崇右技術學院副校長暨財經法律系系主任等），

深諳管理哲學之理論與實務，理論不能捨實務而獨生，二者如鳥之雙翼，缺一不可。因此老師即發憤著成此書：《管理哲學與管理策略》，希望能帶給理論界（學界）與實務界（企業及政府部門）一嶄新之管理哲學觀點，以有所裨益於社會。此書以東、西方之管理哲學理論為經，我國各大企業家之成功案例為緯，述各家管理哲學理論之梗概，並以之比附運用於實際成功之案例，爰為一新人耳目之良構也。然而老師的視野、識見遠不止於此，在書中另外分析了管理哲學在兩岸及全球化架構下之運用，並進一步論及組織衝突、危機管理、公共關係及人力資源開發策略等相關主題，披沙檢金、鉅細靡遺，誠一包羅萬象、疏密有致之著作也。以今日臺灣身處於全球化底下，捨經貿則不能立國已是國人之共識矣。因此不論是政府或企業界、學界，對於全球化所帶來的各種在管理上所遭遇的挑戰，非但不能等閒視之，尚且需將之置於國家發展、企業生存與學術進步之首要之事。值此國家競爭力已被各國視為「重中之重」之今日，我國欲提昇國際競爭力，則管理哲學與夫管理策略之書，豈可置之而不讀？讀之而不行尚且無益，更何況乎不讀哉？不論處於產、官、學界何地位，若能讀而行之，則相信於我國家競爭力之提升將大有助益焉。

　　我輩不敏，對於己所不甚熟習之學術領域不敢妄置一詞，僅敢以一學生或一普通讀者的身份，就其所讀，發其所感。有感曰：「欲寫出一部良言美構之佳作洵非易事，太專精深入則如陽春白雪，僅有少數讀者能讀之、和之，對社會之影響力不能見其大；太過簡約粗放則不啻下里巴人，引車賣漿者流人人能解，則於學術之發展不能見其貢獻。必也理論與實務兼具，深淺錯落有致，有高山可探焉，有淺水可溯焉。於淺學者能使其啟發之、深入之；於已窺門徑者能浸潤之、涵養之，則此為好著作矣，而老師之此大作信能當之」。

　　本文寥寥一二千言，不能盡筆者於老師的腦中、書中與為人處事中之所得於萬一，筆者此數年來雖終日奔競以食人俸祿，然不敢一日或忘恩師之教誨：「博士學位取得之日起並非學術事業之終結，而是開始」、「學術事業乃名山之業，貴在『廓然大公』與『為知識而知識』的知識份子情操，學術不是拿來為稻粱謀的敲門磚，因此必須慎重來加以對待。」因此，筆者於畢業後，不敢一日不讀書，一旦行文則不敢妄發一言，強不知以為知或穿鑿附會、鑿枘事理，此皆有背於恩師之教誨也。人生而得一良師宛若黑夜之有明燈指路，昔人所謂「天不生仲尼，萬古如長夜」庶幾近之。黃師雖非仲尼，我亦不敢以孔門人自喻，但師生之情，兩相涵詠、洽悅，亦實人生一樂也。是為感。

（本文作者詹景陽為台大法學博士，曾受教於黃炎東教授。）

（本文刊登於臺灣時報——臺灣文學專欄，2012 年 5 月 1 日。）

目錄 CONTENT

為理想而奔馳
——一個大學教授的夢

第一部 生活與家庭

1. 四十年前椰林大道父親的背影

　　我自民國 59 年在恒春大平國小完成三年的師範生義務教學任務後，旋即負笈北旅求學就業，迄今 106 年元月 2 日，歲月如梭，已有 46 載。雖長年為工作奔馳，但每逢夜深人靜之際，南台灣海角七號遠在那方的親朋故舊，甚至一草一木，總會在我的腦海中魂縈夢繫盤旋不已，人非草木，孰能無情？說來，我要對他們說聲感恩的人實在太多太多了，因為在我的生長過程中，如果缺少他們的關照、提攜和牽成，就沒有現在的我。但由於長年為工作奔波馳程不停，因而內心對故鄉的親朋感恩之情是寸管難形述呀！失禮之處亦只能說抱歉再抱歉、感恩再感恩呀！在這聚少離多的人生旅程中，我是感到故鄉的泥土永遠是芬芳的，親朋好友之情誼永遠是彌足珍貴的。近幾年來數位敬重的長輩相繼離世，令我有不勝感傷，現在的我早幾年前已是一位身處他鄉的孤兒呀！想到這些長輩又勾起我思念父親往日為我們不計辛苦的昔日種種感人情節，讓我一時感觸良多。

　　記得在台北讀大學開始，父親常從恒春或車城坐一整天的車子來看我。父親在日據時代就讀東港水產學校，他每次到台大時，在耶林大道邊走邊談的一再提到他本是希望我學醫學或理工科，但我的興趣是在法政領域，他也很開明的尊重我的意願，只希望我好好攻讀自己的學術。當時他已經 70 多歲，講起話來聲音宏量，他對中華文化有堅定信仰，因為他曾去過各地跑船知道世界思潮的發展，他說：「你在台大除了讀法律政治外，更應該去了解各先進國家政經文化的狀況。」在父親的

觀念裡，行萬里路會讓人的世界觀不同，因為要想成為一位有格局的人，心胸、眼界和氣度都要大山大水大世界才能養成的。當我們並肩走在台大椰林大道、醉月湖畔，父親因為年紀大了，走路有點駝背，他總是匆匆地來、匆匆地走，深怕錯過時間。每當他來，一見面總會對我說：「炎東，我來台北沒什麼事，只是來看看你。」每當聽到這句話，我能感受到父親對我的愛和父子之間的聚少離多的親情緣份，心裡總是酸楚的想哭。而每當我送父親到台北車站，看著他一個人坐上車回去的背影，不禁想到朱自清〔背影〕。父親年紀這麼大了，還要大老遠從枋寮坐火車，舟車勞頓了十幾個小時，而父親的身體狀況不好，這一趟下來，對他是很大的負擔，每當看到他來，我就心疼了起來，看著他的背影，我有千萬個說不出口的話，不知道該怎麼表達，當下只能更堅定自己，我立志一定秉承父親的教誨、好好求學，為社會、為國家做點事情，來回報父母養育之恩於萬一。

俗云：「手抱孩兒方知父母恩，父母疼子女長如流水源源不絕，望子孝順猶如樹上一陣風。」如今我已為人父，深深地感到父母對子女的愛是永不止息、不計一切的包容和疼愛、願意無條件為子女們付出，這種愛是山高水長直至永遠，值此萬象更始新年之際，筆者謹撰本文，除追思緬懷父母養育之鴻恩盛德外，並敬祝諸位師長同學親朋好友們新年快樂、萬事吉祥。

黃炎東敬撰，2017 年 1 月 2 日于緣園。

（本文發表於 2017 年 1 月 5 日臺灣時報副刊）

2. 我為何選擇了他？

林玉葉　撰

　　我的先生出生於臺灣最南端的海角七號鄰近的一個海港小漁村；每當他每年的生日來臨我們一家人，尤其是三個子女及女婿們更是歡喜地辦理壽宴不在話下，但他總是說：「謝謝大家的好意，就讓我來請你們吧！」，又說：「若你們客氣的話，就讓我請媽媽，你們務必要出席喔！」，而他也常說：「我的生日與九三軍人節是同一天，是多麼光榮幸福之事呀你們又何必再那麼客氣呢？」

　　我的先生出身於貧寒的家庭，一向講究中華文化優良之忠孝節義風範，但他也有其開放、幽默且讓人覺得他似乎有永遠為其理想而奮鬥不懈，且總是那麼堅定，這樣無比的信念是不會因時空或情勢之轉移而稍改其志矣！

　　今年又將臨其生日之際，我曾一再的表示要送他何種禮物，他總說免了，但昨日忽然告訴我妳就寫一篇「我為何選擇他？」為題約三千字左右的文章，就是給他的最好禮物。這一下可真讓我愣住了，而且他要求我用他 1988 年前往美國當客座學者回國後送給他的鋼筆書寫，這又讓我覺得其意涵是多麼令人有無限的暇思與回味了！

　　雖然我的文筆不是那麼健鍊，但其真情卻令我感動，因而連夜邊思邊寫、一改再改，真是比當年學生時代考試來得艱難啊！因為這個題目涵蓋之範疇太廣、遼無邊際，而且有的人地事物是只能意會而不能言傳呀！但無論如何總要寫出我內心之

真正感言，其實人生感情的事總是靠一個「緣」字，我與先生的認識是在一個恒春中學幾位同學聚會中，雖然我與他只相隔一個村落，彼此從不相識，但在那次的言談中我就留下深刻之印象。由朋友那裡得來的信息，知道他是一位熱中社團廣結善緣的人，依我當時的思維我們只是平行線罷了，又何能有其他的交集可言呢？

但在一個暑期期間，我聽說有一位大學生要到我們單位服務學習，本以為是讀醫學院的學生，但經我的主管李主任介紹後讓我頗為驚訝，原來是已認識多年但從不曾聯絡，現正在輔大就讀社會哲學領域並輔修法律學門的年青人；從此我對他又有進一步的了解，原來他除了在大學採取半工半讀的方式去完成其學業，大學畢業後申請到美國大學之獎學金，同時也考取臺大、師大研究所，後來他選擇就讀臺大國發所法律組，當時博碩班研究生很少。

因此當很多人看到報紙刊登他錄取的信息時，我一時間之感觸是寸管難以形述的，或許很多人認為我們的感情之路是一帆風順，但真正的情況是很微妙，他固然是一位信守情義的人，但在我的內心深處總覺得他是永遠不停地追求夢想，更為人生志向理想大道奔馳的健者，我們真的會是堅定終身一起打拚的伴侶嗎？經我再三思索的結果，我終於鼓起勇氣向我服務的單位請了三天的假臺北找他，在臺大椰林道及醉月湖畔深談幾近深夜最後在告別時我很誠懇的告訴他說我們雖然交往有一段時間，但我們之間仍是平行線，今晚我是來向你道別的，你是一位值得我肯定的青年，但強摘的果實是不會甜美的，希望你專於你的課業，將來施展所學為國家杜會作出更好的奉獻，我亦會在人跡稀少之處默默地祝福你。那時他整個人一時間愣住了，一直問：「妳怎麼了？為什麼呢？」。

自此我們幾乎一年間彼此不通信息，而很多親朋同學亦覺

得百思不解，其中之情節直至後來步入人生相伴相許之漫長旅程、到現在到底是我選擇了他或他選擇了我？當中有太多微妙之處是很難像維基解密一般，說出來了那就相信人生有緣才能相會，既然在一起就不要再計較一切了，那就高興的唱一首「家後」當做我給你今年生日的最佳禮物吧！

　　本文作者林玉葉女士係畢業於恒春高中、嶺東科技大學（專科部國際貿易科）、曾任職於車城國小、車城鄉衛生所、台中市大理衛生所、台灣省政府防勞局、美國華商報特派員副主任。本文曾刊於台灣時報，2016 年 8 月 31 日。

回憶青春年華總是那麼甜美。黃炎東副校長於一九七四年就讀國立台灣大學法學院三民主義研究所法律組（現已改制為台大國家發展研究所法律組）時代與夫人林玉葉合影於屏東縣家鄉田園中。

3. 哪裡有真情，那裡就是我的故鄉
——從 2016 年 4 月 4 日回鄉省親談起

　　清明掃墓乃是國人慎終追遠、懷念祖先的節日，【清明時節雨紛紛，路上行人欲斷魂】，相信每一個為人子孫的人無論是在自己故鄉或是出外旅居甚至早已移民住在國外，對這個追懷祖宗先人的日子是非常重視的，此乃「百善孝為先」的最佳詮釋。筆者於民國 56 年自屏師畢業後，在故鄉屏東縣恆春大平國民小學完成三年的教學服務工作，旋即負笈北旅就學，完成學業後，先後在中國新聞學會、台灣大學、中央警察大學、崇右技術學院等學府任職，迄今已屆四十六年之歲月。人雖長年住在台北，但故鄉南台灣的一草一木，親朋好友們昔日在一起的生活點滴總是難以忘懷，在我的腦海中盤旋不已，的確故鄉的泥土永遠是那麼的芬芳。

　　四月二日清晨 5 時 30 分左右，內人玉葉就大聲叫喊我，別忘了帶前往南台灣的車票，她這一叫，使正在書房撰寫一篇母校 - 中央警察大學建校 80 周年有關投稿文章的我，頓時停筆遵照她的指示，趕緊收拾趕往南下的行李。但每次我與內人一同出門總是多少要經過她檢查隨行行李那關，尤其我是一個喜歡閱讀愛好寫作的人，她總是有限定行李不得超過三袋（小袋）之規定，否則一律不得通關；因此為了我自己的行李（含書本）就不得不加以斟酌減縮！上了車，兩人天南地北地論及南部親友們的一些相處的趣事，但談到除了掃墓的主要核心議題之外，最讓我們感到有點魚與熊掌實在很難兼顧的問題，最

後兩人得了一個共識，就是在掃墓與家人團聚後，首先就先拜訪海口村與田中村兩家親人，再到我的母親娘家即國立海生博物館附近至親表哥陳恆文總幹事府上拜訪。看到表哥表嫂帶領全家人埋頭的正在整理洋蔥，這時令我想到多年前季麟連將軍坐鎮恆春指揮部時，帶領當地國軍官兵協助恆春車城半島（含枋山、楓港、獅子鄉、恆春鎮、牡丹鄉、車城等地區）的農民們，他們對季將軍及官兵們協助嘉惠地方的深厚情誼，至今仍是永遠感懷在心，在探望表哥及有關親人後，又在表弟陳恆德等之陪同下，一同前往恆春山腳里拜訪表姊陳玉枝及表姊夫等親人（表姊曾任教於恆春中學，學養卓越、待人親切，他們對我關照有加，終身教育學生遍及各地，甚得學生的敬愛，雖然退休多年，但探望她的學生們仍是絡繹不絕，足見表姊在教過的學生們心目中是多麼地獲得景仰與敬重。而表姊夫服務於銀行界，由於績效斐然，甚得長官器重與同仁厚愛），他們兩位賢伉儷在退休後能選擇定居在故鄉恆春這個充滿鳥語花香詩情畫意的恆春山腳里，那麼的愜意、與世無爭，共享大自然美景而隱居似的生活，這是一件多麼令人讚賞與稱羨的生活！

在這次拜訪的親朋好友中最讓我感到快樂無比的就是我與內人在我任教台灣大學時代的學生曾玉祥博士的帶領下，前往屏東縣車城鄉保力鄉見到了昔日服務於恆春大平國小時代的長輩張金龍所長賢伉儷。民國 56 年 8 月 1 日 7 時，我甫自屏東師範學校畢業，奉教育廳的指派，前往恆春大平國小服務，在 8 月 1 日遠從車城海口村騎腳踏車到大平國小報到，報到時第一站即先到當地派出所拜訪當時擔任派出所主管的張金龍先生，受到熱烈的接待，並親自帶領我前往大平國民小學拜訪當時的校長陳明章先生及諸位校內老師同仁，從此我就在大平國小度過一千多個教學生涯的日子。在大平國小服務三年的教學生涯中，無論是學校的校長或老師同仁及學生們，尤其是學生們天真無邪、不畏恆春落山風猛烈吹襲的堅韌精神而努力不懈

的學習精神，我至今仍是記憶猶新。大平國小所培育出的人才無論是在各行各業皆有傑出的表現。張金龍所長盡忠職守、親民愛民深得轄區民眾信賴與敬重。張志超是我在民國 56 年至 59 年服務期間的學生，一表人才、溫文儒雅、身體健碩、為人謙和、尊師重道，在我服務大平國小時與其府上的每一位兄弟姊妹皆是非常熱誠，尤其是志超除了努力研習功課外對運動各項皆有其傑出的表現。當日我與內人見到他們全家府上每一個人，談到過去我在大平國小服務的種種情節實在有聊不完的種種往事，民國 56 年迄今（105 年），整整經歷了半世紀，令人有不勝歲月如梭，真是有如白雲過駒，一切皆是緣份的安排，宇宙是多麼的廣大而人生猶如草木一春，因此我們要好好珍惜與親人朋友相聚的時光。而志超的家隔壁就是我大姊的家，大姊的四個小孩耀哲、智峰、智文、婉華，現在不但事業有成且事親至孝，令大姊與我一向甚為欣慰。尤其是智峰、智文現服務於警界，智峰現服務於高雄市六龜分局森山派出所擔任所長職務一職，由於勤於任事、待人親切，熱心服務，甚得長官的器重與同仁的敬愛，自從他投入警界服務以來，看到他無論是在工作上或為人處事上的圓融、待人謙和的態度，尤其對父母的孝順與對長官命令的絕對服從及同仁和諧相處、熱心為民的精神，雖然是在最基層第一線工作但總令我這位身為老師的舅舅感到光榮與欣慰無比。

　　一年容易又春天，哥哥播種、嫂嫂插秧。記得小時候讀小學時的我們每一個同學大都會唱這首滿洲鄉，曾校長所做的描述唱出那農村農民辛苦播種的甘苦情景之美妙溫馨感人之歌曲，至今仍令我不時之間，尤其是回到恆春故鄉都會慎終追遠，每一年清明掃墓除了我有洽公出國之外，我與內人皆會回恆春車城故鄉並拜訪朋友。

　　最近這十幾年來，大家最流行的口頭禪就是愛台灣，而比

賽論述「誰最愛台灣」這一個說法我個人認為；處在這一個民主、法治、言論自由無比的世界村大時代中我認為言論自由文化乃是一種自然總體。歐美、日等國家皆是如此，我們當然也不例外，但依筆者的看法「說一丈不如行一尺」，凡事要從根本做起，所謂本立而道生，而愛台灣當從愛自己做起，愛自己的親人、愛自己的家鄉，記得在一次台北市恆春古城文化推展協會會長黃茂德在舉辦年會中曾問起我說：黃教授你最愛唱的歌曲是哪幾首呢？我說報告會長我會唱的歌曲不少，包括西洋歌、東洋歌、台灣歌曲，而最喜歡唱的還是那首阿里山的「高山青」、「屏東涼山情歌」、恆春的「思想起」、「月琴」，還有「偶然」等歌曲。2017 年 2 月 9 號，我接到仍住在故鄉的堂妹黃如惠傳訊一張故鄉的海口村沙灘的照片，又令我想起昔日故鄉的種種情景，如影歷歷、一晃四十年，令人難以忘懷。

　　在開車回台北的途中，我路過楓港順道拜訪我大學時代就讀英文系曾任教於枋山國中現已退休的洪坤榮同學，兩人相見甚歡，洪同學出身楓港望族與我聊起昔日年青求學時代的昔日往事真是如數家珍、點滴在心頭，而他特別提到在 30 多年前屏東縣政府教育局在舉辦的一次全縣校長會談中，縣府特別安排我向全體出席的校長們以「民主法治教育與台灣現代化」為題的演講，而講題內容於翌日皆刊登在各大報刊，令老同學深感興奮無比，畢竟故鄉的泥土永遠是那麼的芬芳，人不親土也親，而同學的情誼就更彌足珍貴了。

　　誠如美國的科學家兼政治家富蘭克林（Benjamin Franklin）所言：「哪裡有自由，那裡就是我的祖國」（Where liberty is, there is my country.），筆者自民國 59 年，為了求學就業迄今（105 年）屈指算來旅居台北已近 46 載，在這段漫長的歲月中，人雖長住台北，但內心深處總覺得故鄉的泥土永遠是芬芳無比的，而故鄉的親朋好友們對我的關懷與照顧之溫情，我永遠是

感恩無比的。從這次回鄉省親的過程，更使我深深地感到這份情懷是多麼令人感念，真如屏東的大武山般的山高水長直到永遠呀！

4. 木瓜園下的沉思與感言
——教育即生活，願為教育盡心力

　　一眨眼三十多個年頭過去了！當年那個來自南台灣屏東海口村，穿著破鞋，懷著好奇的孩童，如今已步入中年，西裝革履，站在從前的教室講台上侃侃而談，興高采烈地跟台下的學生研究討論，交換心得。其實，這些「學生」身分都很特殊，有的曾是目前這位「老師」的老師，大部分是他的學長，少部分是他的學弟，如今濟濟一堂，角色更換，彼此真不知該如何稱呼呢！這是師院進修部的實況，我就是其中的一角。

　　一九六四年，我參加屏東師範學院入學考試，筆試美術時，雖然離譜到把鳳梨畫成椪柑，但因學科還不錯，所以幸運地被錄取而進入夢寐以求的屏師。從此，在木瓜園下，化雨亭中，度過了無數的風晨月夕。在良師的教誨，益友的切磋下，在德智體群美五育並重的要求下，我擁有一千多個充實而美好的日子，成千上萬個甜蜜而天真的回憶，享用大鍋飯固然不怎麼可口，但比起現在學生的食精膾細，自有一種菜根香的芬芳，和期望美食的喜悅，飯桌上的點點滴滴，如今仍是大夥兒津津樂道的話題。還記得上音樂課時，由於劉天林老師對樂理與彈鋼琴要求所要達成的程度很高，同學們上課氣氛可說緊張萬分，往往有些過於繃緊的同學常常在音樂考試時，不是搞錯樂譜就是發音錯誤百出，引發同班同學哄堂大笑不已，然而，正如俗云：「嚴師出高徒」，由於劉老師教導有方，因此屏師畢業同學之音樂程度是具有相當水準的，尤其每年全國的音樂

比賽中，屏師同學之成績表現總是名列前茅。筆者一向愛好音樂，除參加屏師合唱團外，在課餘之暇亦常向當時在音樂已頗具功力，而後前往美國深造的學長，亦即現任國立台灣師範大學的音樂系教授陳榮貴先生，請教有關樂理與聲樂等問題，受益良多。四十四華里的越野賽跑，跑到萬丹再繞回學校，這是每學期恆心、毅力、體能、志氣、榮譽等的綜合測試和考驗，「堅持就是勝利」，在這個有意義的課外活動中得到印證與啟示！雖然昨日已遠，可是它卻如影歷歷般地留在我的心田中，那麼親切，那麼清晰，那麼可愛！由於筆者在師範時代是英文科的選修生，且能全心全力地投入研究學習，此亦是奠定了爾後筆者在學術研究的重要外文基礎。

憶昔十多年前，我回到母校屏師任教，已是物換星移幾度秋了。母校變得更加宏偉壯麗，設備師資顯著地提昇而趨於完美，不變的是純樸厚實的校風，老教授們諄諄教誨的典型，學員們虛心向學的熱忱。每週回來上課，南來北往如走馬燈，雖然旅途勞頓，但一想到來進修的學員「活到老，學到老」的向學精神，以及大家相處親切融洽的溫馨感受，就覺得疲憊盡掃，不虛此行，這誠如恩師張校長效良先生所言：「教育工作是一種不計一切名利而默默犧牲奉獻的神聖工作」。

學員們來自各鄉鎮小學，平時負責照拂民族幼苗的成長，擔任百年樹人的啟蒙基礎教育。他們是世人最推崇景仰的園丁，是國民教育最基層最前線的尖兵。樹木的生長茁壯，要靠園丁不辭辛勞的灌溉栽培，教育的良窳成敗，端賴這群尖兵的勤奮努力。看學員們聽講的專注，研習的投入，參與的熱烈，討論的盡力，可以預期，在學業告一段落後，這新近學來的知識，將會昇華成一般不可忽視的能量，表現在教學上，直接滋潤校園，實際受惠的是學童，間接獲利的是我們的社會與國家，在這方面，我們應該肯定師院辦理教師進修的功能。而屏

師乃一向秉持這種「做中學，做中教」與教學相長的優良教育傳統，為國家培育了不少優秀教育人才，即使他們其中有人轉任其他工作崗位，亦皆能充分發揮木瓜園代代相傳的精神，嶄露頭角而有傑出之表現。

二○○一年十二月九日屏東師範學院舉行擴大校慶典禮，校長林顯輝博士（其夫人亦是屏師傑出校友王寶旭老師），特廣邀海內外屏師人回母校共襄盛舉，其熱烈實屬空前，而後更於二○○二年元月十二日假台北市光復國小舉行屏師旅北校友會，出席者甚為踴躍，充分發揮屏師任木瓜園精誠團結的偉大精神。

美國大教育家杜威曾說：「教育即生活」，德國哲學家康德亦指出：「教育之主要目的乃是能培養出有道德且能守法的人」，的確，教育的工作乃是一種輔導學生自然成長，培養其高尚氣質，並使學生能適應各種環境以實現自我理想的過程。一位教育工作者，不但要扮演好不斷自我充實的經師，更應負起培養學生高尚氣質的人師角色，否則是很難達成教育之預期效果的；而現代化教育工作內涵更應該注重科技與人文並重之原則，尤其值此科技資訊發達一日千里的e時代，我們更需要以科際整合與終身學習的前瞻宏觀理念做為推動教育工作的努力方向，如此才能培養出德智體群美五育並重、術德兼修、文武兼備的一流人才，以蔚為國用。因此，筆者願意與同學共勉之，為創見一個更美好的將來，大家心手相連，共同為理想抱負而努力打拚。

（本文係筆者於民國 81 年暑假期間，應母校屏東師範學院邀請，擔任法學緒論課程兼任教授有感而作）

5. 最大的幸福在於我們的缺失得到糾正

彬瑋、彬璽吾女：

當昨晚爸爸收到妳們姐妹倆給我爸爸節的禮物時，一時內心高興無比，但也帶來百感交集，一個人坐在屋內沙發沉思良久，想到過去妳們小時候的情景，那多麼天真可愛的模樣；再想到妳們已是成年的少女，未來面臨的人生考驗是多麼的嚴厲，又覺得擔心憂慮無以言喻；此時此刻以妳們的智慧，當更能體會出爸爸的心情吧！

爸爸外表上看來雖然很嚴肅，但在我的內心世界裡，對我們家庭裡的每一個份子，都充滿無比的熱愛與希望，因此在這個父親節的日子裡，我很誠心的想跟你們說幾句話：「人生的最大意義就是追求崇高的理想與做個有尊嚴而讓人尊敬的人，不但要努力追求知識學問，更要學習為人處世的道理．」

「不管人生有多少難題，都不要忘記隨時都要進德修業．最重要的就是要具備毅力與愛心，唯有毅力才會不怕艱難，努力往前，唯有愛心才能包容萬物，唯有愛心才能堅持理想，勇往直前，奮發圖強，而真正的愛是能明辨是非，愛父母、愛兄弟姐妹、愛國家社會、愛全世界人類，這才是真愛，亦唯有真愛，妳們的人生才能充滿快樂與希望，而個人的生存是為了群體的生存與發展才有意義，所以對國家對社會對家庭必須具有強烈的使命感與責任感。有了這一體認，妳們當會更加的感受到自身的努力，不單單是為了自己的幸福而是為了創造更多人的美好生活而做出貢獻呀！

　　記得古羅馬西賽羅曾說：「每個人都必會犯過失，但只有愚者才執過不改」，而英國大文豪莎士比亞亦曾言：「知過則改永遠是不嫌遲的」。誠哉斯言，的確，一個人是很難求其十全十美的，而由於經驗的缺乏與一時良知的迷失，往往難免犯錯，但只要能立即勇於改過，那就是有福了。這也就是哥德所說的「最大的幸福在於我們的缺失得到糾正，和我們的錯誤得到補救」的道理，切記！高貴的靈性勿為物慾所迷焉，若有過錯則勿憚改也！成功的人是靠自己的智慧與努力創造出來的，孩子們：做爸媽的人身處在這知識爆炸、升學與就業競爭如此激烈的社會裡，也只能再三的告訴妳們，「成功必須靠自己」。但願從今以後妳們能更加珍惜青春年華，努力奮發向上，「天天進步，年年高昇」，但願為父的這幾句期許能帶給妳們莫大的激勵，而我們的家庭亦因妳們的奮發與進取帶來無比的希望！

6. 父親衷心的祝福與期許

——對姻緣千里一線牽，有緣人美夢成真，終成眷屬之感言！

　　詩經「關關雎鳩，在河之洲，窈窕淑女，君子好逑」彬瑋與其最為深愛的另一半金鍔終於要正式步入紅地毯，追求他們人生的理想生活。俗云：「金榜題名時，洞房花燭夜、小兒登科、聖人摸頭，或是他鄉遇故知等，皆是人生的最大喜事也」．

　　雖說彬瑋小女之婚事，是他跟金鍔多年的愛情長跑的結果，但對彬瑋的母親和我來說，是一件心中最為期待完成的大事，他們終於有個美滿之結果，尤其看到這些日子吾妻臉上喜悅顯現之情，就讓我回憶起當年（民國六十年），我們緣定於故鄉那海角七號的南台灣那時的情景，那種充滿羅曼蒂克、未來的人生充滿無比的憧憬喜悅的情景，實有過之而不及矣！

　　小女彬瑋善解人意、活潑無比，深得長輩們的喜愛，在未正式入學前，當時彬瑋的媽媽任職於台灣省防癆保健局後轉任台中縣大里衛生所服務。白天忙於煩冗之業務，晚上又乘公餘之暇，考入嶺東專科學校國際貿易科就讀（現正改制為嶺東科技大學），而筆者當時正在攻讀研究所法學博士學位，與內人一在台北、一在台中工作。在如此艱困的環境下，照顧彬瑋之重責大任，只能暫時帶回屏東車城田中交由外婆來照顧了。因此在彬瑋的內心世界裡，對我與玉葉固然孝順，但對海口及田中的親人祖父黃海公、諸位伯父伯母，大姑媽黃女振，尤其是

17

田中的外婆林鍾癸妹、振裕大舅父、舅媽，姨媽林網、林昭、巧雲、玉霜、玉盡、美燕等，阿姨及諸親姨父們及表兄弟姐們更是無微不至的予以照顧，他們都是彬瑋最為感恩的親人。而自幼在諸位親友的照顧與牽成的環境下，小兒才得以順利度過童年生活，也因此薰陶了他對人對事長懷感恩與惜福之心情。

在彬瑋正要出閣的前夕，身為父親內心之感觸良深，突然間一有一股強烈不捨的心情。對愛女過去的求學就業或是未來面對婚後新生活，種種關切，不是身為父親的人無法體會。

在前些日子夜深人靜時，我又拿起她多年前在報上投稿刊登的文章〈尋根與勵志──我的家在車城海口〉、〈從外婆想起〉，在這兩篇文章中，所論述有關人生飲水思源，感恩與孝順父母，忠愛國家社會的至情至性很感人。而這些年來她全心投入安親幼教及長頸鹿英文教育與對家人的關懷，我很感動。

常聽彬瑋說：「善事父母為孝」，孝是人類最自然的善行，我國古聖先賢所以竭力提倡孝道，是要喚醒人類最自然的善行來引導人類到至善的幸福境地。父母辛苦養我們，教育我們，才能長大成人，愛之護之，無微不至可見父母之恩，山高水長。聽到彬瑋與賢婿金鍔時常倡議孝道，並且力行實踐，真情至性，帶來家庭的溫潤，令筆者與令人深為感動。

彬瑋雖是研究法律的，但她的個性在剛毅當中，有其溫柔體貼與充滿愛心之一面，因此長年來，全心全力、無怨無悔的投入小朋友的安親工作，實在良有以也。她一直深愛對小朋友的教育工作，這些年來一直將其心力投入安親班的教育工作，但她對我們這個家的關懷，永遠是那麼的無怨無悔，勞怨不避，每當家中有任何需要她協助之處，她皆會竭誠以赴，為父母分憂分勞，努力奉獻一切！

賢婿金鍔之故鄉乃是彰化鹿港，世代經營五金企業，金鍔

其秉性善良，待人謙恭有禮，侍親至孝。雖然其父親早已立下良好的企業基礎，但他立志從基層做起，經營事業可說是腳踏實地一步一腳印，且與人交往甚為講求信用，因此深得業界高度肯定與支持，現任永安公司董事長。總公司設在台北縣三重市，分公司分布於台中、高雄等地。身為公司的負責人，每日雖然忙於繁重之業務，但他對於年邁的母親可說孝順有加，晨昏定省、照顧無微不至。誠如古人所云：「自古忠臣出於孝門」，百善孝為先，或許是這點至為珍貴之美德，故才得以而深獲愛女彬瑋之芳心吧。

正如台灣人一句諺語：「姻緣千里一線牽，而有情人終成眷屬」這一對新人他們雙方雖然沒有顯赫的家世背景，但是他們卻具有相同對人對事誠摯感恩惜福的良善美德，他們更具有為愛情與事業努力奮鬥經營事業之堅強毅力與和相同的價值觀，因此，我與內人玉葉及諸親友們，當然會給予最衷心之祝福，但願她們兩位在愛情長跑有了美好的成果時，別忘了繼續為共同生活目標而努力，一本初衷地努力繼續經營這得來不易的美好姻緣，施展所學，同心協力經營事業，為國家社會做出更佳奉獻。

同時，筆者亦藉此對所有為這對新人給予祝福：一個家庭要快樂幸福，結婚時選對人很重要，什麼叫選對人呢？古人說門當戶對，一般人以為是財富和地位的相當，但其實那不是重點，真正決定夫妻二人能不能快樂幸福的其實是二個人的生活教養，試想，如果一個人生活品質很差，只想好吃懶做，或是懶散於家事處理，即使當初二人再相愛，結婚後為了這些生活細節不同，也相處不下去，即使曾有的對對的熱情，也會很快消減，更不要想快樂幸福了。

「門當戶對」，是指夫妻二個人有差不多的生活品質，差不多的金錢價值觀，差不多想要努力的方向，差不多的興趣愛

好，差不多的學養，差不多的⋯⋯人生價值觀。

但不是「門當戶對」就不能快樂幸福嗎？那也不盡然，只要在婚姻和人生的道路上，不斷努力學習，學做人，學做事，學品德，學欣賞，學教養，教育，能改變每個人，希望天下有情人終成眷屬，透過教育與學習，永遠快樂美滿的幸福生活。

（本文係專為祝賀其長女彬瑋與賢婿金鍔結婚典禮而作。）

（臺灣時報第 15 版臺灣副刊，2009 年 9 月 27 日）

7. 父親永遠的祝福與期盼

　　彬璽與達彬的結婚典禮，將於今（九十九）年四月十日晚上六時假台北國賓大飯店舉行，這一對經過愛情長跑的有情人，當然會獲得諸親朋好友的衷心祝福，而我與內人玉葉多年來對他們的期許與盼望亦總算有了一個美好的成果，但身為彬璽父親的我，在她婚期即將來臨之際，難免有一股難捨之情，而長年專心工作，對這個一向充滿理想與希望且個性天真的女兒，一時間對其出生成長求學做事等情景，最近這些日子總是時常在腦海中一一浮現。

　　在小女彬璽出生於台中時，正逢我從台灣大學法學院三研所法政組（現已改制為國家發展研究所法律組）畢業，旋獲當時執政當局中央之徵召，入革命實踐研究院服務，負責來自全國黨、政、軍、警、民意代表、企業、教育文化等菁英人士之訓練工作，且在大學兼任法政學術領域之教育工作，而內人玉葉白天為了完成更高一層的求學願望，毅然決然的辭去在故鄉海角七號的國小教師工作，轉入台灣省防癆局工作，並考入嶺東商專（現已改制為嶺東科技大學）國際貿易科就讀，兩位終日忙於工作與進修的父母，照顧彬璽的重責大任一時就只能拜託諸親朋好友了，尤其是彬璽的外婆林鍾癸妹女士及大舅父林振裕、舅母賢伉儷及諸位姨丈姨母們對其愛護更是無微不至，而住在海口小漁村的阿公黃海老村長及諸位伯父母們，對彬瑋和彬璽這對可愛的小姊妹亦是喜愛無比，因此海口與田中乃是兩位小姊妹度過田野幼年生活永遠難以忘懷的故鄉。

　　彬璽從小秉性善良充滿愛心，且很能關懷她身旁親朋好

友，尤其事親至孝。筆者長年從事學術、行政、媒體服務等工作的關係，因而常至深夜仍未就寢，記得在她國小三年級時，她總會不時向內人表達希望筆者在勤於工作之時，也要注意身體健康，或許是父女連心，只要看到她可愛的表情，她的孝心我也能感受到，真的很深深感動我的心，為了不讓也失望，我從此就更加勤於運動了。

彬璽在台北市中正國中畢業後，為了實踐史懷哲醫師與南丁格爾救世的理想，不計一切辛苦考入慈濟護理專科學校（現已改制為慈濟技術學院），在校期間得到師長的培植，尤其是洪當明教授（現已升任慈濟技術學院校長）及懿德媽媽們的專業與人文並重之教育，對彬璽以後從事醫護工作能秉持無比愛心，有很大影響。

畢業後順利考上護理師執照，並進入中央警察大學擔任校護工作，工作期間為提昇其服務之效率與品質，先後進入中台科技大學護理學系、台灣師範大學健康促進與衛生教育學系研究所深造。

當時所長亦是國內研究健康促進與衛生教育學術領域的權威學者陳政友教授，經過三年多的指導研究，終於前年獲得碩士學位，也受現任所長姜逸群、前所長葉國樑教授、黃松元教授、楊慕慈教授等恩師的賞識，進而在中央警察大學醫務室服務，。

她秉持著警大「誠」的校訓，戰戰競競竭力投入工作，身為父親的我雖與其服務同一機關十餘年，但因各自忙於自己的職務，長年於學校很少有機會交談，即使回到家中，亦總覺得她專心投入本職工作，而在行有餘力則學文之精神背影，因此總會告訴她：「凡事盡力而為就是了」。

接著彬璽在計畫撰寫碩士論文時曾徵詢筆者之意見，希望

論文以「中央警察大學危害健康行為及其相關因素」題目作深入研究，對警大學生的衛生教育與健康促進之提昇有所助益，我聽了感到非常高興，並且當面告訴她：「我們的家庭深受警察大學長官與同仁們培植與關照之德澤，我們當永遠對警大常懷感恩與惜福之情來回報警大對我們的鴻恩大德於萬一」。

筆者之見解亦深獲彬璽之恩師陳政友所長之肯定與認同，在陳所長諄諄教誨與不辭辛勞之指導下而得以完成學業，而在獲得碩士學位當天，陳所長問我對彬璽未來有何期盼？我立即回答說希望她能早日完成終身大事，身為一個父親，兒女再大的成就，再多的努力，也希望他們早日完成終身大事，有一個幸福的家庭，才更能有一個美滿的人生。

綜觀社會上，精英人士多半將自己大半生的時間，用在努力工作或發展自己的事業上，單身和單親的人已超過台灣半數適婚年紀的族群了，古人說：男有分，女有歸，其實是有道理的．畢竟人是群居的動物，人活的大半的意義，是為了家人，所愛的人，和別人而活，假使一個人終其一身有很高的成就，而沒有可以分享的成就的人，那所有的成功，到最後仍是空虛的，而即便一個人獨自生活的意志力夠強，可以以追求成功為人生標的，但是若整個社會都是這樣以自我為主生活的人，那社會將會怎麼？

台灣現在出生率全球最底，離婚率全球屬一，屬二的高，因此而產生的社會問題，只要看到新聞裡時常出現有打人的，有罵人的，有殺人的，這種種沒理由的不合理行為的人心是如何的沒規律及不安全感了，健全的婚姻，實在是根本問題，所以，我對女兒的期盼，是她能擁有幸福的婚姻為先。

慶幸的是，彬璽的另一伴達彬君，世居高雄縣美濃，一個景色綺麗民風純樸的好地方，達彬的父親李德明董事長常年經營轉口貿易事業，其母親童桂妹女士擔任耕莘醫院護理長之

職，他們對彬璽視同己出喜愛無比。

達彬在建國中學畢業後即以優異成績考入台北醫學大學醫學系深造，因身為公費生畢業後須下鄉服務二年，達彬則選擇於桃園榮民醫院服務，在服務時期，因工作關係認識彬璽，可謂有緣千里來相會，千里姻緣一線牽。而桃園下鄉結束後即旋入台北榮民總醫院，擔任醫師工作，由於工作勤奮熱忱服務，深得長官器重與同仁們之喜愛。

筆者認為唯有培育身心健康的學生才能造就一流的國民，來為國家社會作出更大的奉獻，沒想到小女就此和許多成員與醫療保健工作早已結下深厚的緣份了。接著舉行次女彬璽與達彬之婚禮就展開了，若說人生是一種學習與歷練之旅程，那我堅信「人生本來就是追求理想與實踐責任之過程，因此，在臨近達彬與彬璽婚禮之際，身為父親的我除了給予他們衷心祝福外，更希望他們能為追求人生圓滿的核心價值，為家庭付出終身學習的毅力與決心，圓滿自己的家，圓滿自己的人生，圓滿社會的安定，為國家社會作出更佳之奉獻。

（臺灣時報第 13 版臺灣副刊，2010 年 2 月 28 日）

8. 一場溫馨感人深具教育意義之婚禮

曾天發　撰

　　民國 98 年 10 月 10 日光輝的雙十節是中華民國九十八歲的生日。在這一天的晚上，有一位慈祥的父親為他心愛的女兒完成了終身大事。而我卻從婚禮的籌備過程中，見證了這位父親的不平凡處。

　　這位父親就是在屏東恆春鄉下長大，從看牛的小孩一路苦讀完成法學博士學位的警大教授黃炎東博士。或許是同為屏東人的緣故，對黃教授除一份尊敬之外，更增添一份親切感。黃教授除了長年在警大任教之外，也在台灣大學國家發展研究所兼任教授，對國家作育英才貢獻一己之力〈黃教授目前已從警大借調至崇右技術學院擔任副校長兼財經法律系系主任乙職〉。黃教授大女兒彬瑋小姐與其另一半金鍔先生相知相惜，欲共創幸福美滿的人生，由於這是黃教授第一次辦喜事，毫無籌備婚禮的經驗，所以過程中更顯的人手不足，於是本人就權充幫手，協助師母做好婚禮前的籌備工作。從九月初開始，一一告知與徵詢親朋好友，由於黃教授服務公職多年，曾任職於中央文化工作會及中國新聞學會，且在每一階段都能深獲同事長官們的肯定，又長年的在警大台大作育英才，故其門生故舊為數眾多，如此遍佈全國，光聯絡電話就進行了大半個月。接下來書寫喜帖完，又再徵詢諸親朋好友參加人數，如此龐大工程，總在黃教授下班之後，親自坐鎮指揮督促進度，在九月底總算完成初步工作。從徵詢的工作當中得知黃教授的親朋好友，含蓋了社會各界不同的領域，有市井小民，更有社會菁

英、達官貴人。我想這充分顯示出黃教授為人處世、親和圓融成功的一面。黃教授對工作效率的要求，標準甚高，我想這也是為何黃教授的門生中會有那麼多位傑出表現的最佳明證。另外有一件事讓我印象深刻，更加體會黃教授成功之處。有一天晚上，教授拿出一篇文章要我品讀，此篇文章乃是黃教授為了其心愛的大女兒即將出嫁，表達心中的不捨與期盼之作，並藉著文章內容勉勵後輩，須以「孝」為圭臬，遵循先人聖賢為人處世的道理，為家庭、為社會、為國家盡一己之心力，並要我把此篇文章裱褙印製，供當日參加宴會的來賓都能欣賞、研讀此篇文章。由此可知黃教授是一位對家庭教育、對社會風氣良窳用心良苦的一位學者。

婚禮當天，在神聖莊嚴充滿喜樂的音樂聲中，我看到黃教授手牽著新娘子走在紅毯的一端，臉上露出既愉悅又不捨的表情，那份父愛的標記充分映入我的眼簾。接著新郎新娘及雙方主婚人在舞台上接受多位長官貴賓的祝賀詞中，完成了結婚儀式。

黃教授在致詞中除了對在場的親友貴賓能在百忙之中參加其女兒的婚宴表達謝意外，並大聲表達其一生光明磊落，對工作盡責、對朋友講義、對社會國家感恩之情操。更以感性的口吻道出他一生從台灣的最南端屏東恆春大平國小教師到目前在台灣的最北端基隆崇右技術學院擔任財經法律系主任，從看牛的小孩變成完成法學博士學位的教授，在人生過程中，一直受到恩師、長官、同事、朋友們的提攜與照顧，更以『吃果子拜樹頭』的道理勉勵新人，永遠要懷感恩心，對在場貴賓的祝福要永銘於內。誠如名作家季鴻先生所指出的，〔人生的旅途乃是充滿荊棘與坎坷〕希望未來人生旅途上雙方要做到猶如台語歌曲〔一支小雨傘〕所描述的〈我來照顧你你來照顧我〉相互扶持，相互忍讓。對待別人都能真誠以對，因為，真正的友情

比任何東西都珍貴。最後更願我門國家能夠在清廉大有為的政府領導下國運昌隆。有人說今年的國慶日比往年冷清，但當天晚上，我的內心卻是充滿熱情的。

由於現代人思想的改變，對價值觀的認知差距亦與上一代人越差越大。家庭社會國家的傳統觀念亦逐漸的被扭轉侵蝕殆盡，大家都把原因歸咎於教育，本人忝為基礎教育工作第一線者實有愧咎之感。值此國恩家慶當晚，我何其有幸能參與此一婚禮，更從婚禮籌備過程中見證了對家庭有愛、對朋友有義、對社會國家有責的偉大情操。〈黃炎東博士為筆者小孩就讀於台大之法學教師〉

（青年日報第 10 版，2009 年 12 月 31 日）

為理想而奔馳
——一個大學教授的夢

第二部 警政與教育

1. 警政教育生涯之回顧與前瞻
——任教警大，「誠」是安定社會的力量

態度決定高度，觀念養成能力，警政教育幹部秉持「誠」字校訓，胸懷天下，肩擔正義，是安定社會的力量

在美國一場學術研討會中，恰巧認識當時的警大校長顏世錫先生，在美國和他談論我對司法、警政教育與治安改革的一些理念，顏校長的博學多聞及精闢之見解，著實令我深為敬佩。回國後不久，因緣際會到警大膠受憲法課程，和其有幸，我在警大服務期間，曾兩度奉命接任警大圖書館暨世界警察博物館館長之職務，且也曾在民國93年本校首次受教育部評鑑中榮獲校務組第一名，與館內同仁在分享這份殊榮時，亦深切體會到顏校長精心擘劃十二年建立的世界警察博物館，對我國警政教育以及世界各國學術交流，提升我國警察學術之貢獻，正如現勤警察新聞李純櫻記者曾指出的：「顏世錫校長所創辦的世界警察博物館，不僅使全球第一座展示百餘國警察文物資訊的警察博物館在中華民國誕生，迅速提升我國警察的形象聲譽，也為世界警察資訊之整合跨出第一步，真是功德無量，其貢獻足以在警察歷史中永享清譽。誠哉斯言。」

記得到警大授課時，初次晉見當時的校長顏世錫先生，那時他的校長室機要秘書，即是今天警大的現任校長刁建生。刁校長學養卓越，溫文儒雅，待人熱忱親切。因刁校長的指導與協助，讓我更加對警大建校之歷史與優質的教學環境能有更深入的了解，迄今仍是難以忘懷。

　　警大的教育在培養優質現代化警察幹部，注重的是文武合一，術德兼備的教育。校訓「誠」，教人從自己內心本著「真心誠意」做起。教學中強調做中學、學中做，也兼顧人性化、保障人權的教育，因此培育出來的幹部允文允武，可以適應複雜多變的社會，警察的工作對國家社會十分重要，需要身心都健全的人來擔任，有一流的警政教育，才能培養出一流的警察幹部，社會才能有好的治安，才能服務人民，台灣的治安能有今日良好的基礎，這都得歸功於警大培植的這些優秀警察幹部。

　　按能到警大服務施展個人所學，加入培育國家優質的警察幹部工作，是個人教學生涯中，最感無比榮幸之事，直到民國 86 年承蒙恩師謝瑞智校長的鼎力培植，擔任警大專任教授兼校長室機要秘書工作，並以教授身分先後兼任公共關係室主任、圖書館暨世界警察博物館館長。

　　在筆者服務警大的多年中，深切的體認到警大自民國 25 年創立以來迄今（106 年）之所以能培植那麼多優質的警政幹部，其主要的因素乃是警大的歷任校長在工作上具有頂尖卓越的豐富經驗與傑出表現，他們都能秉持警大「誠」的校訓精神，堅守國家、正義、榮譽之教育核心價值，以前瞻、宏觀、務實、創新的理念，來推動校務的革新與永續發展。

　　如今，警大已成為青年學子嚮往的學府之一，尤其近幾年來，有很多考上台大等學府不讀而選擇就讀警大的學生也有逐漸增加的趨勢。筆者亦深深以身為警大的教授為榮，因警大辦學績效不斷的增長，獲得各界高度的肯定，甄試與有榮焉。這亦是雖已至崇右技術學院服務，但亦每週固定回母校警大開課的最大激勵動因了。

（教師園地，警大雙月刊 183 期，2016 年 2 月號，第 24 頁。）

2. 一流的文章一流的見證
——拜讀「梅校長可望博士九秩華誕祝壽論文集—警政、法治與高教」乙書感言

　　西諺云：「觀念足以改變世界」而一本好書或頗有見地的文章之論述，對讀者之影響往往是至為深遠的，尤其處在這個全球化知識經濟的時代，我們惟有勤於閱讀良好之圖書資訊，以建立自己的知識體系，如此才能有效地吸收新知，去適應這個複雜而多變的世界，並進而增加國家之競爭力。正如西方大思想家培根所言「知識就是力量，而學歷史使人聰明，學法律使人思維精細」誠哉斯言！昔漢朝太史公司馬遷與宋代司馬溫公皆是博學多才之士，他們之所以能寫出像史記、資治通鑑等流傳千古不朽之巨著，除其天賦聰穎，自幼勤讀經、詩、子、集及各家學說典範之外，更能從事壯遊天下考察各種活動並探尋各種政教風俗文化，比較研究典章制度，故而能培養出「通古今之變、究天人之際而成一家之言」之磅礡氣度。而西方「改變歷史」乙書的幾位作者所撰著的各種學說其對國家社會改革或是對人類科技文明之促進的宏言讜論，至今仍為世人所景仰與敬佩。開卷有益，尤其能讀好書，對一個人而言，無論是高尚氣質的培養，或大至經國濟世能力之增進，其影響可說是至深且鉅。

　　最近新政府有關文教部門刻正推動「好山好水讀好書」一系列活動，聘請知名學者專家藝文人士，邀集社會各界人士共同來閱讀好書之活動，實在深具意義。的確一個國家的人民若

是能培養良好的讀書風氣,則其國民素質必能大大提升,且能有效增進其國家競爭力。如愛爾蘭、日本、新加坡等國,其能維持良好的經濟成長力,即是有賴國民擁有良好的讀書習慣所致;日前英國首相布朗發起全民閱讀運動,其有如此之真知灼見,必能為英國帶來強盛國力。

筆者最近閱讀了「梅校長可望博士九秩華誕祝壽論文集-警政、法治與高教」乙書後,深深地領會到諸位撰稿者不但學養卓群,且文筆健鍊,不但充分地寫出梅前校長一生奉獻警政、法治與高等教育,其一路走來始終如一的偉大貢獻之心路歷程,至今雖已九十高齡,但其精神體力健壯無比,而其為國家社會與大公志業之推動仍是秉持警大母校校訓「誠」之精神奮鬥不懈,努力打拚不已。梅前校長其學貫中西博大精深與對國家教育的卓著貢獻,本書的每位作者可說論述頗為深入感人,的確是一本頗能啟發年輕人勵志向學的大作。尤其對有志從事警政教育與實務工作的人更有需要加以精讀,俾能就書中的精闢內容中予以取精用宏,以作為奮發向上之指標。按本書之編著依據本書編輯委員召集人前台灣省政府主席趙守博教授所指出的,乃是為了恭賀我們大家素所尊敬和愛戴的老師—梅前校長可望博士—的九秩華誕。民國 96 年 3 月,由趙守博教授邀請謝瑞智、廖俊亨、丁原進、程其偉、蔡篤俊、黃徵男、蔡德輝、謝銀黨、謝秀能、蔡震榮、許春金、李震山、李昌鈺博士等曾受梅前校長教誨的傑出校友們,共同聯合發起祝壽論文集的徵文活動。由於梅前校長德高望重,尤其對我國警政教育貢獻厥偉,深得各界之景仰與敬重,因而徵文活動獲得熱烈的迴響,計徵得 19 篇學術論文,內涵至為廣大計有憲政、警政、司法犯罪問題與犯罪偵防、刑事政策、勞動法學、消防救災、醫療健保及藥癮戒治等,除了以上所述的學術論文外,據趙教授所指出又徵得 20 篇祝壽之文章。

　　本書合計 40 多萬字，字字珠璣，內容精闢獨到。不但充分彰顯了梅前校長對警政、法治、與高等教育卓越之貢獻，亦更加證明每位作者皆是由梅前校長親自教導出來的傑出學生，分布於政界、學界、警政、海巡、移民、獄政、外交、醫學等廣大層面，無論在各種工作皆發揮警大「誠」的校訓精神，為國家社會做出傑出的貢獻。

　　拜讀這本彌足珍貴的大作後，筆者更深深地感受到目前的警察大學能有今日辦學的卓越成就，警大新生入學成績皆已達到國立大學以上的錄取標準，當今的警大已成為國內青年學子最為嚮往的學府之一，此皆是自民國 25 年創校以來在歷任的校長卓越之領導及全體師生共同耕耘，方有今日頂尖卓越的成就。

　　俗云：「有了過去才有現在」，而「吃果子當拜樹頭」，凡是心中能常懷感恩惜福的人必能受到大家的敬重。我們大家對敬愛的梅前校長亦是中央警察大學世界校友會會長九秩華誕，筆者亦以一種無比感恩之心情，曾於今（97）年 3 月 11 日追隨諸位師長出席在國賓飯店校友們共同為其所舉行之祝壽典禮，場面甚為溫馨感人。誠如前警政署長、中央警察大學校長，現任新北市副市長侯友宜博士所指出「在梅前校長於中央警官學校長期耕耘之下，為我國警政奠下良好的根基，過去 50 多年來警政人才輩出，現代警政制度於焉建立，吾等後輩係追隨梅前校長腳步，在所建立良好的基礎下，依據當前犯罪趨勢，擬訂治安對策，為改善治安盡心盡力」，誠哉斯言！所謂見賢思齊是也！對於這次溫馨感人深具意義的祝壽盛典，筆者除了具有躬逢盛會之喜悅外，更深切感到撰著「警政、法治與高教」這本大作的每位作者們皆能以感恩的高尚情懷，施展其所學來為梅前校長崇高的道德文章與對國家社會之偉大貢獻作最虔誠感人的見證，其尊師重道的精神，是值得我們敬重與

學習之最佳典範。

（本文轉引自黃炎東教授《田庄囝仔到法學博士——愛的教育與民主人權之實踐》，2009 年 6 月）

3. 親自參與戰鬥，才配稱真正的學問！
——追思一代警界巨擘顏世錫先生

　　曾任中央警察大學校長、警政署長、總統府國策顧問顏世錫先生，對於他的離世，帶給他的家人、親朋好友及門生故舊們有無限的哀慟與不捨。顏校長從早年的流亡學生，憑其毅力，不畏艱苦，不斷的自我精進、奮發向上的決心與努力，無論在警政實務單位或是警察學術的提升，皆有一流頂尖的貢獻，其崇高之風範永為世人所追思與感念矣！

　　顏校長為人謙沖自牧、待人和藹可親，素有警界儒將之風，無論是對其部屬或學生總是充滿無比的愛心，其不斷自我終身學習、追求新知，並力求在任何工作崗位上，皆能以宏觀、前瞻、務實、創新的理念去加以貫徹執行，因而得以發揮優質的工作能量。

理論檢驗實務、以實務驗證理論、力求創新與專業

　　顏校長深刻體會到警政工作必須因應全球化的潮流趨勢與國家社會急遽變遷之情勢，為符合社會大眾對優質治安的高度期待，將警用巡邏車從紅色的吉普車改裝為黑白相間的警車，大大強化了警察執行任務的機動性；顏校長對警察工作執行是不斷的力求創新，譬如由他推動的報案三聯單，有效提升警察執行勤務功能，由此可知顏校長對警政工作之推展是很注重理論與實務的結合，符合科學辦案之精神。

　　誠如德國法學家拉特布魯福（Radbruch）所言：「學術理

論的研究，應如荷馬之神下降於實務戰場，親自參與戰鬥，如此才配稱真正的學問。」亦即理論如沒有實務工作經驗，那是毫無效率的；當代管理學大師彼得‧杜拉克（Peter F. Drucker）亦強調：「以理論檢驗實務，以實務驗證理論。」如此所推出的任何政策與實踐才能真正適應社會環境的變遷，符合社會的期待。顏校長無論從事警政實務工作之推動或警政教育工作皆很注重理論與實務的結合，力求為我國警政教育的專業化與現代化。

創立世界警察博物館

顏校長對我國警政教育教學研究與實踐之核心價值、功能，具有深入獨特的見解，其日前投書媒體所論述有關我國基層派出所的沿革及防範犯罪、打擊犯罪的功能，並提出如何增益服務民眾、提升治安品質之精闢見解，皆引發社會各界熱烈的共鳴與贊同。足見顏校長對我國及歐、美日等先進國家的警政制度，尤其是歐美的社區警政及日本的派出所、交番、警民聯防等制度之研究，是多麼的深入啊！其藉此提出更為優質的警政制度，供今後推動現代化警勤工作更有建設性之思維與努力方向，殊值有關單位參考運用。

顏校長在我國的警察學術及教學研究上亦有其前瞻宏觀之創舉，他費了 12 年的時間，擘劃創立了世界第 1 座規模最大的警察博物館，即「世界警察博物館」，館內收集了 1 百多個國家的警察文物，如各國警察之服裝、警察執行之各種裝備，以供教學研究及各界貴賓參考，並舉辦與各國警政學術交流活動。

如今世界警察博物館不但已成為我國研究各國警政學術文物之重鎮，亦已成為與世界各國從事警政學術交流活動之重要據點。筆者承蒙顏校長鼎力之提攜，於民國 80 年間甫自美國

奧斯汀德州大學擔任客座學者歸國後，得以進入警察大學從事教學工作，又先後兩度擔任世界警察博物館館長及公共關係室主任等職務，為廣大的警大校友們服務，並於民國 93 年間教育部首次對中央警察大學進行評鑑，於圖書館及世界警察博物館方面榮獲校務組第 1 名，這是我一生中服務警察教育工作的最大光榮。

世界警察博物館之所以能夠獲得這難得的榮譽，主要是我們都能秉持顏校長之創館精神，並加以發揚光大所致。而後崇右技術學院借調筆者前往擔任財法系主任、講座教授、副校長等工作，主要亦是充分了解我在警大從事法律教學研究及行政主管工作方面的表現。所謂「有了過去才有現在」，感恩惜福的人才能獲得肯定與認同，因此筆者對於顏校長培植之鴻恩盛德，內心是常懷感恩之心的。

日前當筆者驚悉顏校長身體違和，即刻趕往萬芳醫院探訪，在其公子顏廷鈺律師及女婿李世欽總經理共同安排下，我見到了敬愛的顏校長，那時我內心感觸到人生的無常，昔日追隨他的種種情景一一浮現在腦海中，此情此景真是寸管難以形述。筆者自求學至就業的數十年的人生旅程中，追隨過很多的老師及長官，但在我的內心中，顏校長是很值得尊敬的長官，亦師亦友的情誼，令我終生難忘，尤其是他的奉獻警政教育數十年，一路走來始終如一，直到生命最後的一刻，他還是本著學而不厭，誨人不倦之精神奉獻誠園的學子們，今「哲人日已遠，典型在夙昔」，更令我感到一代警界巨擘顏校長真是「警界之光與淑世之福」，而師恩浩瀚，永銘心中，直至永遠。

4. 師恩浩瀚永銘心田

　　敬愛的老師謝瑞智校長離我們而去了，他蒙主寵召，帶給其家人無限的哀慟與不捨，而此刻筆者對這位長年培植與關懷我的恩師，不時湧現，寸筆難以形容的追思與懷念，誠如古人所云：大痛無文。這幾天來憶及昔日與恩師無論在為學或處世，深受其教誨之種種點滴情景，不時在我的腦海中出現，魂牽夢縈甚而至夜深人靜時亦輾轉難眠，惟念及恩師他在人生 78 載的歲月中，一向秉持勤勞儉樸、努力奉獻國家與人民，無論在任何工作崗位，接能有頂尖卓越的表現，深獲長官的器重與學生們的敬愛。

　　在大家的印象中，謝校長是一位法學界的知名權威學者，在中央警官學校就讀時由於表現傑出，深獲其恩師梅可望校長的賞識與培植，官校 24 期畢業後在從事警察工作服務期滿，旋負笈至日本警察大學校深造，並於獲取明治大學法學士及早稻田大學法學碩士後，在前往奧地利維也納大學深造取得法政學博士學位，回國後歷任：中興、東吳暨政治大學教授，中央警官學校教授兼編譯處長（民 64-66）、警政研究所所長（民 66-68）、教務處長（民 68-71）、國立台灣師範大學教授（民 71）、兼公訓系主任（民 73-76）、訓導長（民 76-78），高普特考典試委員，日本東京大學、奧國維也納大學客座研究教授，國民大會代表（民 81-89），銓敘部政務次長（民 82-83），監察院諮詢委員，國家安全會議諮詢委員（民 84-85），中央警察大學校長（民 86-89），台大國家發展研究所兼任講座，實踐大學講座教授等職務，無論從事學術或行政工

作，皆有頂尖卓越之傑出表現，對國家社會貢獻至為厥偉！

　　而其在學術上之傑出表現更是令人敬佩，在民國 89 年自警大退休後及專心潛研學術與從事寫作工作，先後完成「法律百科全書」等法學著作計百餘部，諸如：法律百科全書（十卷）、警察百科全書（十二卷）、世界憲法事典、活用憲法大辭典、警察大辭典、法學概論、中華民國憲法、行政法概論、民法概論、商事法概論、國際法概論、刑法概論 I 刑法總則、刑法概論 II 刑法分則、刑事訴訟法概論、日常生活與法律、法學概要、法學入門、法學緒論、法學大意、公正的審判、公法上之理念與現實、法學論叢、法律之價值觀察及其界限、民主與法治、憲法概要、憲政體制與民主政治、中華民國憲法精義與立國精神、政治變遷與國家發展、理念與現實－憲政與生活、憲法新視界、憲法新論、憲政改革、邁向 21 世紀的憲法、中華民國憲法、修憲春秋、比較憲法、民主政治與選舉罷免法、我國選舉罷免法與外國法制之比較、選舉罷免法論、選戰標竿、民法總則、民法親屬、自力救濟問題之探討、刑法總論、醫療紛爭與法律、中國歷代刑法志、犯罪學與刑事政策、漢書刑法志、晉書刑法志、犯罪徵候、中外刑事政策之比較研究、刑事政策原論、教育法學、加強各級學校民主法治教育（五卷）、我國選舉罷免法與外國法制之比較、法律與社會、警政改革建議書、社會變遷與法律、社會人、飆車處理問題之研究、現代社會與法、社會學概要、大學實用日語、德語入門、德國童話精選、當孔子遇上當代—為《論語》做見證、道德經‧清靜經釋義、藥師經‧觀音經釋義、般若心經的澈悟、平凡中的睿智、善惡之間、少年知識手冊、少女知識手冊、翹翹板上的臺灣—建立和平中立的大同世界、報紙、雜誌之專著無數，每部大作皆深獲讀者的歡迎。

　　他是一位專心學術研究與寫作的傑出學者，而他亦不忘奉

獻所學於國家社會與臺灣人民，其關心臺灣時局與提出臺灣未來發展的康泰和平大道之大作「翹翹板上的臺灣－建立和平中立的大同世界」，字字珠璣，其愛國愛鄉之情懷躍然不已，為我們這個正處於急遽變遷的國家社會著書立說，以睿智精闢之見解，為我們國人今後努力打拚之方向提出宏言讜論，更令人感念無比。

謝校長雖出生於日據時代，但他的國學底子甚為深厚，文筆健，所著「當孔子遇上當代－為論語作見證」乙書中就特別指出「論語」之內容包含哲學思想、倫理道德、政治主張及孔子之教學方法，對人們修身齊家、待人接物、創業與從政所應遵循的原則與方法，是一部對全民教育的經典，值得當代青年朋友進德修業。誠如古人所云：「上有好者，下必有甚焉者矣！君子之德風，小人之德草，草上之風必偃！」一個國家社會如果上位者能倡導閱讀好書的習慣，如愛爾蘭、英國等等歐美先進國家，皆大力氣推動全民閱讀之良好風氣，必能塑造優質的社會風氣，並進而激發國家競爭力，而文章乃是經國之千秋大業，其影響是鉅大深遠的。

誠如古人所云：「哲人已去，典範長存」，他老人家現已到天上領受公義之冠冕，在天家享受永生之福樂，因此身為學生的我可以很安慰的向敬愛的恩師說：「敬愛的謝老師安息吧，因為我們的國在天上，而那美好的仗您已經打過了，世上的人將會為您在世上做的工譜上最好的樂章，來歌頌您讚美您，直到永恆！」

5. 讀大師名著憶恩師

　　一代憲法學巨擘前警察大學校長謝瑞智教授的確是一位站在臺灣民主發展歷史轉捩點上，一向秉持無私無我，一路走來，始終如一，以其精湛的法學素養，不計一切的高尚情懷，毫無保留地奉獻給臺灣這塊土地與人民。終其一生所撰著的法學論述大作約計一百餘部，約計一千萬餘言，而其立論觀點甚具前瞻宏觀，對我國未來的政經、教育、文化政治等之影響甚為深遠。

　　謝校長著作等身，桃李遍佈各行各業，無論是在警政、消防、司法、教育、文化或是企業等亦皆有傑出之表現。這都是謝校長一向秉持熱愛臺灣斯土斯民的精神，在臺灣這塊土地上、在教育文化上播種的成果。筆者忝為其門牆，茲謹以謝校長所撰著的《法律百科全書》這部法學巨著為例，來見證其畢生投入法學研究與著作之心路歷程，將知識份子堅忍孤寂全心全力奉獻法學研究與教育之感人情懷。

　　誠如西方大思想家培根曾言：「知識就是力量，而學歷史使人類聰明，學法律使人思維精細」，宋朝集政治與文學頂尖上乘的大思想家王安石亦言：「貧者因書而富、富者因書而貴」，誠哉斯言，古今中外的聖賢才智傑出之人士無論在政經、社教、文學、藝術等之能有其偉大的貢獻，皆由於博覽群書之所賜。

　　筆者自幼求學迄今幾十年間所閱讀的中外名著當然不在少數，法政有關古今中外大家之名著更是筆者的最愛，其中法學

各學者亦是筆者法政學術的指導教授之每一本巨著皆是筆者最喜愛閱讀的大作，如謝教授所出版的憲法新論、警察百科全書、憲法大辭典、般若心經的澈悟、中國歷代刑法志、翹翹板上的臺灣等名著，在在的顯示謝博士的確是一位博覽古今中外群書而能通古今之變，並能究天人之際與順應世界民主法治之潮流，而有成一家之言也，而謝師之所以長年無論在其擔任各大學教授、主任兼訓導長、國安會諮詢委員、銓敘部政務次長、國民大會代表、中央警察大學校長等重要職務期間，公餘之暇皆不會忘記知識份子以文章保國衛民的神聖使命，為文發表於報章雜誌以影響世道人心，即使自民國 89 年警大退休後，亦能以文章經國濟世的強烈使命感，發憤撰著之大作約有一千萬餘言。

謝師完成《法律百科全書》後，曾於民國 97 年 4 月 26 日上午 9 時假台北市郵政博物館發表一系列的新書，深獲各界熱烈的迴響，乃是對謝教授在學術上頂尖卓越的最佳見證。謝教授之所以在這近十年來全心全力投入撰著法律百科全書之初衷宏願是有其令人感人之故事情節。

謝師有鑑於臺灣自憲法增修條文公布並經七次修改後，整個法律體系有重大變更，而社會也從威權統治轉進民主法治政黨政治，並逐漸發展成多元文化的社會。因意識型態的不同，人人對法律政治的真義，有朝多元解讀的現象，因此亟需編纂一部能融會貫通古今中外的法律辭典，以為社會各界之參考。

蓋法律文字本就艱深難解，而法令兼之相互關係又錯綜複雜，就是法律專家也難免遭遇困難，何況是一般人民。因此，謝師於 20 年多前擔任國立臺灣師範大學教授時，就與幾位熟稔的學界及司法界先進，如前東吳大學校長章孝慈及中國文化大學政治研究所所長王友仁、高等法院已故知名法官兼大學教授江文利、前最高法院院長褚劍鴻、及刑法專家楊大器等人商

議，策劃編纂《法律百科全書》，當時已將主要架構議定完成，適因章校長、王所長及江法官三位先進先後辭世，而謝師職務又變動頻繁，工作遂告停頓。民國 86 年謝師出任中央警察大學校長，乃將編纂專業百科全書之構想用於編纂《警察百科全書》，並於任期中完成。

民國 89 年春，謝師屆齡退休，乃重新整理舊原稿，並邀請法界先進進行研討，大家咸認編纂該書之工作雖相當繁雜而艱鉅，如以早年編纂《警察大辭典》、《活用憲法大辭典》及《警察百科全書》之經驗，再由大家協助合作完成，不僅對華人社會、亦對國際社會有極大之貢獻。隨即重新蒐集資料著手編纂，並參考法學先進及各民主法治國家法學論著，就法律哲學、六法中較重要之法律學科、國際法及中國法制史等，凡是法律上最基本之制度或理論，就學理及實際上，在必要範圍內予以分析說明。其間因法令修改頻繁，數次更換內容，工程雖然浩大，終不負眾望，圓滿達成。

本百科全書係闡釋主要法律規範之套書，在編纂過程中，承蒙前司法院長施啟揚之指導，更增本部巨著之理論與實踐融合的價值。

有一流法學教育才能培育出一流的國民，有一流的國民才能建立一流的政府，為國家的永續發展與台灣人民的幸福，做最佳的服務。而一流的文章當然要給予一流的見證，筆者忝為謝教授之門生，長年追隨謝師奉獻法政學術之教學研究工作，對謝師之道德文章知之甚深，服膺拳拳。因此，筆者特於民國 97 年，在謝師這部巨著的新書發表會前夕，曾為文特別闡述謝師撰著法律百科全書之心路歷程，並希望藉百科全書之出版問世，能為我國的民主法治教育之推廣，帶來導引移風易俗之功能，為國家美好的前途與台灣 2300 萬人民自由民主人權之幸福生活開創一個更有希望之新願景。

　　謝教授以博學多才從事法政學術教學研究工作，績效斐然，學生廣遍國內外各行各界，且皆有卓著之貢獻，而「淡泊以明志，寧靜以致遠」，所謂「老驥伏櫪，志在千里」，秉持知識份子「為生民立命，為往聖繼絕學，為萬世開太平」之宏觀壯志，如《左傳‧襄二四年》：「大上有立德，其次有立功，其次有立言，雖久不廢，此之謂不朽」，謝校長能以懷時濟世之胸懷完成法學鉅著，可謂杏壇之光與淑世之福。

6. 理由再多　犯罪就是犯罪

　　司法是否公正關係到一個國家的盛衰。日本自明治維新以來，由於立憲成功，司法保持中立公正，有一則故事：二次世界大戰期間，有三位高等法院法官在被告尚未出庭前開聊，批評東條內閣軍國主義發動戰爭。當時站在審判庭兩旁的警衛，便將三位法官批評當局之事轉呈東條內閣，東條內閣即發給司法部密函稱，日本青年為了愛國連性命都犧牲也在所不惜，三個法官如此批評政府，所以必須懲處。但司法部卻回覆稱，日本青年之所以愛國願意犧牲性命保衛日本，那是因為他們認為日本有公正、正義的司法。後來，司法部並將密函公開，充分顯示日本司法公平公正之精神。

　　日本的司法體系甚為健全，檢察官起訴的案件，大部份法官皆會尊重檢察官的求刑而依法審判，但檢察官亦會盡心盡力地去尋找嫌犯犯罪之事實，以提供法官做為審判的參考。

　　最近瓦斯炸彈客高寶中落網後，被台北地方法院裁定交保，引起各業議論，在檢察官抗告後，高院昨天作成撤銷交保的裁定。高嫌主要是不滿時局，並有特定政治主張，在其政治主張未獲得滿意之前是否能就此停止犯意，實難預料。當然我們當尊重法官獨立審判，但炸彈客既有犯罪的事實，則任何的政治意識形態即不能用來做為司法認事用法之考慮。所以孟德斯鳩說：「法官是法律之口。」而韋伯亦云：「法官將法律的解釋與適用，單純的實施論理操作即可，個人的心情與主觀判斷，不可乘機滲入，所以既不可憤怒也不可以興奮，竭盡自己的職能，非主觀的從事才能盡到法律人的職責。」

　　台灣已是自由民主開放的社會，民眾若有任何訴求皆可透過各種管道來加以主張，否則任何人若有不滿之訴求，而動不動就如電視劇中所說的「送你一支番仔火，一桶汽油」，則這個社會豈不是搞得天下大亂，人人皆處在恐懼無比的生活中。

　　犯罪就是犯罪，絕對不能以任何高尚的語言加以掩飾與辯解，甚而冀望獲得同情。維護治安人人有責，尤其是守住公平正義最後一道防線的司法部門。若能以此思維來考量這件關係到大家生命安危的重大犯罪案件，當可在執行與維護人權之間尋找到一個更為合理的平衡點。

　　　　（刊載於聯合報，2004 年 12 月 22 日）

7. 領導有方，專業及愛心教育後學！

中央警察大學前校長蔡德輝博士自民國 90 年 8 月 14 日接掌警大，在其主持校務五載之間，以前瞻、務實、創新、實事求是；盡忠篤實、忠誠的辦學理念，全心全力的領導學校堅強的團隊，已為警大塑造了一個真正快樂教學、快樂學習、快樂工作的培育現代化高級警官幹部的優質環境。

如今，能入警大就讀的同學，約 94% 以上其學科成績達到能進入國立頂尖國立大學的水準，凡進入警大深造者，都以將來能成為第二位李昌鈺博士為追求卓越的崇高目標。因此，筆者認識的蔡校長乃是一個學養俱優，有情有義，追求卓越，頗能感恩惜福的長官。為感恩這位長年不眠不休、全心投入警政教育值得筆者衷心敬佩的長官，茲謹提以下幾點見證，供各界參考：

一、提升警察專業與通識教育，使警大邁向全球化國際性的一流大學

蔡前校長注重文武合一、術德兼備現代化警政教育，因此，全力的鼓勵各系所舉辦學術研討會，幾年來警大師生同仁的教學研究之素質大為提昇。如筆者任教的通識教育中心即連續舉辦了多個場次的學術研討會及教學觀摩會，並邀請警政有關實務單位的專家學者與會，使理論與實務充分結合。

尤其難能可貴的是邀請國際知名刑事鑑識專家，亦是本校傑出校友李昌鈺博士回母校擔任特別講座。召集全國各有關辦理刑事鑑識之重要幹部出席研習班參與講習，大大的提昇了我

國刑事鑑識學術與辦案實務之水準。在蔡校長的領導下本校圖書館暨世界警察博物館承辦「神探再現」展覽活動，先後與高雄科學工藝博物館及台北市立科學教育館，自 93 年 1 月 1 日至 94 年 2 月 26 日合辦展示，特邀李昌鈺博士回國指導，對我國的現代化警政刑事鑑識品質之提升貢獻甚鉅。

如今「神探再現」承惠科工館慨贈展品，而在警政署謝署長銀黨先主及李博士昌鈺先生大力協助下得以返回警大常展，已成為本校師生及國內外各界參觀世界警察博物館的一個重要據點，不但成為世紀級的刑事鑑識的珍貴活動教材，更加彰顯本校圖書館暨世界警察博物館為國內研究警察專業學術資料之重鎮。

二、追求警察學術研究的卓越，接受嚴格的考驗

蔡前校長從警大畢業歷經 32 年成為警大之校長，獲得美國佛羅里達州立大學犯罪學博士，曾任警大研究所所長、校務長、中正大學犯罪防治研究所所長，學經歷甚為豐富，其回警大服務最大的心願，乃是將警大帶向一流國際化的培養文武全才的現代化警察幹部之學府。因比秉持「團隊精神」與「人性化管理」的領導哲學，以走動式管理方式帶動學校堅強的行政團隊，結合學校師生員工有效的推動校務。更於 93 學年度參加教育部舉辦的大學評鑑，為求達到公平、公正、客觀起見，特敦請國內知名學者專家擔任本次評鑑委員。而筆者目前所服務的單位（圖書館暨世界警察博物館）在此次評鑑中，特別獲得評鑑委員的青睞，在校務評鑑組評名為第一名，筆者與圖書館暨世界警察博物館所有同仁除深感榮幸外，亦大大地感受到本館之所以能名列前茅，其最大的原因乃植基於校長平素高瞻遠矚，以宏觀的思維不斷的創新與精進，不但有效的發揚光大顏前校長世錫先生創館的精神，且以務實的作為，領航本校之

治校理念，實至名歸。目前本校圖書館不但已成為全國典藏最為豐富的警政資料重鎮，更充分發揮了我國警政、消防、海巡，典獄及矯正等有關實務單位研究重要典藏資料的要地，亦是國際警察學術交流的重要據點。

三、充分發揮支援警政署實務單位全民拼治安的智庫功能

蔡前校長自 90 年 8 月 14 日接掌校務以來，充分配合政府治安政策，結合本校有關教授學者專家發揮其專業智能，經常為文並經發表於各有關報章雜誌，不但給長年不辭辛勞投入拚治安的警察同仁帶來無比的激勵，提升民眾對於治安的信心。為更能宣揚政府全民拚治安之決心與卓著績效，筆者奉校長之命擔任編纂中央警察大學「全民拚治安論述文集」乙書之總編輯工作，彙集本校有關教授論述全民拚治安投稿並將發表於報章之文章集結成冊加以出版，贈閱各有關機關、團體參考，為我國全民拚治安之工作提供具有建設性之意見，充分發揮智庫角色與功能。

四、卓越的領導風格感動同仁們全心投入其所司之職

民國 91 年間為因應警大整體校務發展需要，筆者承蒙蔡前校長之厚植，銜命調任公共關係室主任乙職，從事國會與媒體及校友聯繫等服務工作，筆者自膺任此一繁重工作後，立即秉持校長的指示及感念警大培植之心情，以忠誠、廉潔、負責、熱忱，追求卓越的堅定信念，有規劃、穩健地發揮高度的公關智慧與技巧，有效的塑造了警大的聲譽，並與中央民意代表及新聞界及廣大的警大畢業校友們建立了良好的關係。

由於蔡前校長對待同仁的誠懇與愛心，深深的感動了筆者，因此，每當校長有任何任務交待，筆者總是懷著無比感恩之心情、竭盡心力的去加以完成，誠如蔡前校長對我們工作同

仁所指出的「要看一所大學的領導究竟好與不好，最主要的
層面就必須看一看那個學校的團隊的績效如何？」由此可知，
蔡前校長所領導的校務之所以能蒸蒸日上，其主要的因素乃是
有效的領導學校的行政團隊，全體精誠團結，同心協力而做出
卓著的績效，如本校甫建造完成的綜合警技館之所以能順利完
竣，正是學校團隊不眠不休地投入克服萬難而得以完成。所謂
「誠之所至金石亦為之所開」，俗云：「凡走過的必留下痕跡」。
筆者謹撰本文，除藉此感佩蔡校長 5 年來對本校卓著建樹作
一誠摯的見證。亦誠如聖經上所言「凡灑淚播種者，必歡喜豐
收」。西諺亦云「卓越並不獨行，它總是伴隨一切而來（The
best does not come alone. It comes with the company of the all.）。
筆者堅信以蔡前校長之卓越學養與崇高志節，無論在任何工作
崗位必當能施展所學為國家與人民竭智盡忠、全心全力的奉
獻。

8. 參訪中正大學之行，深感學風令人敬佩！

民國九十年十二月十四日本校前校長蔡德輝博士率領所有一級主管及有關同仁，前往國立中正大學作為期兩天乙夜的學術交流參訪活動，受到中正大學前校長羅仁權博士、教務長吳志揚博士、總務長衛民博士、研究發展處長胡夢鯨博士、犯罪防治研究所主任楊士隆博士等有關同仁熱忱的歡迎，尤其是前內政部長張博雅（現任監察院院長）更難能可貴，以疼惜部屬的心情蒞臨指導，令參與本次活動之警大主管同仁們感動不已，而時任嘉義縣警察局長王文忠先生、嘉義市警察局長文國忠先生、雲林縣警察局長黃昇勇賢伉儷暨有關同仁盛情的共襄盛舉，更為這次活動增添無比的光彩與珍貴的友誼。筆者有感於這次饒富意義的學術之旅，特撰文抒發數點感想如次，以茲誌念：

一、「凡流淚播種者，必歡呼收割」

感恩惜福的人必能得到他人的肯定與尊敬，有了過去才有現在，正如台灣的一句俗諺「吃果子要拜樹頭」。蔡前校長的故鄉在嘉義縣，事親至孝，嘉義中學畢業後考入警大就讀，於警政研究所畢業後，由於成績優異留校服務，期間前往美國留學，榮獲犯罪防治學博士學位後，仍回母校服務，歷任教授、警政研究所所長、教務處長等要職，並應當時名教育家林清江先生的禮聘擔任教授兼犯防所所長。

　　由於蔡前校長能以其博學多才與高度的親和力，將犯防系所辦得有聲有色，不但獲得全校一級主管考核第一名，且其學生遍及全國及海外各地，深獲當局的器重，而膺任培育全國警官的最高學府之校長要職。蔡前校長為人不但謙沖自牧，而且能懂得感恩惜福，感念長官厚植之鴻恩大德及中央警察大學的培植、中正大學的重用。他率領警大同仁與中正大學同仁之交流活動，更可證明蔡校長為人處世崇高的風格，因此深獲他服務過的同仁們由衷的敬佩。正如聖經上所言：「凡流淚播種者，必歡呼收割」，筆者長年從事文教與媒體工作，深深的體會到古今中外任何一位成功的人，皆有其立身處事的人生哲學及一顆為國家社會不計一切努力奉獻的愛心與使命感，蔡前校長的卓著貢獻，亦實在良有以也。

二、中正大學的學風值得借鏡學習

　　西諺云：「觀念足以創造世界」，大學乃是追求學術真理的聖地，而惟有一流的教育理念，才能開創一流的國際性大學，尤其是處於今日知識經濟為尚，一切講求國際競爭力之變遷時代，要想開創一所一流的國際性大學，若沒有宏觀前瞻的主持校務者領導，再配合一流的師資與軟硬體設備，是很難達成教育的預期效果的。

　　這次的參訪活動，筆者親自了解到中正大學成功的最大因素乃是其領導校務的開創者與繼任者，皆能具有前瞻、宏觀的教育理念導引所致。因教育乃是百年樹人之大計，尤其要創辦一所國際性的一流大學，更是需要有一流的教育理念與前瞻、宏觀的校務發展指針與努力方向。這從中正大學設立「清江終身學習中心」的宗旨與所推動的各項教育活動，便可知中正大學辦學之格局是何等的高瞻遠矚。此中心的成立乃是為感念林前校長清江先生對中正大學的貢獻，於八十九年十二月二十九

日舉行「清江終身學習中心」揭牌儀式，恭請前教育部長曾志朗先生、鄭前校長國順先生與林前校長夫人梁麗雲女士共同揭牌，其成立的宗旨主要在推動成人教育研究發展、推廣活動、諮詢服務，使成人教育理論與實務能相融合，使充份發揮學校教育與社會教育的功能，並有效的結合社會資源，以實踐林前校長倡導的全民終身學習的精神。

前校長羅仁權博士學養卓群，在國際學術界中備受推崇，其卓越之學術成就多項技術轉至產業，並全心投入推動中正創新育成中心，輔助業界研發及成功轉型，對國家社會貢獻卓著，日前榮獲東元科技獎。深獲中正大學師生之敬愛。其治校理念亦能秉持中正大學創校理念，平衡通識及專業教育、發展教學研究重點與特色、追求學術卓越、尊重學術自由與自主性，加強與社會互動，本土化及國際化並重。

由此可知，中正大學之所以能有今日頂尖卓越的高等教育，此皆得力於歷任校長卓越帶領，尤其是現任校長吳志揚博士更能秉持優良的傳統校風，在既有的良好基礎，卓越的領導並能更有效的結合全校師生，在校務、學生事務、學術研究發展等皆能有可觀的建樹。而「他山之石可以攻錯」，因此筆者相信未來警察大學能與中正大學或國內外一流學府做各項學術交流，並有效的提昇本校的教學研究品質，為本校師生員工塑造一個優質的教學研究環境。

三、凡事豫則立，不豫則廢，而家和萬世興，兄弟同心其利足以斷金

本次活動之發起，乃是源於前校長蔡德輝博士暨各有關單位同仁的同心協力下，使這次活動辦得有聲有色，而當中鄧煌發秘書（現任警大犯罪防治研究所所長曾任警大總務長）雖感染風寒，但仍抱病參與盛會，情節亦感人矣。而時任中正大學

犯防所楊士隆所長及吳芝儀教授、鄭瑞隆教授、林明傑教授、陳慈幸教授、王伯頎研究員、連淑婉秘書等，大力的襄助促成這次的活動，令與會同仁感佩不已，且於無形中增進了同仁們彼此間彌足珍貴的友誼。

9. 校園義工隊參訪中央警察大學，傳遞愛心人情味

日前，宜蘭縣愛心媽媽校園義工隊懷著感恩的心，蒞校造訪 18 年前的「愛心媽媽工作隊開創者」—謝前校長銀黨先生，並前來世界警察博物館參訪。該次參訪，係由宜蘭縣佛教會吳玉甌師姐帶領，筆者對該次接待交流過程中，有以下三點感想：

一、警力有限，民力無窮。根據實務研究與統計資料顯示，任何重大刑案能迅速破案，其主要的原因是由民眾的協助。一個國家的治安工作需要警民團結，才能獲得有效的解決。日本治安之所以被稱為世界第一，主要因素乃是其能順應世界潮流趨勢，發揮高度為民服務熱忱，建立良好的警民聯防關係，獲得民眾的信賴與支持。

二、筆者認為謝前校長無論是從事警職工作或主持警察教育，皆能發揮慈悲為懷的愛心與創意。謝前校長在 79 年創立愛心媽媽志工隊，引導愛心媽媽義工隊加入輔導青少年工作的行列，使宜蘭縣的治安績效不但名列全國前茅，也使各縣市先後推動愛心媽媽義工的組成與協助治安工作。

三、我國於民國 90 年公布實施「志願服務法」，使願意投入志願服務工作之國民力量做最有效之運用，以發揚志願服務美德，整合社會人力資源，促進社會各項建設及提昇國民生活素質。

其實早在本法制訂之前，諸如佛光山、法鼓山、慈濟的志工團隊所推動的心靈修持與功德志業，及在各醫院自動自發為

病人服務志工，其服務的熱忱與慈愛之事跡，在在地令人感動不已。因此，今後在警大的校務推動，亦應加強爭取各界志工的支持，使警大的教育真正與民眾結合在一起。

在此次參訪交流中，人人充滿感恩與歡喜，從羞澀、自信到快樂的志工，18 年的歲月，並未在這群愛心媽媽臉上刻劃太多痕跡。這讓我想起謝前校長甫上任之際，在一次對全體師生們講話中，特別提到他能回母校主持校務實在是一件非常光榮的事，他將懷著熱忱無比的愛心與使命感，將個人的生命全心奉獻母校。因此在既有的良好基礎上成立三大中心（國土安全研究中心、偵查鑑識研究中心、安全管理研究中心），並敦請名聞國際的傑出校友李昌鈺博士、日本岡部俊次回母校講學，且在李博士大力協助下特成立「財團法人李昌鈺博士物證科學教育基金會」，同時舉辦「2007 年國際物證科學教育研討會」，又與美國紐海芬大學等學府結為姐妹校，加強國際學術交流，大大地提昇了本校教學水準與競爭力。

按謝前校長從事警政實務與教育工作之所以能有卓著之績效，其主要的因素是有一顆慈悲的心及普渡眾生的情懷，且能全心全力不計一切犧牲奉獻的精神，感動部屬同仁，如緝捕林博文、張錫銘等重大槍擊要犯的英勇事蹟，至今仍為警界及各界人士稱讚不已。而在高雄市警察局長任內推動警察志工，開創了台灣現代化的警民合作範例，直可媲美日本的警民聯防關係之卓越表現。復在警政署任內努力推動「警察終身照護制度」，普獲有關單位之支持，終於得以在民國 93 年 9 月 1 日，由總統公布修正警察人員管理條例，第 35 條、第 36 條增訂第 35 條之一、第 36 條之一後，完整建立照顧警察同仁及其遺眷的法律制度，為長年不辭辛勞，犧牲奉獻投入拚治安工作的警察同仁，帶來了莫大的激勵士氣之功能。

10.順應時代潮流趨勢，開創優質警政教育

　　民國 97 年 9 月 1 日中央警察大學舉行建校 72 週年校慶典禮，各警政單位首長及各界貴賓皆應邀出席本次盛典，與會人士受到甫上任不久的校長侯友宜博士暨全體師生熱烈的歡迎。在警大一年一度的重要日子，對每一個警大人及其親友，尤其是今年警大入學考試所錄取的新生，內心感到無比的喜悅。侯校長亦特別指出警大師生員工今後努力的方向與策略：1.發揚「以誠為本」的核心價值，強化精神教育為一切教育的基礎。2.深植「以理論引導實務、以實務印證理論、以科技輔助治安維護、以程序正義保障人權」的觀念。3.透過策略聯盟，加強國內外學術交流，發展應用性強的警察學術特色。4.推動研究發展事宜，釐定中長程發展計畫。5.建立研究獎勵制度，推行創新發展的行政服務團隊。

　　針對本次慶典，筆者身為一個長年從事警政教育的工作者深有所感，因此謹提以下幾點意見以供國人參考：

　　一、警察教育工作當因應社會變遷，才能培育出一流警政幹部，有效提昇治安品質與效率。誠如現代政治學之父馬里安所指出，政府主要之功能以安全為首要，因為若一個國家的安全受到挑戰，治安無法落實，則其他一切的自由、民主、福利、秩序等皆將落空，更遑論社會秩序之維護與民生經濟之發展。

　　當前我國無論是政治、經濟、外交、兩岸關係、社會、教育文化、治安等層面，皆處於急遽轉型期，智慧型的犯罪或是

跨國性的犯罪之手法皆有日新月異。若警察教育未能體察全球化潮流及國家民主與現代化發展之趨勢，且適應社會的變遷，那是很難達成教育的預期效果。因此這次新政府能拔擢學養卓越，尤其在警察專業與實務經驗皆有其上乘之修持與傑出貢獻的侯友宜博士出任警大校長乙職，相信今後警大在侯校長主持領導下，當能將其多年來在警政實務單位的寶貴經驗，全心全力地投入帶領警大全體師生在教學研究方面，充份發揮警察專業知能，並配合政府之治安政策，因應當前治安問題之癥結所在，提出更為前瞻、宏觀、創新之警政教育核心價值與策略，且加以力行。

二、發揮中央警察大學優質的學術研究風格，秉持國家、正義、榮譽為警大教育之核心價值，培育術德兼修、文武兼備的優秀警察幹部，使警大人真正具有德、智、體、群、美五育並重之角色與功能。正如美國大教育家杜威指出「教育即成長」，的確，教育工作乃是一種輔導學生自然成長，培養其高尚氣質，並使學生能適應各種環境，以實現自我理想的過程。

一位教育工作者，尤其是一位從事培育警政幹部為終身志業者，不但要不斷自我充實，更應負起培養學生高尚品德的責任。

中央警察大學自民國 25 年創校以來，迄今（106）八十多年，就是能秉持不斷追求卓越之辦學理念，才能為國家培育了眾多優秀治安幹部，分布於警政、消防、海巡、移民、獄政、外交等各領域，且皆有傑出的表現，同時也為未來的警大學生之素質提昇增進了無比的助力。

而為因應國內電腦犯罪、電話詐欺及利用網路進行毒品走私交易等科技犯罪問題，警大預定明年開始增設電腦犯罪偵查系所，吸引更多的優秀人才投考警大。侯校長的宏觀理念，已充份掌握警政教育與現代化科技發展，犯罪偵防學理必須結合

社會進步的脈絡潮流與趨勢，警察方可以在現代高科技的社會中戰勝歹徒，有效的維持社會安全。

三、秉持國家、正義、榮譽為教育之核心價值以提昇道德教育。有了良好的道德教育，才能確立學生的正確人生觀，增進學生對警察工作的使命感與榮譽感。目前社會風氣敗壞的主因，在於人們過於追求金錢物質，忽視了精神生活的平衡，嚴重歪曲了社會價值，甚而誤導了青少年的人生觀。因此，我們有必要導正這些偏差的社會價值，使民風趨於敦厚、純樸以重建一個富而好禮的社會。所謂「有道德始有國家，有國家始有世界」，而公義使邦國高舉，可知道德乃是維繫社會人心與安邦定國之最大精神支柱。

所以，今後在警察養成教育及在職教育中，應特別實施道德教育課程，培養正確的人生觀與人生價值，使我們的警察人員能不為物慾所惑，所謂：「威武不能屈，富貴不能淫」，灌輸警察人員具有基層實際工作的體驗，如此才能真正了解民眾的需要，做好為民服務的工作。誠如內政部部長廖了以先生所指出的：目前政府正積極推動公務員廉政倫理規範，引導公務人員以公共利益為依歸，樹立新典範，重建人民對政府的支持與信心。而警察大學自創校以來最重視的就是品格教育，以「誠」為校訓培育以「誠信」、「廉潔」為核心價值之警察幹部，誠哉斯言，足見品德教育乃是警察教育最為重要的一部份。

四、加強科技與法律整合教育。戰國時代法學大家韓非子曰：「奉法者強則國強，奉法者弱則國弱」強調法治之貫徹與國家發展具有關鍵性之影響，揆諸歐美等先進國家實施法治之經驗與其發展之趨勢，當可得到有力之印證。民主國家的公務員，一切「依法行政」地去為民服務，警察工作幾乎與社會大眾生活息息相關，若沒有良好的法律素養，那是很難做好為民眾排難解紛的工作，因此，執法的警察人員更應該具有專業的

法律知識。

我們的國家現已成功的轉型為一個真正主權在民的自由民主人權國家，新政府團隊成員皆是學養卓越的一時之選，在在充份展現出一切施政皆能以國家利益與人民福祉為前提。未來政府施政首重清廉，並以勤政及愛民為團隊所努力的宗旨，以廉能、專業、永續及均富為重要之努力指標，創造國家未來的永續發展。據此，在在都顯示政府已做好了最佳準備，蓄勢待發迎接各種艱鉅的挑戰，未來若能加以砥礪精進，當可為國人交出一份亮麗的成績單。

而當前新政府團隊亦正勵精圖治，無論在政治、經濟、外交、兩岸關係、教育、文化、治安等等，皆是施政環環相扣之一環，當中治安亦是人民最關心之課題，國家能做好治安才能穩定國家的政治，有穩定的政治環境，才能讓全民安心振興經濟。因此筆者認為有優質的警察教育才能培養出一流的警政幹部；有一流的警政幹部，才能提昇國家治安品質與效能，建構能讓民眾〔安心、安定、安全〕免於恐懼之優質生活環境，以確保國家安全與民眾安和樂利的幸福生活。

為理想而奔馳
——一個大學教授的夢

第三部 公共關係與警民聯防

1. 公共關係與警民聯防之研究
——以日本警民聯防制度為例

壹、前言

　　公共關係之良窳，是關係一個機關團體或個人事業成敗與否的主要關鍵因素，在社會正處於急遽變遷，而國家競爭力亟待提昇，以確保民眾高品質的現代化生活之際，任何國家之機關團體或是個人之企業無不重視公共關係工作之研發與促進，否則是很難達成其工作績效之預期效果，甚而危及其本身事業之生存與發展。有關公共關係之起源是甚為久遠的，因為自有人類以來即彼此共同營運群居之團體生活，為了獲得他人或其它族群、機關團體等國家之認同與支持，自然產生公共關係之互動。依李瞻教授之研究，公共關係正式成為學科乃起源於美國，美國公共關係之演進分為萌芽、成長、成熟等三個時期。當中無論是傑克遜總統、林肯總統、老羅斯福總統及小羅斯福總統或是其他所屬之國務院等政府部門皆很重視媒體及國會之公共關係，而達成政通人和之施政目標。林肯總統就鄭重的指出「輿論（Public Opinion）是一種無比的力量，有輿論的支持，不會有一件事情失敗，否則，亦不會有任何事情的成功」，而「沒有任何事比直接傾聽人民的意見更為重要」。1974年美國波士頓大學正式設立公共關係學系，同年美國亦成立公共關係協會（Public Relations Society of America）。而隨著政治的民主化、經濟的自由化、社會文化的多元化，不但多所大學開設公共關係課程，而公共關係公司或政府機關有關單位亦大量增

設公共關係之組織部門，在專業化人員的推動下，充份發揮媒體傳播與決策功能，並進而有效處理機關團體或公司行號所發生的各種危機問題之解決。尤其是執行國家公權力的警政人員更需要有現代的公關理念，發揮公關的智慧與技能，如此才能與各界建立良好的關係，諸如與國會媒體或各有關機關團體及全民建立良好的公共關係，則我們全民拼治安的工作當能收到事半功倍的高度效能與品質，以確保國家的安全與民眾安定、安心、安寧的自由、民主、人權之幸福生活。

貳、公共關係之意義與功能

英國公共關係研究所（Institute of Public Relations）指出：「企業與顧客的雙方溝通，它的好壞決定企業的成敗。」公共關係乃是為企業開創最有利運作的環境，以良好的政策與有效溝通以贏得大眾的瞭解與支持，亦就是說公共關係之主要功能乃是在促進企業與一切相關團體的雙方溝通，不但將其政策積極面告知社會大眾，使這些團體因而對公司產生良好之印象，以確保企業經營之成功。私人企業如此，而政府機關更需要公共關係業務之有效推動，以確保各種政策能獲得人民的了解與有效的支持。因為惟有尊重輿論的政府才能獲得民眾衷心之支持，進而有效的貫徹其政策。以美國歷任總統的施政為例，凡是注重公共關係工作的總統，尤其是媒體與國會的公關工作做得好的總統，其施政皆能獲得民眾的支持；反之，若是對公共關係工作不加以重視，甚而與媒體或國會產生嚴重的對立，則其施政是很難獲得支持的。如美國小羅斯福總統在其任內一共舉行了 988 次記者招待會，並且不斷地以「爐邊談話（Fireside Chat）之方式向社會大眾說明其所推動之各項政策。因而獲得美國人不分朝野的全力支持。而威爾遜、尼克森、卡特等幾位美國總統固然有其卓越的施政能力，但由於對國會及媒體之公共關係做得不好，甚至有彼此對立之情況發生，遭

受到媒體或國會之反制、杯葛之後，美國政府當局有鑑於此，各有關政府在公共關係的工作無不建立起更為健全的制度，與培育更有專業化的公共關係人才，以從事國內與國際之宣傳，並與國會之有關單位做好溝通聯繫工作，讓國內外人士了解美國政府所推動之政策，增進人民對政府各項施政之了解，並強化其支持政府之信心。環顧當前邁向全球化，世界村來臨的時代，各國無論是其政府機關或是公司行號，若沒有公共關係之觀念，有規劃的做好公共關係工作，那是無法順利的推展其業務的。

參、全球化的公共關係工作之新思維與新策略

一、以誠實與信賴建立自我的良好形象

唯有誠實才能獲得他人永久的信賴與支持，它亦是為人處事的最佳政策。任何的企業若沒有良好的形象是無法生存發展，而公共關係就是要協助各有關團體或個人塑造其為人樂於接受進而加以認同支持的良好形象 [1]。

二、做好人際溝通關係

一般所謂溝通乃是指「說」與「聽」之互動過程，而過程如果順暢，彼此能了解其傳遞之訊息，且能引起共鳴，我們就認定其溝通是良好，否則必然發生溝通障礙。因此，要做好一個公共關係者，其最重要的要訣必須精於溝通之良好技巧，亦就是具備能將訊息運用於彼此互動的溝通能力（communication competence）[2]。溝通的有效方法，依據陳皎眉所指出的不但要積極的傾聽，使講話的人能充份地表現出其意見、想法和感情，並應讓講話的人感到備受重視與關心。而有效的溝通之方

---

1 Roger Haywood 原著，胡祖慶譯，前引書，p20-21。
2 Brian H. Spitzberg and William R. Cupach,Interpersonal Communication Competence（Beverly Hills,Calif.：Sage,1984），p.63.

法必須注意以下幾點：即（一）描述而非評價；（二）具體而非模糊；（三）試探而非確定；（四）真誠而不操弄；（五）同理而非同情或無情；（六）平等而非優越；（七）正向而非負向。亦就是在與溝通時若能本著真誠、同理、平等、尊重別人的態度與人交往，就能做好溝通工作，維持良好的人際關係[3]。

三、以互助互信的心情迎合別人的需求

美國威斯康新管理研究所的比爾·史帝威爾（Bill stilwell）曾指出：「你怎麼待人，別人就怎麼待你，你若迎合別人的需要，別人便會同樣回報你」[4]。

四、平時做好媒體的公關與熟練媒體之運作技巧

處在這個資訊科技發達一日千里的知識經濟之 e 化時代，任何機關團體或個人之事業若不能了解媒體之功能與運用，那是無法順利去實踐其工作的良好預期效果的。誠如國際知名的大眾傳播學者施蘭博士（Dr. wilbur Schramm）所指出的「電視與傳播，是 20 世紀人類偉大的科學發明，但究竟我們能否享受到它的好處，主要決定在我們運用它的智慧，是否與發明它的智慧並駕齊驅」[5]。的確，在這一切講求主權在民的時代，媒體無論是平面媒體或是電子媒體之運用，對機關團體或公司行號是非常重要的。因此公關人員必須學會如何與記者溝通聯繫，撰寫得體而有利於自己機關團體之正面報導的新聞稿，處處要考慮到記者的需求，熟練運用媒體之技巧，滿足讀者或觀眾的需要，必須有規劃地蒐集最新的新聞媒體（含平面、電子媒體）記者、編輯、總編輯、採訪主任或製作人之名單，遇有事件立即親自與他們聯繫，至少必須將新聞稿提供給他們，同

3　陳皎眉：《人際關係》，國立空中大學出版，1997 年 6 月初版，pp182-189。
4　Robert Conklin 原著，張惠卿譯，《人際關係新法則》（How to get people to do things），中國生產力，1996 年，p1。
5　李瞻著，前引書 p192。

時必須注意媒體的時效性。要慎重選擇經過訓練而熟諳發言技巧的發言人，而所提供的新聞必須能充份把握住觀眾的當前利益，如此的新聞才能夠真正獲得媒體的青睞，而加以作有效的報導。根據研究資料顯示，一般人民所獲得的新聞訊息有 90% 來自電子媒體，一個中等時段的電視節目，所能發揮的影響力往往超過全國平面媒體的總和[6]。美國 CNN 電視台所發揮的影響力，不但超過美國諸如美國廣播公司（ABC）、全國廣播公司（NBC）、哥倫比亞廣播公司（CBC）等各大媒體[7]，甚而影響到世界各地，可見媒體，尤其是電子媒體之影響力是如此巨大無比，真可用一句「無遠弗屆」來形述之亦不為過！

五、做好國會與政府部門及各有關政黨之公共關係

民主政治就是民意政治又是政黨政治，因此任何機關團體要能發揮一流的高效率與高品質之公共關係功能，就必須獲得民意有力的支持，而代表民意最具體，最有效的機關，就是國會、各政府機構、政黨及有關壓力團體等。因此身為現代的專業公關人員必須充分的了解國會與各政黨的組織、功能與運作方式，並與他們皆能保持密切之關係，才能在各項政策、法案、經費預算等審查獲得他們有力的支持，而對民意代表及政府機關之接觸，除能與其機關首長本人接觸外，千萬別忘了與其助理人員建立良好的關係，因為助理人員，尤其是機要人員，其對主管在決定與執行各項政策往往能發揮甚大關鍵性作用。如美國白宮的新聞秘書，不但負責總統的媒體公關事務，且能參與總統決策之核心工作。

六、做好危機處理工作

俗云：「花無百日紅，人無千日好」而「月有圓缺，人有旦夕禍福，自古難全」。再健全堅固完美的機關團體或是個人

6　Roger Haywood 原著，胡祖慶譯，前引書，pp310-326。
7　Tony Tang，CNN：全球大的新聞頻道，維德文化事業公司，2005 年，p18。

難免會有各種大小狀況發生，同此任何個人或機關團體皆應具有防範危機發生與處理危機事件之觀念與能力，尤其是機關團體之主管及公關人員更需有處理危機事件之公關知能以因應各種危機事件之發生，以確保機關團體之生存與安全。

（一）危機處理的主要概念

危機管理（Crisis management）已是現代組織運作與發展必須加以重視之課題，其主要內涵包括危機辨識、危機管理計畫、危機管理策略及危機善後後處理等[8]。而任何的危機情境皆有其處理的架構、概念及工具，而面對各種真實會潛在危機情境，最主要的考量之問題是以一種邏輯性，有條理的面對危機的發生[9]。摩根（Careth Morgan）在其所著的「組織印象」（Images of organization）乙書中提到一個組織管理人在面對衝突時，常會以五種模式予以回應即（1）迴避；（2）妥協；（3）競爭；（4）迎合；（5）合作，以探求衝突之化解[10]。首先我們就以下四個原則來區別危機的主要概念（1）危機是什麼（what）？（2）危機何時發生（When）？（3）危機發生之原因（Why）；（4）誰受到危機的影響（Who）？而一個良好的危機管理計劃或程序必須具備以下幾個特性：（1）先前的危機導致現在的危機，同樣地如果既有的危機沒有妥善地處理，也可能導致其它危機的產生。（2）早期存在的危機警訊是可以預防的。（3）可以導致危機的因素，包括技術、人為及組織內部的因素。（4）可能影響危機或被危機影響的當事人。任何的危機計劃或程序必須將上述特性列入考量，以提昇因應危機之效率，並防止導致更多的傷害。而危機管理策略則必須包括以下之幾個步驟：（1）對各種範圍的危機做好

8　林鎮坤著，《學校公共關係》，載於吳清基主編，學校行政新論，師大書苑，2003年，pp492-493。

9　Ian I Mitroff, Christine M. Pearson 著，吳宜蓁、徐詠絮譯，《危機管理診斷手冊》（Crisis managerment），五南圖書出版公司，1996年，pp3-5。

10　汪明生、朱斌妤著，《衝突管理》，五南圖書出版公司，1999年，pp9-10。

準備；（2）注意危機管理的五個階段－即訊號偵測期、準備及預防期、損害抑制期、復原期及經驗學習期；（3）注意到文化、人為、企業及技術之因素（納入各種關係人）[11]。亦就是評估及處理所有的相關變數，考量到所有之要素並相互加以整合才能妥善的做好危機管理。

（二）危機的主要原因及變數

1. 類型（Types）：潛在的危機變數在數量上相當多，即便是經費充裕的企業，也不可能對所有的危機做好完全無缺的準備；即使想要準備，企業也必須知道為何種危機而做好準備。

2. 階段（Phases）：所有的危機是不是都透過特定的階段來進行？如果是，包括那些階段？每個階段應該如何處理？

3. 系統（System）：我們在研究危機事件時，發生一些次要變數，在危機的起因或起源上扮演了重要之角色，如技術、組織、文化等，而這些變數的內容為何？相互間如何互動？是否能正確的處理危機。

4. 利益關係人（Shareholders）：那些團體（個人、組織、機構）可能影響危機管理或受到危機管理的影響？是否能有系統地分析這些關係人在危機過程參與的程度[12]。

（三）處理危機應把握的原則

　　當一個機關團體發生危機事件時，其領導人必須立即走出辦公室與各有關團或個人聯繫，採取各項應變措施以提高領導人的能見度，因為領導人的能見度乃是其自己機關團體員工及各有關單位最關切之重心所在，同時必須召集員工大會，做最好因應事件的溝通，安撫員工們的情緒，有效的重新提振員工

11　Ian I Mitroff, Christine M. Pearson 著，吳宜蓁、徐詠絮譯，前引書，pp5-31。
12　Ian I Mitroff, Christine M. Pearson 著，吳宜蓁、徐詠絮譯，前引書，pp17-18。

士氣，使公司朝向維持正常的方向運作，此時機關團體領導人就必須俱備諸如前美國紐約市長朱利安尼（Rudolph Giuliani）在處理 911 恐怖攻擊事件所展現處理危機事件之良好示範，按朱利安尼在處理整個危機事件皆能以高度的人道主義關懷處理危機事件，使市民對整個事件能獲得真正確實的資訊，因而贏得了民眾衷心的肯定與支持[13]。

（四）建立完整的災害應變機制

美國等先進國家在台灣所設立的跨國公司企業行號，平時皆訂定有一套能隨時因應各種天災人禍、突發事故的危機預防機制「BCP」（Business Contingency Plan）以備各種危機處理之需。而美國之各級政府機關或學校亦能針對各項危機問題，預先訂定緊急事件備援計劃（Emergency Preparedness Plan，EPP），一旦有緊急危難，只要能根據 BCP 或 EPP 之計劃按典操課，大都能肆應有方的處理各項災害。因此，任何機關團體若能建立良善的救災機制，當必能做好各項災害之危機處理。

管理學大師彼得杜拉克（Peter F. Drucker）曾指出：任何企業皆必須建立起真正得團隊，並且能結合個人的努力，成為共同的努力，企業的每一位份子都有不同的貢獻，但所有的貢獻都必須為了共同目標[14]。菲利普．萊斯禮（Philip Lesly）亦指出：專業公關活動能達到許多目標，如建立良好形象、促銷產品及服務、偵測和處理議題及機會決定組織立場、培養員工和其他成員對企業的好感、避免和解決勞工問題、培養社區對組織的好感、培養政府的好感、解決誤解和偏見、吸收人才、阻擋攻擊、灌輸大眾某種觀感、調查各種團體對公司的態度、制定政策、改善社會的生存環境、引導改變的方向。而公共關

13　Rich Jernstedt 等著；蔡麗蓉、李先鳳譯，《公關行銷聖經》（The Art of Public Relations）經濟新潮社，2005 年，pp59-64。

14　Peter F. Drucker 著，齊若蘭譯，《彼得．杜拉克的管理聖經》（The Practice of management）遠流出版社，2004 年，p178。

係對一般社會大眾的好處：1.向各機關團體說明社會大眾的看法。2.促進機構和群體關係的和諧。3.提供妥協的管道。4.做有效的溝通，激發組織的責任感動起來 [15]。

綜合上述，彼得杜拉克及菲利普‧萊斯禮等所強調之新世紀公關理念之重要性，必當更能使我們體認到全球化的公共關係，乃是任何個人或團體事業成敗的最大關鍵所在，因此今後我們政府部門，尤其是警政理論與實務單位，更應加強培訓高級的公關人員，以因應日益複雜的社會，就全方位的方式加強警民聯防工作，配合政府全民拼治安政策，以真正達到警政現代化之境域，而提昇警察公共關係之品質與做好警民聯防工作，乃是落實當前我政府所推動的全民拼治安之最佳策略。按日本的治安與救災體系之品質效率堪稱世界第一，當中除了具有健全的警政制度外，他們亦能因應社會變遷，強化警察志工的警民聯防工作，改善警察服務態度，使警察不但是公正的法律執行者，更是民眾生活中不可或缺的指導者與協助者，因此民眾自然能自動自發的組合各類的犯防組織，提供充分的社會資源協助警方推動社區警政，因此各種重大刑案之偵破，主要的情報資訊大都是得之於當地居民的主動提供線索。因此強化警察志工的組織與功能，當能使今後的警民聯防工作更加落實，強化社區意識，將民眾的社區意識與警方的辦案融為一體，以充分發揮打擊諸如詐騙、竊盜等犯罪之統合功能。

而從警察的本質上來論，二次世界大戰後我國台灣警察之組織體系是師法早期日本殖民時代由日本人所建立的，其中最重要的是基層派出所，而派出所之中心點是警勤區，用警察佈崗的方法，網住所有犯罪嫌疑犯，以保護善良民眾，所以警勤區的健全與否乃是預防犯罪的最重要手段。因此，警勤區的功能若被忽略，諸如嬰兒之所以會有非法販賣、社區竊盜案件、

---

15 Brian H. Spitzberg and William R. Cupach,Interpersonal Communication Competence（Beverly Hills,Calif.：Sage,1984），p.63.

電話詐欺等案件之猖獗，其主因乃是警勤區的查察沒有落實所致。以歐洲國家為例，例如社區居民中若有一個婦女懷孕，其房屋之管理人員就有義務向警察人員報告，而醫生也有義務向市政府報告，如此那個胎兒之一切即在有關單位充分控制中，且警察就必須將這個懷孕婦女列入登記。而假如那位婦女有流產，醫生就要通知市政府，市政府則必須分別通知警察，所以在這個市區之每一個家庭，若沒有懷孕又怎麼會有嬰兒之出現呢？如此便可防止非法地販賣嬰兒。又如警政部門所推動的肅竊專案，如果警勤區查察能夠強化管區裡的諸如古董店、修車廠、跳蚤市場等之查察工作，則此項方案當可更加落實，有效地達成防犯宵小犯罪之預期指標。因為根據世界各國刑事案件所統計可靠資料顯現，各國竊盜案約佔所有刑案 60% 左右，如果能在這方面有效地落實查察，則刑案犯罪自然能降低。同時，加強機動警力之運作亦是當前提昇基層治安刻不容緩之要務，保持每一個分局有一定數目之機動警力，若有任何刑案發生，在人民報案時，立即由機動警力出動迅速查辦之。因為若能備有充裕之機動警力，則可補足與監督基層員警受理刑案之執行是否落實，並有效地消除被害人在事件發生後責怪警方辦案不力之怨言。在歐、美、日等先進國家，但凡遇到刑事案件發生時，除了社區警察等人應即於 3 至 5 分鐘到達現場查辦外，而中央之機動辦案人員亦會立即到場了解狀況並列入管制。我們常可從電視影集中不難看出歐、美、日等先進國家治安人員處理刑案之過程甚為細密之步驟與高品質之效率。在國外警察之勤務中心皆可根據警員巡邏時陳報的地點予以隨時抽查，執行勤務之員警可到監視器以讓該指揮中心查看，以有效地管制值勤員警，使他們不能擅自離開警勤區。並對各種犯罪充份發揮致命之打擊任務，且迅速地追回為盜賊所搶奪之不法所有。因為這些犯罪者皆會留下轉帳等犯罪之痕跡。

　　而當前政府要增加警力並強化警勤區的機動辦案功能與效

率，惟筆者認為所謂「警力有限，民力無窮」，我們今後全民拼治安的工作除了提昇警察精湛的專業能力、加強教育訓練外，更應落實警政社區化，社區治安化，加強警民聯防工作之推動，如此方能從根本上來提昇當前的治安品質與效率，以符合社會大眾對治安熱切的期盼。日本的警察之所以能受到民眾心悅誠服的敬重與支持，此乃得力於它們建立了良好的警民關係，以下謹就日本的警民聯防制度加以探討，以收他山之石可以攻錯之效也。

肆、警民聯防的意義及其在警政現代化過程中所扮演的角色與功能

一、警民聯防的意義

警察學權威學者梅可望博士指出，在工業化與都市化的情形下，人與人之關係逐漸產生疏離感，因而引起社會學家與警政學者的關懷，乃有「社區意識」的倡導與「社區運動」的推動，警察勤務社區化的概念因而興起。其主要的意涵有四：（一）強調警察勤務的需要應確實結合社區民眾要求。（二）強調警察勤務人員和社區民眾打成一片、密切往來。（三）強調警察勤務區的劃分應以社區為單位，將傳統的人口、面積、業務等因素變為次要單位。（四）警察機關對犯罪發生的地區，實施警民合作，減少犯罪之發生。亦就是說「如果警察人員增加與社區民眾的接觸，包括質與量的提昇，則警察工作的效率可以提高，同時社區民眾對犯罪管制可以做較多的貢獻[16]。以上所述，使我們更深切的體認到警民聯防的意義與目的，及對我國目前推動警政革新，提昇治安品質，以保障民眾自由安全的幸福生活之重要性。尤其處在社會急遽變遷與朝向多元發展的趨勢中，犯罪的手法亦隨之改變，我們對社會上犯罪的原因、型態與預防之方法必須加以研究。而根據學者專家多方面

16　梅可望，《警察學原理》，中央警察大學，1999 年 2 月，pp456-460。

的評估與研究結果，皆指出單單增加警力與經費預算亦很難達到降低犯罪率。因此提昇治安品質之根本之道，必須有效的結合社會資源，動員社會力量，當前真正要達到治安改善的目標，我們必須強化社區工作、守望相助理念的普及，建立堅強的治安維護網、預防網，強化治安社區化社區治安化，有效的結合全民力量，貫徹清源專案，如此我們全民拼治安的工作才能達到預期的效果。

二、警民聯防在警政現代化過程中所扮演的角色與功能

著名法學權威學者謝瑞智博士曾指出：「有一流的治安，才能有一流的政府，必須提升治安品質，才能確保民主繁榮，我國警政已從執法警察轉型為服務警察，美日亦在此轉型階段，如日本警察為全面性防止犯罪之發生，並淨化社會環境，在全國以警察局為單位，先由社會熱心公益與公正人士籌組成立防犯連絡所，再結合各地防犯連絡所組成防犯協會，每一警局有一防犯協會，而防犯協會負責該地區有關犯罪事件，事故通報或防犯座談會之舉行，轉達警察對犯罪防制有關措施與資料，並扮演警察與人民溝通之橋樑。日本警方以民間之外圍組織之力量，共同維護社會安定和秩序」[17]。民主政治是民意政治，又是責任政治，政府存在的主要目的乃是維護民眾的生命財產安全。當前民意最期盼的就是能夠給民眾一個滿意的治安品質與生活環境。古今中外無論是任何形式的政府，其施政若無法獲得民眾衷心的支持與配合，政府將很難獲得良好的施政品質。尤其，一個國家的治安工作需要民眾的協助，才能獲得有效的解決。

根據研究犯罪學者與從事治安工作的實務單位研究與統計的資料顯示，任何重大刑案之所以能迅速破案其主要的原因是

17　謝瑞智，《我國警政革新的前瞻》，中央警察大學，《警大月刊》22期，1998年2月1日，pp11-12。

由民眾幫助，直接提供刑案線索或有關情報資料有很大的相關性。以日本法務省在 1994 年出版的「犯罪白皮書」為例，就殺人、強盜等重要犯罪來比較美國和日本的犯罪檢舉率，美國的檢舉率為 21.4%（1992 年）而日本殺人的檢舉率則大約96%。日本的治安之所以有這樣輝煌的成果，除了有高素質的警察不分晝夜地全心全力的投入為民服務的工作外，其中還有很多具有公德心且與鄰人來往密切的風俗習慣，而發自內心主動地支持警察共同防範犯罪有其不可抹煞的貢獻[18]。換言之，在這個知識爆炸，社會急劇轉型，民主意識高漲的時代，政府的施政不但必須滿足民眾的需求，而治安工作更需順應世界民主潮流趨勢，了解民意趨向。政府不僅要提出組織再造與革新的政策，更需研究民意的主流趨勢與需要，落實主權在民的理念，使警察工作更能因應時代需求，力求更高的服務品質與效率，有效的獲得人民的信賴與配合，重塑警察在民眾的良好形象，建立良好的警民關係，建立「維護治安，人人有責」的共識，則我們的警政革新工作當能收到事半功倍的效果，而有助於重建一個自由安全安和樂利的社會。

我國須研究一套具體可行的警民聯防制度，諸如對世界上治安績效居冠的日本的警民聯防制度，加以探討研究，藉以取精用宏，以建立一個合乎我國當前國情與民眾需要的現代化社會治安維護網，並從根本上有效地解決治安問題，重拾民眾對治安的信心，則對我國社會治安品質的提昇當能指日可待。

伍、日本警民聯防制度的概況

日本的治安所以能被稱為世界第一，當中除了具有健全的警政制度外，他們能因應社會變遷，改變警察服務的態度，使警察不但是公正的法律執行者外，更是他們生活中不可或缺的

---

18 神一行著，陳鵬仁譯著，《日本的警察》，水牛圖書出版事業有限公司，1998 年，p5。

指導者與協助者，警察熱忱為民服務的態度與精神，獲得民眾衷心的信賴與支持，建立良好的警民聯防關係，更是他們國家維持高品質與高效率的治安工作之不二法門。

一、派出所與駐在所的設計

　　早在明治初年（1868 年），明治維新政府雖在其近代化的過程中引進了歐洲的制度，並加以修正使其符合日本的國情，其中一項就是派出所的制度。明治 7 年（1874 年），日本政府設置了東京警視廳，其下置有巡查屯所（即現在的警察署），並在其下設置了交番所（KOBAN），此乃為今日派出所的起源。這種交番所和現在的派出所不同，它是由勤務員從巡查屯所前往輪流作站崗勤務的場所。到了明治 14 年（1881 年），東京市內除了有巡查屯所之外，又設置了警察署；更將交番所改稱為巡查派出所，在明治 14 年 3 月，在東京市內有 330 個巡查派出所，合計有 1,920 名的巡查在此任職。平均每一派出所有 6 人任職。

　　明治 21 年（1888 年）開始設置駐在所。其規定在市區內，每 500 人至 1,500 人就設置外勤巡查警察 1 人，在町村方面，每 1,500 人至 3,000 人就設置外勤巡查警察 1 人。後於明治 29 年（1896 年）改訂為於市，100 人以上至 300 人以下置警察 1 人，在町村，每 1,000 人至 2,000 人置警察 1 人。原則上在各町村設置駐在所分配 1 名巡查。在當時，明治政府雖計畫促使地方自治制度的發達，但也與町村長所掌管的衛生、消防、道路、戶籍等事務中有關警察的職務保持密切的聯繫，兩者相輔為用，對於社會治安的維持及地方自治的調和有其貢獻。縱使是地方，只要是人口集中的地區就和東京一樣設有派出所。就這樣地，派出所、駐在所的設置遍及全國各地。直至其後，日本警察制度雖然經過幾次變遷，但派出所、駐在所制

度卻幾乎一直沒被改變而沿用至今[19]。

日本警察署的數目從明治以來就一直維持約有 1,200 個署（分局）、（明治、大正時期包括警察分署在內），而後隨著日本都市化的發展結果，駐在所由於只限於 1 人之警力無法因應日趨複雜的民眾需求，所以特改變為派出所，無論是派出所或其駐在所乃是警局與市民聯繫的橋樑，更是民眾生活保障與生活品質的最佳指導者，其存在乃是在於民眾的需求與社會安定不可或缺的基石[20]。

二、巡邏與報案系統的預防犯罪體制

日本警察擁有全國性之組織體系（中央為警察廳、縣為警察本部、警察署），在地方則派遣警察人員布置在各基層（如交番〔KOBAN〕與駐在所），警察職員及車輛之巡邏，110 報案系統，民間則設有犯罪防犯體制（如犯罪防犯協會、防犯連絡所），日本全國共有 15,000 餘之交番與駐在所，約有 26 萬警察人員，2,700 輛警察車輛擔任巡邏與偵防工作，犯罪防犯協會係設置在警察署內，防犯協會之活動實際予以推動的防犯連絡所，在全國共有 689,000 所（約 53 戶有 1 所）。在竊盜發生率較為頻繁之地區，設有「盜犯防止重點地區」（共 503 區），並實施特別之防犯活動。此外在各工作場所組織「職域防犯團體」，像日本以上從中央到地方或在容易實施犯罪的工作場所及各種金融機構皆設立綿密的巡邏與報案的治安體系，不但能充分掌握與預防犯罪於機先，更能確立完整的偵查系統，迅速有效的蒐集犯罪情報，並能獲得諸如犯罪防犯協會，防犯連絡所等民間外圍團體之協助，共同打擊犯罪。並有效的預防各種犯罪之發生[21]。

19　上村千一郎著，蔡秋雄譯，《日本的治安為什麼那麼好》，福祿壽興業股份有限公司，1997 年 10 月，pp39-40。
20　上村千一郎著，前引書，pp 40-41。
21　梅可望主持，謝瑞智、魏鏞、陳鵬仁、呂育生、鄭善印研究，《警察組織體系、人事

三、情報組織體系之設立

日本警察為求有效的掌握治安狀況，防範犯罪於未然，又能在刑案發生後快速地蒐集情報以早破案，因此，設立交番所與駐在所等基層單位。建構全國之治安情報網。而警察又因此制度之設立，其外勤工作在各地保持 24 小時不分晝夜地執行監視工作。以巡邏與各家庭巡迴連絡，防止犯罪、提供犯罪情報資料、處理交通事故、少年輔導、迷路協尋、保護醉倒在路旁之人或接受人民申訴諮商。由此可知，日本警察不但扮演解決人民各種疑難雜症等各種問題的「保護神」之角色，更需負起維護執行社區安全之責任。而交番制度勤務之執行乃是由外勤警察先到分局報到，接受勤前教育，再到交番執勤。其執勤方式，大致是處理所務、守望與巡邏三種。交番除了處理一般勤務外，並與鄰接交番、巡邏車及警察局保持密切聯繫，以構成全面性之犯罪防制組織網，以配置在全國的警察本部及警察分局之巡邏車及迷你巡邏車等車來強化管區內之巡邏與情報聯繫工作，充分發揮全國犯罪情報資料之統合功能[22]。

四、地方民間防犯組織──町內會、防犯協會與防犯連絡所

日本治安良好，除日本警察素質優良，警政制度健全外，地方民間防犯組織對治安、犯罪防止之協助上，亦功不可沒。茲分述如下：

（一）町內會

1. 組織：在日本幾乎所有的地域都存在著稱為町內會或自治會這種團體（以下稱之為町內會）。很多町內會設置防犯部或類似機構，以整個町內會加入以各警察局為單位所設立的地區防犯協會，做為防犯協會的支部，或者是町內會它獨自進行防犯活動。最近在大都市它的影響力雖然有減弱的傾向，然

管理及業務運作之研究 - 日本警政考察報告及建議書》，1996 年，p.47。
22　梅可望主持，謝瑞智、魏鏞、陳鵬仁、呂育生、鄭善印研究，前引書，p.56。

因它是以網羅地域內所有住戶，事實上是半強制性加入的團體組織，且是有意識組織而成的。因此，在做為有關防犯的民間團體最基礎單位，仍有其重要性。此種組織，1947 年以來並沒有特別存在法律的根據。因此町內會只不過是民法解釋上的無權利能力社團。但是，依 1991 年修改的地方自治法，同法 260 條之 2 訂定「基於在町或其他的市町村的一定區域有住所者之地緣上所形成的團體（以下在本條稱之為「地緣團體」），它為保有在地域共同性之共同活動所需的不動產或者是有關不動產的權利，在受市町村長的認可之時，在其規約所定的範圍內，「有權利並負擔義務」（第 1 項），依此，開啟賦與町內會實定法上之根據。

2. 活動內容：一般而言，町內會於防犯活動之外，也從事有關會員之間的親睦、慶弔、祭祀、防火、保健衛生等活動，然而有關防犯的事項仍是町內會最重要的活動之一。

3. 組織狀況：日本自治省曾在昭和 55 年（1980 年）12 月 1 日以全國 3,278 市區町村為對象就自治會、町內會等所謂的住民組織進行其實態調查。其後就再也沒有進行過全國性規模的調查，雖然此調查並不完全吻合最近的變動，然仍可認為是近於現狀而沒有多大差別。依此，確認下述的事實：

在全國所組織起來的住民自治組織有 274,738 個組織。（在 1946 年有 210,120 個）。組織的名稱，「自治會」占 28.9%、町內會占 25.6%、「區（區會）」占 18.4%。設置單位，舊町內會單位占 32.7%，集落單位占 13.4%，在市區町村所定的行政區位占 11.7%，以住居表示的町、丁目為單位的占 8.7%。回答在所有市區町村的所有區域組織住民自治組織的市區町村占 87.7%，回答在幾乎所有的區域（九成以上的區域）組織住民自治組織的市區町村占 9.1%。對住民自治組織交付補助金的市區町村有 1,680 個團體，占 51.4%。回答所有

的戶數（九成以上的戶數）都加入的市區町村占 95.4%。關於加入的方法，在住民自治組織的區域內有住居者，半強制加入的占 50.4%，原則全戶數加入，然是否加入為住民任意的占 47.1%，加入與否完全為住民的自由意志的占 17.8%。在全國所組成的上層組織有 13,562 個組織，其設置單位以小學校區為單位的占 24.2%，以舊町村為單位的占 20.2%，以市區町村為單位的占 16.3%，以在市區町村所定的行政區為單位的占 15.1%[23]。

（二）防犯協會

1. 沿革：1947 年日本戰敗後，盟軍認為向來存在的町內會是反民主的組織，依內務省訓令第 4 號、菠茨坦政令第 15 號命令予以解散。但是當時的町內會是深入日常生活的強固組織，其領導者以地域的首領親臨當地，因此雖在一連串的訓令或政令下，其組織也不容易崩潰。在此情形下，町內會在維持其原般組織下而將其名稱改為防犯協會，由地方上的有力人士繼續推行實質活動。即使不使用防犯協會之名，防犯燈（街路燈）的設置、維持管理等亦由向來的町內會組織繼續進行。因此可以知道防犯協會的設立為何集中於 1947 年。許多地區防犯協會幾乎將全部的町內會納為支部，也可以認為是受上述那種沿革的影響。

2. 組織狀況：在每一個警察局的管轄區域內都存在著一個地區防犯協會，在各都道府縣有都道府縣防犯協會連合會（財團法人或社團法人），而做為全國的組織則有財團法人全國防犯協連合會（1962 年組成，1963 年法人化）。有很多地區防犯協會在組織末端納入町內會這種半強制加入的團體，表面上是巨大的組織。各都道府縣防犯協會連合會依「風俗營業

---

23 日本弁護士連合會編，《檢證　日本の警察》，日本評論社，1995 年 10 月 20 日。pp353-358。

之規制以及業務之適正法」第 39 條被指定為都道府縣風俗環境淨化協會，而全國防犯協會連合會依同法第 40 條被指定為全國風俗環境淨化協會。又依」防止暴力團員所引起的不當行為法「第 31 條規定，各都道府縣暴力追放運動推進中心，它們全都以正會員加入全國防犯協會連合會，而同法第 32 條規定全國防犯協會連合會為全國暴力追放運動推進中心。

3. 活動內容：其主要的活動內容如下：

（1）和警察一起進行防犯活動

（2）防犯診斷

（3）防犯座談會的召開

（4）防犯巡邏：不單是一般性的防犯巡邏，也配合警察為了特定目的所做警備活動，給與輔助性活動。

（5）防犯宣傳活動

（6）優良防犯器具、裝置的推薦與普及活動。

（7）風俗環境淨化活動

（8）以柔劍道來健全扶植青少年：主辦各都道府縣的柔劍道大會與全國警察少年的柔劍道大會（從 1988 年實施）。

（9）以全國的小學生為對象主辦的以「我們所住地區的警察先生」為題目的作文比賽。

（10）高齡者的對策活動

（11）暴力團追放活動

（12）和警察官一起訪問公司行號、家庭、指出防犯

上的問題點，並呼籲改善。

（13）自行車防犯登錄制度的實施

（14）防犯對策的調查、研究

（15）對防犯有功者的表揚

上述的活動都是在和警察密切的連絡、合作下來進行[24]。

（三）防犯連絡所

1. 沿革：1948 年當時，電話的普及率低，警察通信也較不方便。淀橋警察局（新宿警察局的前身）為了使巡邏的警察官向本局聯絡，開始通知員警向有電話的家庭借用電話。知道這則通知的當地防犯協會乃募集給予協助的家庭，使他們在門口懸掛「防犯連絡所」的看板，這是防犯連絡所的起源。當初是為了警察官方便的聯絡，但不久，其便被納入防犯協會的內部組織，賦與防犯活動的任務。其後這經驗便慢慢地擴大到全國各地。在初期不存在統一設置及營運基準，然而 1963 年在東京訂出有關防犯連絡所的設置以及營運的基準綱要。以此為開端，從 1960 年代到 1970 年代前半，在各都道府縣便制定了綱要而建立起法制來。

2. 組織狀況、活動內容：1997 年年底，全國設置 68 萬9,000 處（53 戶有 1 處）。其委託者因都道府縣而有不同，然而以警察局長、地區防犯會長或者是市町村防犯會長連名的情形居多。主要活動內容是防犯診斷、防犯座談會的協助、宣傳活動與其它活動、在犯罪發生時或發現可疑者與需要保護時向警察通報等。

（四）交番、駐在所連絡協議會

以住居者遷移頻繁的公寓、大樓、或常發生事故的歡樂街

24　日本弁護士連合會編著，前引書，pp358-361。

等為中心陸續組織起來。在交番單位他們以町內會幹部、公寓或大樓的管理人、商店街幹部為其主要構成員。警察官聽取他們對地域問題、對警察的要求和意見，交番、駐在所連絡協議會也從警察機關得到關於防犯、交通安全等必要的建言、指導，以整體地域達到無犯罪及事故做為目標來進行。1993 年年底，全國共設置 7,243 處。

（五）職域防犯團體

以容易受到犯罪侵害的行業、容易被利用為犯罪行業為中心，為講求以組織力量來進行防犯對策而組成。1993 年 12 月底，以都道縣單位組成 666 團體、以市町村單位組成 1,354 團體。在職業上有金融機關、當舖古物商以及柏青哥店等玩樂設施，然在最近擴及到 24 小時超商等深夜營業店、卡拉 OK 包廂等現代型的行業。在和警察合作之下，進行防犯講習、防犯診斷以及其他的防犯對策活動。

（六）警察之友會

以都道府縣為單位或者是以警察局為單位所組成的。此乃對交番、駐在所與搜查本部等給與激勵、慰問，或者對優秀警察員警給與表揚、慰勞，以及對殉職員警、民間協力者給與弔慰等。1960 年首先在東京組成，1963 年由 29 個都道府縣之警察之友會，加上沒有縣組織的長野縣內的 4 個局的警察之友會，設立全國警察之友會 25。

五、全國性民間防犯組織—全防連

日本警察之治安工作所以能發揮事半功倍的效能，其中的原因除了擁有健全的全國性組織體系及地方的交番與駐在所，發揮對民眾諸如保護商談與巡邏聯絡等高品質之服務工作外，能有效的結合民間團體如防犯協會與防犯連絡所，等共同來推

25　日本弁護士連合會編著，前引書，pp362-364。

動警民合作維護治安，有很大的關係。為全面地防止犯罪之發生，改善社會風氣，日本警政單位在全國以警察局為單位，首先由社會熱心公益與公正人士籌組成立防犯連絡所，再結合各地的防犯連絡所組成防犯協會，每警察局有一防犯協會，其主要之任務是負責該區域有關犯罪事件或事故通報、犯罪預防座談會之舉行，轉達警察對犯罪防制的有關措施與資料，並扮演警察與人民溝通之橋樑。並以交番等為單位，在對人口移動頻繁的公寓或事故較多之娛樂場所，設有「交番、駐在所連絡協議會」，該協議會係由該區域內之地方職員、公寓之管理員、商店街之代表等所組成。平時由交番派員到協議會聽取治安意見，並指導其防制犯罪與交通安全有關事項，與警察人員通力合作共同強化犯罪預防之功能[26]。像日本這種獨特的警察的外圍團體已引起諸如新加坡等國家的重視，並派員學習且加以引進實施，對新加坡的治安改善助益甚大。

而統合都道府縣防犯協會與職域防犯團體的全國性組織即是財團法人全國防犯協會連合會。其成立之過程、組織及事業如下：

（一）全國防犯協會成立之歷史過程

1. 全國組織的結成：日本自古就建立以近鄰住區為單位的住民自治組織，如俗稱為山村、谷村的地域社會，它是建立在以山或谷或川或海所隔開之狹小居住區單位。由於水利或共同作業上相互扶助的必要性，而有成為地域共同體的需求，建立以協調與互助為本的自治共同體。執政者也賦予這種自治共同體許多機能，特別是將防範犯罪、防火與解決紛爭做為自治體所需擔負的主要機能。江戶時代後，在明治、大正、昭和的時代也承此一傳統。因此，在日本町內會與鄰組等住民的自治組織，逐漸成為推動防範犯罪活動的主體。

26　梅可望主持，謝瑞智、魏鏞、陳鵬仁、呂育生、鄭善印研究，前引書，pp58。

　　二次大戰中，町內會、鄰組職權大幅增加，它的功能不僅是防範犯罪，也做為民間防空的地域組織與其他行政機關的末端機構。在二次戰後昭和 21 年（1946 年）5 月 3 日，GHQ（聯合國軍總司令部）在解除日本所有軍事活動組織的方針下，解散町內會、鄰組。因而將町內會與鄰組解釋為「國家→都道府縣→市町村→町內會→住民」一元化國家業務遂行的機關[27]。

　　由於當時社會的混亂和貧困，犯罪增加使得人人陷於不安，許多地方自發性實施自衛巡邏、呼籲防範犯罪或以換班的方式進行監視。昭和 22 年（1947 年）9 月 1 日〔關東大震災的紀念日〕，在東京首先設立以防範犯罪活動為宗旨的東京防犯協會連合會（東京連合會）。昭和 32 年（1957 年）11 月 7 日，東京防犯協會連合會創設 10 週年紀念大會上，全會一致決議『盡最大的努力組成防犯協會的全國性組織』，開啟了未來組成全國性防犯協會的道路。昭和 34 年（1959 年）6 月 10 日，中部六縣防犯協會會長會議決議「勸導其他各縣組成全國組織」。昭和 35 年（1960 年）4 月，組成了 6 大都府縣（東京、神奈川、愛知、京都、大阪、兵庫）的防犯協會連絡協議會，在席上通過『促進組成防犯協會的全國組織』的決議。同年昭和 35 年（1960 年）7 月，組成中部防犯協會連絡協議會，在會議上也通過同樣的決議，其後北海道昭和 36 年（1961 年）3 月、東北昭和 36 年（1961 年）5 月、近畿昭和 36 年（1961 年）6 月、關東昭和 36 年（1961 年）9 月、中國昭和 36 年（1961 年）11 月、四國昭和 37 年（1962 年）1 月也都陸續成立以管區警察局為單位的地域防犯協會連絡協議會。在地區防犯協會急速成長的背景下，終於在昭和 37 年（1962 年）3 月 1 日成立屬於任意團體的全國防犯協會連合會[28]。

27　日本財團法人全國防犯協會連合會編著，《全防連 30 年》，財團法人全國防犯協會連合會發行，平成 7 年 5 月 1 日，1995 年，pp12-13。

28　日本財團法人全國防犯協會連合會編著，前引書，pp12-13。

2.從任意團體到法人組織：於昭和 37 年（1962 年）3 月 19 日上午，在東京千代田區平河町的都道府縣會館的大會議室召開屬於任意團體的全國防犯協會連合會的成立大會。出席者有 40 都道府縣的防犯協會代表、事務局官員約百餘人。在大會上，通過「提高守法精神」、「排除暴力」與「防止青少年犯罪」等議案。新成立的全國防犯協會連合會期待把在各地的防犯活動統合為一。以全國市長會會長、全國町村會會長、全國 PTA 連合會會長、全國公安委員會連絡協議會會長、警察廳長官為全防連的顧問。並決定委任總理府中央青少年問題協議會事務局長、警察廳保安局長、刑事局長、法務省保護局長、厚生省兒童局長、文部省初等、中等局長、社會教育局長與勞動省婦人少年局長為全防連的參議[29]。

昭和 38 年（1963 年）5 月 28 日於東京千代田町的半藏門會館召開全防連總會第二次年會，提出了全防連財團法人化的問題。與會代表一致通過全防連財團法人化。同年 9 月 5 日，在半藏門會館召開的第 2 次常任理事會，全場一致認可，創設了「財團法人全國防犯協會連合會」。昭和 38 年（1963 年）10 月 25 日，由內閣總理大臣同意「財團法人全國防犯協會連合會」設立，同年 12 月 23 日，在東京法務省完成登記。

（二）組織的變遷

1.幹部成員：全防連的董事，由會長、副會長、專務理事、常任理事、理事、監事、評議員構成，亦設有顧問、參議。

任意團體時期的全防連在昭和 37 年（1962 年）3 月 19 日設立總會，即採取上述之成員，並於財團法人化之後，再予以承認，而明訂於全防連的捐助章程上。會長、副會長的產生方式是由評議員會從代表正會員者之中選任，常任理事則由理事互選產生。

29　日本財團法人全國防犯協會連合會編著，前引書，pp14-15。

在設立總會上召開決定會長等董事人選的選考委員會，由擔任選考委員長的大阪府代表報告「選任東京防犯協會連合會會長黑川武雄為會長，大阪府防犯連合協議會會長宮原堅次郎和愛知縣防犯協會連合會會長塚原周助為副會長」，並經滿場一致通過。常任理事選任北海道、宮城、京都、兵庫、廣島、香川、福岡七道府縣防犯協會連合會的各代表及由會長指名的東京防犯協會連合會副會長共八人。以全防連會長的指名方式決定各都道縣防犯協會連合會的代表為理事，埼玉、石川、岡山的各防犯協會連合會代表為監事。關於副會長，由管區警察局所在的都府縣北海道、宮城、京都、兵庫、廣島、香川、福岡、加上為關東管區警察局所在神奈川縣之中選任。

常任理事除北海道之外也從各管區警察局之縣內各選任 1人。事務局，不選任專務理事只設事務局長。財團化的全防連，由 46 六都道府縣的防犯協會構成〔沖繩除外〕，後來伴隨沖繩回歸，昭和 47 年（1972 年）5 月 15 日沖繩縣也加入組織。

2.事業活動：全防連在剛開始於推動事業活動或在宣傳上，基本財源並不充裕，然進行事業活動的意志非常充沛。近年來，由於事業活動急速擴張，全防連積極對警方提出強化地域警察活動、融入地域社會和與地域社會成為一體的警察營運方向，做到「用自己的手構築安全而安心的街道」。這種維護地域安全的義工活動和做為民間防犯活動核心的防犯協會受到更為深切的期待，同時全防連也強化對社會的宣傳並呼籲企業貢獻於社會活動，防止因時代的變遷而產生的國際化犯罪。

全防連除了致力於普及地域防犯活動外，也從事以下的活動：如採取對策避免民眾成為惡質商業手法下的受害者、防範暴力團在經濟上黑手黨化、防範國際性麻藥壟斷或結合黑手黨供給網路的藥物亂用、因應高齡化社會建構社會安全體系、鼓勵企業致力於建構安全社會的各種防犯活動、促進義工活動、

強化和保全產業或娛樂產業等的合作、在民間自主防犯以及健全扶植青少年活動上的國際交流等，急速擴大了全防連的功能[30]。

由於這些活動的展開，必須有相對應的資金，在這方面全防連的資金募集活動，仍有一些困難。防犯協會做為民間防犯活動的核心，在資金面上的充實成為首要的工作。

3. 組織之健全：如前述，全防連最初是由東京和大阪等防犯協會代表為組成全國性組織而在昭和 37 年（1962 年）3 月 19 日成立的任意團體。昭和 38 年（1963 年）10 月 25 日解散屬於任意團體的全防連，10 月 25 日改制為「財團法人全國防犯協會連合會」。此時，舊全防連的董事及會員全部原般就任於新全防連，舊全防連所有的財產、債權、債務全部移轉於新全防連。任意團體時期的全防連所決定的會員會費、事業計畫案、各種規定、要綱和事務局職員經過各自的手續，全部由新的全防連承受。成為財團法人的全防連，由各都道府縣防犯協會〔屬於正會員〕、以及贊同全防連活動目的而加入的個人、法人與團體〔屬於贊助會員〕所構成。

其後，全防連以培植職域防犯團體和促進加入全防連為目標，在昭和 53 年（1978 年）設置了由全國規模的職域防犯團體所組成「特別會員」制度。以此正會員和特別會員構成全防連最高意思決定機關的評議員會。

全防連成立初期，資本僅只有百萬圓，事務局只有事務局長和女性職員 1 人。2 年後昭和 40 年（1965 年）7 月，首次設置專務理事，在昭和 55 年（1980 年）6 月新設常務理事、59 年（1984 年）4 月新設事務局次長。此段期間，由於事業逐漸擴大，設置總務課、經理課、業務第一、第二課之課長。平成 3 年（1991 年）4 月設置宣傳擔當部長，由媒體出身者

30　日本財團法人全國防犯協會連合會編著，前引書，pp17-23。

來擔任此職。

全防連在昭和 60 年（1985 年）受國家指定為「全國風俗環境淨化協會」。平成 4 年（1992 年）再受指定為「全國暴力追放運動推進中心」，也設置擔當部長。平成 6 年更設置「特別講師」的登錄制度。

都道府縣防犯協會從昭和 60 年（1985 年）到 62 年（1987 年）受指定為「風俗環境淨化協會」。平成 4 年（1992 年）12 月，全防連基於「暴力團對策法」受指定為「全國暴力追放運動推進中心」，在各都道府縣也設置暴力追放運動推進中心（簡稱為都道府縣暴追中心）。平成 6 年（1994 年）10 月 1 日，在全國 47 都道府縣的防犯協會，大約有以警察署為單位的地域防犯協會 1,281 個團體加入，職域防犯團體有 3,822 個團體加入。在地域防犯協會之下，組成了 5,412 個的市町村防犯協會，作為地域防犯活動的據點有約 682,417 戶的防犯連絡所。在日本的地域社會，有許多的地域安全義工為了讓地區變得更為安全而參與活動 [31]。

4. 做為全國性的風俗環境淨化協會：「風俗適正法」是將施行到昭和 59 年（1984 年）8 月 14 日為止的「風俗營業取締法」修改公佈而成，在昭和 60 年（1985 年）2 月 13 日施行。最大的修改是將以取締為中心的構想改成由企業界在自主責任之下來健全營運。基於上述原因，以做為推動風俗環境淨化活動的民間組織，而導入風俗環境淨化協會的制度。國家公安委員會依本法第 40 條指定以推動善良風俗的健全和保留、風俗環境的淨化與少年的健全扶植等為目的而設立的公益法人為推動事業的全國團體，這就是「全國風俗環境淨化協會」。全防連於此所要推動的事業如下：

（1）對承辦都道府縣的風俗環境淨化協會業務者實施

31　日本財團法人全國防犯協會連合會編著，前引書，pp23-27。

研修活動。

（2）在二個以上的都道府縣區域實施宣導活動。

（3）對風俗環境如何影響於少年的健全扶植，實施調查活動。

（4）都道府縣的風俗環境淨化協會事業的聯絡調整活動。

此外，本法第 39 條，規定在各都道府縣防犯協會於建立符合本法規定的資格要件後，都道府縣公安委員會指定其為「都道府縣風俗環境淨化協會」，和全防連受指定為全國環境淨化協會的情形類似 [32]。

5. 做為全國性的暴力追放運動推進中心：平成 3 年（1991年）5 月 15 日，公佈有關防止因暴力團所引起的不正當行為之法律，並於平成 4 年（1992 年）3 月 1 日施行。此即所謂的暴力對策法或者暴對法。暴力對策法第 21 條規定，國家公安委員會指定對有助於防止因暴力團員所致的不當行為，以及救濟因此所致的被害為目的而設立的公益法人為暴力追放運動推進中心。由於全防連具備上述資格，在平成四年（1992 年）十二月三日受國家公安委員會指定為「全國暴力追放推進中心」（簡稱全國暴追中心）。全防連做為全國暴追中心所推動的業務如下：

（1）在二個以上的都道府縣區域實施宣傳活動。

（2）對於承辦都道府縣暴追中心業務者提供研修。

（3）對暴力團對少年的健全發育的影響、以及暴力團對市民生活的影響實施調查。

（4）對都道府縣暴追中心之事業的連絡調查。

32　日本財團法人全國防犯協會連合會編著，前引書，pp27-28。

（5）對於有關暴力團之情報，建立全國網路。

此外，依暴力對策法第 20 條所定的「都道府縣暴力追放運動推進中心」條文，各都道府縣公安委員會在平成 4 年（1992 年）前，將在暴力團對策法施行前後成立的各都道府縣的暴力團對策組織指定為暴追中心。這些各縣的暴追中心在平成 5 年（1993 年）2 月以正會員身份加入全防連。

6. 做為全國少年輔導員協會的事務局：昭和 55 年（1980 年）7 月，以防止少年犯罪和健全培植少年為其工作的少年輔導員為對象，組成了「全國少年輔導員協議會」，此一團體簡稱為「全少協」。構成者為除了少年輔導員之外還有少年警察協助員、少年指導委員等義工。全防連的角色是做為全國少年輔導員協議會的事務局。為協議會組織的全少協，平成 5 年（1993 年）5 月 20 日，得到國家公安委員會設立許可而改制為「財團法人全國少年輔導員協會」（簡稱全少協），設專任書記 1 人。然而，由於事務局置於全防連內，也因財政基礎的薄弱，事務理事、事務局長、宣傳以及事業的兩個擔當部長等乃由全防連的事務局職員兼任之[33]。

33　日本財團法人全國防犯協會連合會編著，前引書，PP28-30。

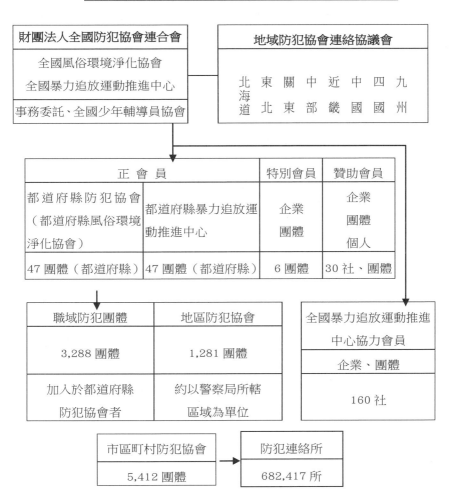

全防連　組織圖　　平成 7 年（1995 年）3 日現在 [34]

財團法人全國防犯協會連合會	地域防犯協會連絡協議會
全國風俗環境淨化協會 全國暴力追放運動推進中心 事務委託、全國少年輔導員協會	北海道　東北　關東　中部　近畿　中國　四國　九州

正會員		特別會員	贊助會員
都道府縣防犯協會 （都道府縣風俗環境 淨化協會）	都道府縣暴力追放運 動推進中心	企業 團體	企業 團體 個人
47 團體（都道府縣）	47 團體（都道府縣）	6 團體	30 社、團體

職域防犯團體	地區防犯協會	全國暴力追放運動推進 中心協力會員
3,288 團體	1,281 團體	企業、團體
加入於都道府縣 防犯協會者	約以警察局所轄 區域為單位	160 社

市區町村防犯協會	防犯連絡所
5,412 團體	682,417 所

34　日本財團法人全國防犯協會連合會編著，前引書，p26。

（三）全國防犯協會連合會的事業

1.活動全貌：全防連的事業，依捐助章程第四條所載，其主要事項如下：

（1）以普及、啟蒙防犯思想與研究調查防犯對策等為主要內容的「總合防犯」工作。

（2）防止亂用迷幻藥等藥物的工作

（3）防止青少年的非行與健全輔導工作

（4）排除暴力團的工作

（5）風俗環境的淨化工作

（6）普及防犯機器的工作

其中，基於「暴力團對策法」受國家公安委員會指定為「全國暴力追放運動推進中心」，並從事有關排除暴力團的工作。也基於「風俗適正法」受國家公安委員會指定為「全國風俗環境淨化協會」，從事有關淨化風俗環境的工作。在工作的推動，全防連以創造安全而易住的社會做為設立宗旨，所以受到企業、個人很多的幫助。此外，也受到日本自行車振興會、財團法人日本船舶振興會以及日本彩券協會的補助、贊助。

2.一般防犯事業：防犯活動的目的是藉由宣傳而使一般人重視而這是最基本的。由此來提高對防犯的關心、普及各種防範知識、呼籲加入維護地域安全的義工活動、調查研究防犯對策等，實施這些總和防犯工作。於每年 10 月，在和警察廳共同主辦之下，展開防犯運動並召開全防連的中央大會。

從平成 7 年（1995 年）起，將這全國防犯運動的名稱改為全國地域安全運動。並徵選全國防犯運動的統一性的海報以及標語，在春、夏、年末等季節防犯運動之際，作成海報、傳單、迷你懸垂幕、防犯臂章等，並製作防犯影片、防犯錄影帶，

分發提醒民眾要確認鎖好門戶的標籤，發行針對安全義工的指引書或防犯手冊，推薦優良的防犯機器。此外，召開以營造地域安全、健全扶植少年、排除暴力團、防止藥物濫用為主題的研討會。也針對防止犯罪的被害、少年的非行化與自殺、離家出走原因等進行調查研究活動。

此外，也支援由警察所做的各種活動「柔道劍道選手的選拔、逮捕術大會、音樂隊演奏會、警用摩托車騎乘競技會等」或政府機關與其他團體實施的為營造安全的社會的各種宣傳活動「保護青少年免受非行之害的強調月、防止藥物濫用的宣傳強調月等」。亦致力於地域社會的企業與市民的共存、呼籲和促進企業對社會的貢獻活動[35]。

3.已被認定為增進特定公益法人身分的主要活動工作：全防連由於符合於法人稅法施行令以及所得稅法施行令所定的「擔當防止犯罪活動之一環，其法人業務主要以防止迷幻藥與其他藥物濫用、防止青少年犯罪以及健全培植為目的的法人，且其業務範圍及於全國」。依此，在昭和 62 年（1987 年）受內閣總理大臣認定為「增進特定公益法人」。在攸關「增進特定公益法人」的活動中，在防止濫用迷幻藥等藥物工作項目上，為提醒藥物濫用的恐怖，營造拒絕濫用的社會環境，編製與分發海報、月曆和小冊子等。此外，亦召開和外國機構的研討會或交換麻藥情報的會議。關於防止青少年非行以及健全扶植之工作，召開各種研討會或調查研究，並配合「保護青少年免受非行侵害的全國強調月（總務廳主辦、每年 7 月實施）」的實施，製作與分發懸垂幕，以提高運動的盛況。從平成 4 年（1992 年）起，全防連與讀賣新聞社、社團法人全國少年輔導員協會共同主辦，以全國的小學生為對象以「我們所住地域的警察先生」為題目舉行作文比賽。投稿件數達到空前記錄，

35　日本財團法人全國防犯協會連合會編著，前引書，pp31-33。

平成 4 年（1992 年）為 3,7000 篇、平成 5 年（1993 年）為 2,900 篇。另外，從昭和 63 年（1988 年）起，每年 8 月召開全國警察少年柔道劍道大會，約 700 位小劍士、小柔道手集合在東京展開激戰 [36]。

4. 在補助和贊助名目下所進行的事業：全防連的活動基金，除基本財產的收益之外，很多是認同於它以營造安全社會，而對該會提供的捐獻以及補助。特別是受到日本自行車振興會、財團法人日本船舶振興會以及財團法人日本彩券協會長年的補助。全防連法人化的翌年昭和 39 年（1964 年）得到日本自行車振興會的補助金。補助金最少數目是 1000 萬日圓，這為昭和 39 年（1964 年），最高數目是 4,860 萬圓，這為昭和 63 年（1988 年）。

全防連從昭和 40 年（1965 年）度起接受財團法人船舶振興會的補助。由振興會補助的主要事業為配置各都道府縣防犯協會防犯活動用車輛。全防連在昭和 45 年（1970 年）度接受日本船舶振興會補助 3000 萬圓、46 年（1971 年）度 4000 萬圓、47 年（1972 年）3000 萬圓合計 1 億圓的捐款做為財團基金。

在發行防止少年犯罪的小冊上，昭和 40 年（1965 年）度起 3 年間接受財團法人日本彩券協會的贊助，其後的贊助事項如下：贊助全防連機關誌「全防連」的發行〔昭和 60 年（1985 年）到平成 2 年（1990 年）〕、贊助「風俗環境淨化活動的指引」、「少年非行防止」、「長壽社會對策的指南書」與「惡質商法」等小冊子的發行，以及圖片誌「警察先生的工作」、錄影帶「更想知道警察的工作，小孩電視局取材班」、「這是惡質商法－新騙術」的編輯與發行。此外，從昭和 61 年（1986 年）度起在同協會的贊助下配置都道府縣防犯協會

36　日本財團法人全國防犯協會連合會編著，前引書，pp31-33。

防犯車隊[37]。

5. 全國風俗環境淨化協會所推動的事業：遊樂場所或風俗營業場所，往往容易產生暴力團與各種的犯罪，成為迷幻藥等藥物濫用或賣春的場所。當然，遊樂場所要能安全、快樂、明亮與健全，除個人外，也要業者的自發性努力與以淨化環境、健全培植青少年為其目標的義工之活動。

全防連在昭和 60 年（1985 年）2 月，基於風俗適正法，受國家公安委員會指定為「全國風俗環境淨化協會」。在和企業界密切合作下，為廣泛促進娛樂產業健全發展，以「全國風俗環境淨化協會」之身份推動以下的工作：提昇風俗營業的適法性、健全性與社會貢獻程度，確保遊樂場所的安全與健全、繁華街的淨化、健全扶植青少年和追放暴力、排除藥物亂用為目的。

同時，為提升娛樂產業社會形象與社會貢獻，在和關係業界的合作下，共同致力於以下方面的活動：

（1）有關風俗環境淨化的宣導活動（製作與分發海報、廣告單）。

（2）推動和協助與風俗營業等娛樂產業有關的企業合作舉行活動。

（3）對風俗營業管理者等實施講習（「管理者手冊」的作成、斡旋）。

（4）對健全扶植青少年的運動以及義工活動給予支援。

（5）對防止藥物濫用、暴力追放活動給予贊助。

（6）為防止非法遊技機的設置以及流通，運用標幟制度以及基於遊技機製造業者登錄規定實施現地調

37　日本財團法人全國防犯協會連合會編著，前引書，pp35-38。

查和登錄業務。

（7）對都道府縣風俗環境淨化協會所做的活動給予聯絡調整、研修〔每年 3 月。從平成 3 年（1991 年）起在 10 十月或 11 月召開風俗環境淨化事業營運管理者會議，進行意見交換、檢討〕。

（8）其他（有關風俗營業的申請格式的作成和幹旋）[38]。

6. 全國暴力追放運動推進中心所推動的事業：全防連在平成 4 年（1992 年）12 月，基於暴力對策法受國家公安委員會指定為「全國暴力追放運動推進中心」（全國暴力追放中心）。做為全國暴力追放中心，其事業主要為如下：

（1）宣傳活動：製作暴力追放小冊「正確理解暴力對策的 Q&A」、「民暴商談的指南」以及「新的旅程」，無償分發於都道府縣暴力追放運動推進中心做為宣傳用資料。並製作「暴力團的排除」、「根絕利用暴力團」、「促進從暴力團的脫離」的活動海報五萬份，通過各縣暴追中心無償分發全國。全國暴追中心和 47 都道府縣暴追中心（依縣而有稱為縣民會議等不同的名稱）聯手展開運動，以公開徵求的方式決定全國暴追中心的象徵圖章和定其口號為「攜手連心暴力追放」。將這最優秀作品作成海報，免費分發於全國。此外，也接受社團法人日本觀光協會的委託在做為知識普及事業，及為防止和住宿旅客發生糾紛，在全國十個地方實施旅館員的研習會。

（2）研修事業：和警察廳共同召開下述研習會：

38　日本財團法人全國防犯協會連合會編著，前引書，pp38-39。

a. 和都道府縣暴力追放運動推進中心的事務局長
   所舉行的研習會。

b. 暴力追放商談委員的研習會。

c. 責任者、擔當講習者的研習會。

d. 全國暴追中心的協力會員研習會。

（3）調查研究

a. 自主研究的實施：對上市企業實施「關於暴力
   團的企業問卷調查」等。為對暴力團等組織犯
   罪集團採取總合、有效的對策，必需基於戰略
   性想法而洞悉對手。

b. 進行受託研究：接受社會安全研究財團委託，
   進行有關暴力團的不當行為的實態調查研究。

c. 聯絡調整：為在事業營運上做一般性的聯絡調
   整以及對商談事業進行處理，致力於收集各都
   道府縣中心的基礎資料，構築全國性網路。

7. 與政府開發援助（ODA）有關的受託事業：麻藥、迷幻
藥等藥物濫用與供給和國際性的麻藥組織及暴力團有關。因
此，國際合作是必要的。從昭和 63 年（1988 年）度起，鑑
於藥物濫用的日益嚴重，做為對東南亞諸國等開發援助（ＯＤ
Ａ）的一環，受託以東南亞以及中南美諸國為對象進行藥物犯
對策的調查研究。

（1）調查目的和調查活動：在建立國際合作體制上，
   呼應世界性的要求，積極協力於藥物對策之跨國
   合作事業。

（2）對象國的實態調查：為向海外提供日本的藥物事
   犯對策與技術，針對對象國的藥物事犯的犯罪情

形以及取締情形進行調查。

（3）技術援助的方向：針對受援國其核心組織和具體需要，以及可以技術援助的搜查手法等進行調查，並針對藥物對策能長期有效地植根於對象國的技術轉移方法進行調查研究。

（4）藥物事犯對策的調查活動：分第一次調查和第二次調查進行。從平成 5 年（1993 年）起將調查活動一元化，不進行第二次調查。在第一次調查上，著手於調查研究的旨趣說明、對象國的藥物情勢、藥物對策關係機構的掌握、對象國的藥物對策狀況與受援助的對象機關之需求。在第二次調查中，根據第一次調查的結果進行以下事項：日本藥物對策的介紹、日本的警察制度和警察活動的介紹、以裝備機材為中心的搜查方式的介紹、藥物鑑定的方法及日本宣傳活動的介紹[39]。

8. 優良防犯機器的型式認定和推薦：

（1）優良防犯機器的型式認定：防止犯罪、普及有效且信賴性高的防犯機器，也是全防連的重要功能。警察廳在昭和 55 年（1980 年）設置「優良防犯機器型式的認定制度」，對住宅用門鎖此一類型代表性的防犯機器，訂定全國統一之住宅用門鎖基準之型式認定制度。昭和 55 年（1980 年）5 月 8 日，全防連受警察廳的指定成為實施有關防犯型式之試驗之公益法人。

（2）防犯器具的推薦：全防連於昭和 39 年（1964 年）起，實施優良防犯器具的推薦。為促進其普及，

39　日本財團法人全國防犯協會連合會編著，前引書，pp44-46。

制定「防犯器具審查規程」，並且得到警察廳、警視廳、科學警察研究所與警察大學校附屬通信學校等之協助，成立防犯器具審查委員會制度。

9.團體總合補償保險制度的實施：為保障全國的防犯協會的會員，在昭和 60 年（1985 年），以安田火災海上保險會社為主辦公司，以及 12 家保險公司為承辦公司，成立「防犯協會員團體總合補償制度」。此制度由傷害保險和賠償責任保險二項所構成 [40]。

總之，日本全防連之設立是有其優良的歷史傳統，亦就是在日本人心中早已根植「自己居住的生活環境之安全，必須自己的力量來維護之觀念」，大家通力合作共同建設無犯罪、安全、舒適的居住環境，而無論是全國性犯防協會連合會或地區性或職業性之防犯協會、防犯連絡所，大多數之大樓公寓中所設之特別防犯連絡員或各地區少年輔導員、少年警察協助員、少年指導委員及為輔導青年及防止非法行為所組成的義工團體，或在全國約 30 多萬個町內會等近鄰自治組織中所設置之防犯部或交通部等民間防犯外圍組織，其活動之主要宗旨就是在防範犯罪之發生，防止社區民眾遭受侵害，輔導青少年的健全教養，防止濫用藥物，宣導灌輸社區民眾預防犯罪的思想觀念及因應所需知識，抑止暴力集團侵害，調查研究有關防範犯罪的對策，配合警政有關單位推動環境風俗的淨化活動，並表揚對參與防犯工作績效良好的有功人員等活動。日本的治安之所以成為世界大眾所稱道，除能以地域化、科學化、國際化等三個原則為努力方向，建立了順應世界自由民主潮流與符合國情的健全警察制度外，其中維持高水準的警察能以敬業樂業良好社會工作者與指導者全心投入為民服務與預防犯罪的工作，因而獲得民眾衷心的信賴與支持，民眾不但尊敬警察，且主動

40　日本財團法人全國防犯協會連合會編著，前引書，pp48-50。

配合組成以上所述的防犯外圍組織，充份配合與協助警察，這也是日本治安工作成功的最重要因素。

陸、日本實施警民聯防成功之啟示

一、日本國民之優良特性

　　日本國民由於具有良好的學校與社會教育，國民皆具有諸如守法、守時、守信、整齊、清潔、簡單、樸素、勤勉、奮發向上與刻苦耐勞，善於體諒別人並具有高度的公德心與愛護社會團體的美德，尤其在日本人的心中早已深植維護治安乃是每一個國民應盡的天職，因此自然能自發自動的組合各種類的犯防組織，提供充份的社會資源協助警方推動社區警政，因此警察在各種重大刑案之偵辦之所以能快速的破案，其主要的情報資訊大都是得之於當地居民的主動提供線索，這與我國 86 年間警方在追捕白曉燕命案嫌犯之一的高天民行動之成功例子一樣，其主要的成功關鍵因素乃是一位路人無意間發現高天民行蹤後，繼而予以跟蹤，並立刻向台北市警察局石牌派出所報案，像林春生、高天民等之所以能伏法，完全得力於民眾的報案，而根據犯罪防制專家的研究統計，市民檢舉報案往往佔破案率的 80%。這種現象與日本人民協助警方提供偵辦刑案的效果是無異的，因此，強化社區意識，提昇人人共同對維護治安的責任感，將民眾強烈的社區意識與警方的辦案融合為體，方可發揮預防犯罪的高度效能 [41]。

二、成功的建立一個自由安全而有利於維護社會治安的大環境

　　日本是一個四面臨海的海島國，民族、語言、文化、信仰大致相同，人民自古即順從性很高，二次大戰後政府實施民主政治，經濟亦呈現飛躍發展，實現了民主均富的社會。日本這種有利於治安維護的大環境，具體可以從法律、經濟、文化三

41　自由時報，《警民一體與警政改革是改善治安之道》，1997 年 11 月 19 日。

種層面來探討。從法律層面而言，日本比其他民主主義國家對個人所持槍砲有更為嚴格的法律規定，要持有槍砲或刀劍都必需獲得政府的許可，而即使在獲得許可的情形下也必需在許可範圍內使用。在許可範圍之外是不允許攜帶、運搬或發射槍砲。從經濟層面而言，日本國民平均所得較為接近，在日本的所得分配比之美國等更為平均，日本的失業率也低而且在勞動人口之中參加罷工的比率在日本也非常低。在日本因種族歧視而居於經濟劣勢的人種很少，在日本的只有 0.5% 是韓裔及中國裔，而在美國的黑人則佔 13%。就文化層面而言，日本自古即有仰承順從上級的習慣，亦即其行為規範非來自於法律規定而是順服於這種習慣，這依然是現在日本政治文化的一部份，而這或有抑制情緒性行動的可能性[42]。而我國當前的經濟成長與政治民主已達到相當的水準，但治安品質之提昇仍是民眾最為關切的問題，因此筆者認為要鞏固我們得來不易的民主，振興我國之經濟，重建一個使民眾安寧、安心、安定的幸福生活，當是借鏡日本優質的法政文化，落實全民拼治安工作，才是改善我國治安根本之道。

三、日本的派出所、駐在所與居民生活打成一片，建立了互信互助的良好關係

日本第一任警察廳長官齊藤昇，曾對日本全國的警察本部長提出有關身為一個民主社會中警察應執行的任務中特別指出：「新警察法以保障個人自由之理想的民主警察的理念為立足點，以合理的警察組織，有效率地執行治安任務，名副其實地確立不辜負國民之期待的警察制度而制定，尤其要努力於保障警察在政治上的中立，以防止警察的權力化」。依據警察法第二條規定：「警察以保護個人生命、身體和財產，預防、鎮壓和搜查犯罪，逮捕嫌犯，取締交通，以維護社會之安全與秩

---

42 ディビッド・H・ベイリ - 著, 鍾凱之、柳澤昊譯,《新ニツポンの員警》, サイマル出版會, 1991 年, pp244-252。

序為其任務」同時又規定：「警察的活動，必須嚴格限於前項任務的範圍，執行其任務，要不偏不倚，公平公正，決不許亂用其職權干涉日本國憲法所保障的個人權力與自由」[43]。由此可知日本人實施新的警察制度，以確保民眾的個人權利和自由等，並做好為民服務之工作，乃是戰後日本警察執行任務最大特色，日本的警察依照平成元年（1989 年）的警察白皮書中記載：「外勤警察以地區為活動場所，不分晝夜地保持警戒狀態。透過巡邏及對各家庭的巡迴連絡。除了進行犯罪的預防、檢舉、交通的指導取締、少年的輔導之外，並保護迷路的小孩及醉酒者。同時為民眾解決困難問題等，警察們守護著居民日常生活的安全及平穩」[44]。

而日本在全國所設置 1,5000 處派出所、駐在所為社區居民所做的服務工作，不但普遍且深入各基層，而服務項目更是無所不包，大至法律問題之解決，小至日常生活瑣事，警察在他們心中已不只是維護公共秩序之法律者，更是他們日常生活中不可或缺的諮商者，像這樣全心投入充份發揮為民服務的精神，怎不會令社區居民，衷心的敬仰，而獲得信賴與支持呢？而我國警勤區的員警郤只將其勤區工作當成一個指派任務，將大部份的勤查時間均用於戶口查察工作，忽視了對轄區民眾之各項服務工作及建立深厚的警民關係。而無法像日本派出所或駐在所之警察不分晝夜地全心投入其管轄內的各種地區性活動，使派出所或駐在所成了民眾安心的來往處所。尤其日本警察藉著密集的巡邏保護及以親切誠懇熱心的態度做好接受民眾商談的服務工作，善盡社會指導者之角色功能，並迅速有效的獲得管區內的各項犯罪情報，真正落實了預防犯罪與為民服務的工作。誠如陳明傳教授所指出：「加強警民關係及運用民力

43 神一行著，陳鵬仁譯著，《日本的警察》，水牛圖書出版事業有限公司，1998 年 4 月，pp.35-36。
44 上村千一郎著，前引書，p43。

組訓已經過多年來的實踐，研究發現為比警政專業化更為能確保都市安寧且不容易忽視的一股力量，雖然都市化及工業化促進了警政專業化，但是社會治安若要得到有效確保，則民力的運用仍為最大的人力資源。」[45] 由此我們更可印證加強警民關係，做好為民服務工作仍是落實警政革新與提昇治安品質的不二法門。

四、有嚴格的警察教育訓練才有一流的日本警察

日本的社會一向重視警察，在他們的心目中警察的地位是頗為崇高，值得信賴與尊敬，因此，應徵報考警察者比外國高出很多，這些參加國家公務員－（壹）級考試而後進入警察廳工作者，即是所稱的（carrier）（國家官僚）群。其報名時所填的志願往往是在法官等其它行業之前。而無論是警察廳所屬的警察大學校、管區警察局附設的管區警察學校或是警視廳、道府縣警察本部附設警察學校，考試入學的學生其水準都是很高，而所受的教育無論在期間或內容都頗為充實。一般警察必須從巡查（警員）幹起，到警部，每一階級的昇任，都要經過考試及格，而且必須要具備相當的實際工作經驗，才有應考的資格[46]。這種現象與歐美先進國家由於經濟發達，工作機會多，較少人願意當警察，而且對當警察所要求的條件與受訓過程亦不像日本那樣嚴格頗為不同。日本的警察教育訓練目標，就是要將其培養成一種比一般民眾無論是知識或專業技術皆比一般民眾還高的模範警察。做為一個日本的標準警察，不但要具有相當的知識水準、強健的體魄，更需具備高尚的人格修養。同時日本警察除了進入各種警察學校的新任教養外，而且還有升等考試合格者的幹部教養，以及專門領域的訓練。並經常重視體力體能的訓練，使警察無論在工作場所或工作以外的時間，或是退休後都能維持和警察身份相符合的人格，且能勝

45　陳明傳，《論社區警察的發展》，中央警官學校，1992 年 3 月，p335。
46　梅可望主持，謝瑞智、魏鏞、陳鵬仁、呂育生、鄭善印研究，前引書，pp51-54。

任各種工作[47]。由日本對警察教育訓練的過程與內容方式可看出日本人為何比其他先進國家願意選擇警察這一行業，而警察之社會地位為何較崇高且較能獲得社會大眾的尊敬，而警察在執行各項任務皆能有充足的應變能力，而警察人員在職中固然能敬業樂業，注重職業倫理，長幼有序，服從團體紀律，更能以寬待容忍、包容、熱忱、有耐心努力不懈地全心投入為民服務工作，因此能獲得人民普遍的歡迎與信賴，成為警察心目中的守護神與最佳的良朋益友，而日本的各種防犯外圍組織如全防連、犯防協會、犯防連絡所或地區職業性防犯協會大都由民間熱心人士所自願組成，以充分配合日本各級各種警察機構，亦皆是日本良好的警察教育制度所培育出來的優秀警察人員平時能以無比的愛心與為民眾犧牲奉獻的服務精神所感動所致。由以上所述我們更可知道警察教育訓練的方向與目標，我國與日本是大致相同，只要我們能本此方向加以落實，我們當更可培育更優秀的警察人員，為民眾做更好的服務工作並從根本上落實警政革新工作，以有效提昇當前我國的治安品質。

柒、今後我國加強警政革新與提昇治安品質與效率之方向

筆者認為為因應社會變遷強化警民關係，共同打擊犯罪，落實警政革新工作，提昇我國治安品質、重建一個富而好禮，自由安全的社會，使民眾真正能過著一個免於恐懼免於怨尤的幸福生活，謹提以下幾點意見以供諸博雅先進參考：

一、強化全面治安網有效保障人民憲法之基本人權

2016 年 5 月 20 日蔡英文總統在其就職演說中就特別指出：「新政府必須承擔的第 2 件事情，就是強化臺灣的社會安全網。這些年，幾件關於兒少安全及隨機殺人的事件，都讓整個社會震驚。不過，一個政府不能永遠在震驚，它必須要有

47　上村千一郎著，前引書，pp52-54。

同理心，必須要讓受害者及家屬覺得，不幸事件發生的時候，政府是站在他們這一邊，除了同理心之外，政府更應該提出解決的方案，全力防止悲劇一再發生。從治安、教育、心理健康、社會工作等各個面向，積極把破洞補起來。」蔡總統所提出的強化社會安全網，尤其是在全面掃毒等重點工作，的確已明確指出當前我國治安核心問題與解決之重點方向。型塑一個優良的治安環境是政府責無旁貸的責任，而免於恐懼是人民的最基本人權。治安問題之解決必須與教育、心理健康及社會工作等部門的通力合作，才可以收到良好的預期效果。如中央警察大學多年來一再強化憲法人權保障、科學鑑識、犯罪預防、通識教育、關懷弱勢、性別平等教育、交通安全、防災救助等創新宏觀的現代化警政教育，尤其更能充分發揮為警政實務單位之智庫功能。而警政署已完成「防制隨機傷人事件發生」、「了解社會高風險族群犯罪預防研究」等因應策略及加強校園安全防護機制，力行查訪有暴力傾向的高再犯治安顧慮人口查訪次數。內政部警政署與教育部為貫徹社會安定、校園安心、家長放心的治安政策，特於 105 年 8 月 29 日上午在臺北市內湖區麗山國民小學舉辦校園周邊安心走廊之愛心服務站（活動），內政部長葉俊榮先生特蒞臨現場鼓勵受到全校師生及各界參與此項活動的志工熱烈歡迎，尤其部長牽著兒童與其家長過馬路進入校園展現政府校園護童決心，過馬路時與協助交管之導護老師、員警、義交及警衛等揮手致意，對於這些共同守護學童上下學安全默默奉獻的英雄們展現的畫面令所有參與活動者甚為感動。筆者長年奉獻教育工作，尤其個人曾任小學教師三年，對內政部警政署與教育部舉辦這次的活動，深感治安教育工作當從最基礎的教育體制做起，學校、社區、社會各界等共同配合才能收到事半功倍之預期效果。在今（105）年 6 月 8 日「105 年警大應屆畢業生聯合畢業典禮」，蔡英文總統親臨主持。總統 520 上任後，第一次出席大學畢業典禮，即

選擇中央警察大學，警大師生與家長都感到十分光榮與喜悅，總統並親自為全體博士班畢業生、碩士班與學士班畢業生代表撥穗，見證畢業生們開始全新的人生旅程；並頒發各學系第一名畢業生獎牌，鼓勵他們努力學習成果。總統同時在致詞時，對全體畢業生提出三大期許：一、要有責任感：警察是民眾安全感的來源，每次任務完成就是解決民眾問題及危難，要認知肩上重大責任。二、要充滿勇氣：警察工作需要在第一線忍受風吹雨打日曬雨淋，甚至冒著生命保護社會安全，因此需要無比的勇氣與決心，時刻謹記投入警界的熱情，將成為最強的後盾。三、要將心比心：由於向警察求助的，多是內心煎熬徬徨無助的受害民眾，為了使民眾安心，要以同理心表達關懷與協助。而內政部長葉俊榮先生在致詞時，提到「清廉、果決、智慧、愛心」八個字，期許每一位畢業生在面對工作環境誘惑時都能夠「清廉」自持，「果決」的處理違法事件，更應該展現執法人員追求正義的「智慧」，發揮「人飢己飢、人溺己溺」、為民服務的「愛心」，不負人民所託。記得蔡英文總統在內湖女童遭受殺害案之後，蔡總統立即指出，政府的執政團隊在治安政策上要把兒少安全、反毒作為首要目標，落實對施暴高風險族群的社區處遇，未來更應參考國外的輔助警察制度，充實社區警力。未來的警政治安首長對反毒、社區治安要有具體策略與行動，面對孩子們無辜犧牲不能只有憤怒和傷心，我們的責任是給所有父母和孩子一個沒有恐懼的生活。從以上蔡總統暨葉部長的談話中更可印證新政府已將治安效率及品質的提升，尤其照顧弱勢者的治安工作要建立全面治安網絡的毅力與決心。因此，內政部與教育部為貫徹政府的政策，特頒定推動國民中小學周邊安全走廊之愛心服務站建構實施計畫，結合民力資源及社會防護網，共同建構校園及周邊安全維護，藉由建置國民中小學周邊安心走廊之愛心服務站為出發點，串聯鄰近愛心服務站連結呈現，架構出校園及社區之安全生活網，提供

即時保護措施,使學童於就學途中,遇有特殊事件能走進暫時庇護,得到關懷服務同時喚起全民參與之熱忱,以強化校園安全,充分發揮警民合作共同維護社會治安的優質功能。從這一點就讓筆者想起,日本實施警民聯防頗為成功的啟示,日本國民由於具有良好的學校與社會教育,國民皆具有守法、守時、守信、整齊、清潔、簡單、樸素、勤勉、奮發向上與刻苦耐勞、善於體諒別人並具有高度的公德心,以愛護社會團體的美德,尤其在日本人的心中,早已深植維護治安乃是每個國民應盡的天職,因此能自動自發地組合各種的犯防組織,提供充分的社會資源,協助警方推動社區警政,強化社區意識,提升人人對共同維護社會治安的責任感,將民眾強烈的社區意識與警方的辦案融為一體,充分發揮預防犯罪的高度效能。

二、落實照顧警察人員的福利與提昇其位階

　　警察的工作是頗富挑戰性與危險性,其所承受的壓力是多方面的,因此其本人及其眷屬更應受到更為實質的照顧,如前任中央警察大學校長謝銀黨先生在警政署長任內即結合各有關單位建立「警察人員終身照護制度」,使警察人員能受到終身的照護,尤其是對傷殘或殉職員警之遺眷,皆能受到法制化的終身照顧,其子女甚而能受照顧到大學畢業,這一措施可說大大的落實照顧員警的福利,嘉惠警察同仁的功德真是無量,至今仍為廣大的警察同仁們所感佩。而在基層任職的警察人員亦應加以研究如何提昇其官階,提高警察人員的社會地位,並激勵士氣,吸引更多社會優秀青年投入從事警察職業。

三、強化組織再造與改革教育訓練

　　台灣地區現有警察與人口比例約 260:1,而日本是 562:1,我國已超過日本的 2 倍,為有效的充份運用警力,因此應有規劃的縮編保安警察移撥至行政警察,並強化行政警察專業機構,一是各縣市警察局強化少年警察隊編制,加強少

年保護工作；二是北、高兩市成立女警柔性推動，以加強婦幼保護工作。亦就是依社會發展之需要，建立健全之警察組織，充份發揮組織的效力，使基層警勤區的警力更為充裕，增加其服務民眾與預防犯罪等工作之功能[48]。

建立合乎時代發展需要的現代化警察教育制度，加強養成教育、專業升職教育、推廣教育，提供良好教學與研究環境，提高師資陣容，加強學生之品德教育、生活教育、體能教育及科技教育，並使理論與實務相結合，培養國際水準的現代化警察。因為隨著社會的變遷與國際化之時代潮流趨勢，為使警察人員能適應複雜的社會環境，必須將品德教育與生活教育融入於學校教育中，以培養學生具有職業道德、愛國家愛社會的正確人生觀，平時更需要加強體技訓練，以培養出品德第一，生活正常、熱心勇敢與智能豐富的優秀警務人員，使學生畢業後對社會有充份之應變能力。同時為培育具備「真善美聖」，高品質涵養的現代化優秀警官，應該充實諸如警察學、法律、電腦、外語、犯罪偵防、科學鑑識、精神教育、警技教育、交通電腦化控制、交通事故處理與交通安全教育及現代化有關救災學術與設備等專業學門相關教學圖書資料。同時應培養學生關懷國家社會的情操，培養現代化公民的社區生命共同體之意識，使學校教育與社會脈動緊緊結合在一起，落實警察人文、社會、自然、科技整合的現代化教育，則我們訓練出來的警務人員不但有豐富的現代化科技知識，更兼備高品質的人文素養，自然能以社會工作者高度的使命感與服務熱忱，全心投入社區警政工作，使民眾能由衷的肯定與認同警察，主動的配合警察的各項犯罪預防或各項刑案之偵辦工作，加速警政現代化，提升治安品質。

四、改革警察勤務與考績制度，提昇警勤區的功能

48　謝瑞智，前引文，pp9-10。

我國警勤區的員警每個人所負的工作頗為繁重,而且上級單位一向偏重刑事案件的破案績效工作,因此基層員警在基本心態與實際工作重點就很難全心全力的投入轄區內的各種為民服務與犯罪預防工作,因此如何使有限的警力發揮最大的勤務效果,有賴於科學的勤務規劃,從根本上調整勤務時間的分配,解決勤務勞逸不均,並重新訂定基層警勤區員警工作績效評比標準,使員警的工作能獲得應有的肯定,安心本身的業務推展,落實警勤區的治安調查與犯罪預防、為民服務等工作 [49]。

五、加強落實警勤區員警為民服務,以提昇其服務品質

我國已成功地轉型為真正自由民主的國家,落實了「主權在民」的理想,而正如歐美日等先進國家一樣政府的公務人員乃是為人民服務,亦就是要扮演好做為一個人民公僕的角色,尤其身處第一線執行國家公權力,以維護社會治安的警察人員,更應該具有為民服務的人生觀與價值觀。我國警政已從執法警察轉型為服務警察,美、英、日亦在此轉型階段。而日本警察在社會精英之策劃領導下,素質日益增高,人民對警察之信賴日益增高,使警察真正取得人民保姆之地位,警察乃成為解決人民病苦不可或缺之政府官員,不僅遇有歹徒之侵襲須賴警察之武力以為排除,平日一般之糾紛或人民日常各種疑難問題,也都要商請警察解決,日本警察已跨越傳統觀念所謂「警察不干涉民事」之原則,成為道德事業家,因此世界上諸如像新加坡等各國之所以紛紛選派代表赴日考察研究其警察制度,尤其是其駐在所、派出所之設置與工作內容更是其考察研究之重點,更進一步的加以學習引用,且效果甚為良好 [50]。因此今後我國的警政革新當從警政人員的服務品質之提昇做起,如因應民眾對警察服務的需要規劃設計完善的服務機制,提供民眾

---

49 謝瑞智主編,《警政改革建議書》,中央警察大學,1988 年,pp94-97。

50 謝瑞智,前引文,pp11-13。

單一報案窗口，簡化民眾申訴流程，深入基層民眾傾聽他們的心聲，以熟練的社會工作技巧，多接觸群眾，講求服務效率，以贏得民眾的信賴與支持，則警民聯防體系之運作當更能靈活有效。

六、落實社區治安化、治安社區化

充份發揮中央至地方各級守望相助網，落實警民合作，共同做好預防犯罪與為民服務工作。強化全國社區治安維護體系，體認處在這個民眾望治甚切之際，有關單位更應該透過媒體與各種座談會加強宣導，呼籲全國民眾無分朝野共同支持配合推動當前政府所通動的清源專案，則重建一個更為自由安全的高品質治安的安和樂利社會當可收到立竿見影之功效。

由以上所述我們當可更加明白今後我國加強警民合作共同打擊犯罪之努力方向，而警力有限民力無窮，面對新世紀好厝邊之民眾期望及大型都會犯罪之特性，我們一定要把治安社區化，走社區警民聯防這條路，尤其警政單位更要確實執行警勤區專責化與專業化，視治安狀況調整警力配置，主動拜訪民眾、服務民眾、瞭解民眾，確實落實家戶聯防、警民連線、守望相助等社區警政之配套措施，結合義警等民間團體，維護社區安寧，重新塑造警察在人民心目中的良好形象，贏得民眾發自內心真正的信賴與支持，確實做好為民服務與預防犯罪等工作，共同建立一個免於恐懼、免於怨尤的祥和社會。

七、警察教育須理論與實務並重

日本的治安所以能被稱為世界第一，當中除了具有健全的警政制度外，他們能因應社會變遷與時代需要，不斷革新警察教育訓練工作，使他們訓練出來的幹部，不但具有高品質的警察專業素養，且能以精湛的刑事鑑識科學去做各項偵防工作，並能充分發揮熱忱為民服務的精神，因而獲得社會大眾心悅誠

服的信賴與支持，日本民眾之所以自動自發的去做警察的志工服務工作，如在中央及各都道府縣市町組成各級的犯罪預防組織主動積極協助警方預防犯罪及協助各種刑案的偵查工作，其主要的因素乃是深受日本警察的服務精神所感召而來的。此皆得力於日本優質的警察教育政策與方式所致。按日本的警察教育乃學自德國，而德國的警察教育之特點一向重視理論與實際的演練，因此日本的警察若講到刑事偵查必定讓學生親自利用刑事偵查箱進行模擬現場的鑑識偵查工作，學生到達犯罪現場第一步要先救助傷患，並立即封鎖現場，然後蒐集有關證據，再採取指紋及各種證物，並現場照相，訪問現場目擊者，錄影、錄音。因為目擊者當場看到各種情狀，而做當場訪問才會講真話，否則事過境遷，往往會節外生枝。而在當場訪問目擊者後，緊接著就要調查死者之身分，並由法醫加以勘查，同時調查其交往情形一一加以紀錄，此乃制式的程序，大凡日本的警察皆要接受這一套的現場訓練課程。誠如德國的法學家拉特布魯福（Radbruch）所說的：「學術理論的研究，不應如倭丁神之侍婢，飛翔於戰場之上空，而應如荷馬之神下降於實務戰場，親自參與戰鬥，如此才配稱為真正的學問」。亦就是說理論如沒有實務工作經驗，那是毫無效率的。當代管理學大師彼得·杜拉克（Peter F Drucker）在其不朽的名著＜彼得·杜拉克的管理聖經 The Practice of Management＞一書所提到的：「斯威夫特（Johathan Swift）在 250 年前就指出，凡是能在過去只長出一葉草的地上培育出兩葉草的人，應該比任何只會空想的學者或形而上理論之建構者更有價值」[51]。

此亦誠如現任中央警察大學校長謝銀黨先生指出的「今後警大的教育應注重學術理論與實務的結合，課程內涵要注意實例模仿，研究科學辦案之範例，以理論檢驗實務，以實務驗證理論，如此教育訓練出來的幹部才能真正適應社會環境，符合

51 Peter F. Drucker 著，齊若蘭譯，詹文明審定，前引書，p39。

社會的期待；以為政府推動各項政策的重要憑藉、伸張公權力、有效的打擊犯罪、保障民眾安居樂業」。因此筆者認為欲使今後警大的教育要能開創更為專業化與現代化應就以下幾點加以推動：

（一）確立警大教育之核心價值

德國哲學家康德曾指出：「教育的主要目的乃是培育出能守法且具有道德涵養的人。」，美國大教育家杜威亦說：「教育即生活」。大凡世界上一流大學的校訓皆以「追求真理、敦品勵學、愛國愛人」為教育目標。警大的校訓為「誠」。因此筆者認為警大教育的核心價值，應是以警大校訓「誠」及「國家、正義、榮譽」為教育中心理念，誠如前校長謝銀黨先生所提示的警大的教育應以養成每位學生皆能具有專業形象與專業效能，且訓練學生具有「不忘初心，喜悅成長，提升視野與術德兼備」的高尚氣質，因此今後警大的教育重點應加強美化校園環境，提升教材、教具之品質，注重學術理論與實務的結合，課程內涵要注意實例模仿、研究科學辦案之範例，以理論檢驗實務，以實務印證學理，如此警大教育出來的幹部才能真正適應社會的生活，符合社會大眾的期待，為社會的治安作出更佳的貢獻。

（二）爭取社會資源以充實警察教育的內涵與活力

亦就是正如謝校長在警政署長任內所推動的爭取政府「投資警政」的重點工作，其所發揮對全民拼治安的功效是獲得各界肯定的。無論是經費、設備與裝備之充實，或是警察工作的條件，包含法律的授權與警察的定位，使社會真正關心並解決警察的困難。因此，今後警大的教育工作方向自當秉持謝校長這個具有開創性的理念，向各級長官報告警大教育之重要性，並爭取同仁支持警大推動各項警政教育改革的理念，讓社會大

眾及政府機關團體皆能了解警大教育的重要性，則未來在各界鼎力的支持下，當能更有一番建樹，為我國的拚治安工作再紮下更為深厚的基礎。

（三）發揮充份運用志工，以有效支援警大教育工作之功能

當今是一個志工的時代，如參與慈濟功德會的志工人員及在各醫院自動自發為病人服務熱忱的情景，在在地令人感動不己，所謂「警力有限、民力無窮」。因此，今後警大的校務推動，亦應加強爭取各界志工的支持，使警大的教育真正與民眾結合在一起，則未來警大的教育將會因社會大眾的肯定與支持，與社會真正結合在一起，如此則我們培育出的警察幹部必能在步入社會後，真正扮演一個適應社會環境、文武兼備的優質領導幹部，不但能維持警大教育功能的競爭優勢，更可讓我們訓練出來的學生，獲得其所領導的那些同仁們的心悅誠服。

（四）強化研究所教育成效，提昇警察學術地位

必須確立研究主題，且將研究的成果，能為國家社會所用，不但彰顯警大研究教育之價值，且更能有效提昇執法之工作品質與形象。按世界上一般先進工業化國家如德國，當一個職業學校學生畢業後，在實務工作職場達到某一個時間具有卓越的成就，如已擁有大師之層級者，常有被一流的大學聘為教授的實例，這就是實務教育所設立之制度，這也是德國之科技之所以能維持強勢的主要因素。第二次世界大戰前，美國的學者大都到德國留學，以學習最新科技，但在二次大戰爆發後，由於德國納粹黨希特勒大肆逮捕德國的猶太人，因此德國的猶太人精英學者大量的逃亡至美國，為美國的科技發展增添了無比的助力。蘇聯於 1957 年 10 月 4 日發射了人類第一顆人造衛星史潑尼克 1 號（Sputnik 1）的消息，令美國甚為恐慌，立即找流亡美國的德國猶太學者幫忙，將紅石火箭（Redstone rocket）銜接第三節，促成美國第一顆人造衛星的發射後，才足以與蘇聯在太空科技等爭取競爭之優勢。由此更可印證德國在教育制度上，注重學術理論與實務結合所發揮的功能是頗值得取法借鏡的。而在美國諸如史坦佛、耶魯、哈佛、普林斯頓及密西根等名校，其大學部或研究所申請入學的條件，除了學科成積外，對於曾在社團成績、公私立機關團體有實務工作經驗之資歷證明，亦是其中頗為重要的條件項目，誠如台灣的一句諺語：「四書五經讀透透，不知龜鱉灶」，亦就是說一個人滿腹經論，充滿學術理論，但若缺乏實務經驗，那是無法融合社會，為社會所接納，那其所學的理論是很難發揮實用的效果，諠論負起艱鉅之任務？

八、強化精神教育以導正社會風氣

最近，政府有關單位正積極結合民眾推動『全民拼治安』，尤其是針對各種諸如詐騙、竊盜、煙毒、性侵害等重犯罪予以全面的掃蕩與防制，而本項劃時代新里程之治安工程之規畫與推動，是為因應當前急速變遷的國內外政經社會發展，所帶來的各種治安問題，以確保民眾自由民主人權之幸福生活其立意甚佳，殊值肯定，惟筆者認為為達成『全民拼治安』之目標，除了警政署及全國各個警察機關全力投入治安行列，中央警察大學充當警政實務執行單位之學術與論述之智庫角色功能，則尚有一項再造工程刻不容緩，必須配合貫徹以求加以落實，亦即國民的心理建設工程，也就是要重新重整道德，再造一個風俗淳厚、道德高尚、人人守法務實、富而好禮的社會，配合政府再造革新，諸如司法制度之改革、兩岸關係之良性互動、國際外交之拓展、經濟持續發展教育文化之改革等，則我們之拼治安工作才能立下深厚之根基並可達到事半功倍之功能。因為有高品質的國民為基礎，才能建立一流的社會與一流的國家，而一流的國民，則是必須生活在免於物質之匱乏與精神恐懼的

一流社會環境中。

（一）力行法治有效遏阻犯罪

　　我們的國家是一個民主開放的國家，一切依法行政，對人民的基本人權也必須予以有效的保障，然而因目前社會之亂象叢生，首先當儘速修法，以重罰來懲處頑劣公然敢向公權力犯罪傾向之歹徒及知法犯法之執法人員，以澄清吏治，在法律之懲處方式，不宜一案拖延數年未定，應速審速決，立竿見影有效地來遏止犯罪歪風，正如傑佛遜所說：『執法重於立法』。對歹徒，尤其那些遊走於法律玩法弄法之詐欺犯、竊盜犯、煙毒犯、性侵害之慣犯，千萬不可再存有縱容之情形，否則我們這個社會會變成『壞人在台上哨戰、好人卻在屋子裡嘆氣』，而警察人員費了九牛二虎之力抓來的歹徒，卻能在短短的時間即獲得保釋在外，對奸詐歹徒之過度寬容，是對真正好人之人權造成嚴重無比的傷害呀！

（二）以宗教濟法律與政治之窮

　　依倫理學說法，維持人類秩序的規範有二，一為人律（即律法），另一種為神律（即道德律）；當人律無法壓制人類犯罪時，即以神律道德制裁，之以彌補法律之不足處。當前的社會可說道德淪喪，生命價值混淆，已非法律可根本改善，因此需藉宗教力量教化人心，以濟法律之窮。宗教在處於道德人心迷失、世風敗壞的社會環境中，還是一股安定民心的大力量；今後我們更應該就法治方面來加以規範宗教活動，使親情與宗教間能建立一正常溝通管道，靈界與俗界建立和諧的關係，以發揮宗教家慈悲為懷、普渡眾生之博愛精神。

（三）培養國民良好的道德情操以形塑善良風氣之高品質生活環境

　　國家朝野精英之士應以身作則，帶頭倡導善良風氣，建立

廉能政治：『君子之德風；小人之德草；草上之風必偃』，『上有好者，下必甚焉』，如果，各階層公務人員勇於任事、肯負責任，具有崇高風範，如此，上行下效，百姓服膺，社會風氣當可一新，何患政治不清明，道德不高尚？因此我們的公務員處在這個時代，必須具有以身作則，做革新的火車頭，發揮主動積極為民服務的精神，則我們的民眾自然能心悅誠服的協助政府拼治安，何患治安品質不能提升呢？

當前媒體所披露的學校教育改革建言及點子固然很多，但是社會教育改革卻很少有人言及。社會教育是學校教育的延伸，也是國家教育體系中一體兩面的工作，如果社會教育未能配合，學校教育的改革則很難改到相輔相成之效果，誠如美國大教育家杜威所說的『教育即生活』，而德國哲學家康德亦指出：『教育最主要的目的就是要培養有道德的人民』。在這方面，筆者認為可以社區為單位，舉辦有意義之社教活動，使生活教育落實，社會風氣改善；另外學校的通識教育課程不應停留在背誦階段，應走出校門與社會生活打成一片，實地對社會環境、交通、法律及其它各項國家建設做觀摩活動，讓學生聊解如何做一個守法守紀守分的現代人。

一個社會在追求物質文明時，常會迷失了精神層次的需求，當前我們的社會也是一樣，其中最嚴重的是喪失倫理道德觀，當前若干年輕人只一味追求感官的享受，缺乏勤儉耐勞、敬老尊賢的良好美德甚而追求『　』的快感，使社會價值觀在這一代的年輕人心中產生混淆，理想追求的目標不清楚，因此做好法律與道德教育乃是政府有關部門與社會大眾必須共同配合推動之要務，唯有從根本做好國民之心靈改造工作才能塑造一個良好的治安環境。

國家政務的改革、社會風氣的革新，不只是位於廟堂的行政官員與執學術牛耳之士的職責，而應是全民不分朝野的全力

配合推動，方能達成預期的效果，其成敗關係著全民共同的利害，因此，為了國家社會的前途，為了讓後代生活在更健康的環境，為了我們的自由和樂利的生活更有保障，筆者在此誠懇呼籲我們社會上的每一份子，無論在朝、在野，也無論是何行何業，大家以至誠至公，無私無我地共同攜手協助政府推動『全民拼治安』，共同贏造一個可免於任何恐懼、民風淳淳、富而好禮的社會。

九、充分尊重女性人格尊嚴建立優質家庭文化

　　西方哲學家與政治思想家亞里斯多德早已指出「人是理性的動物」，其實在面對各種複雜的人際關係，尤其是男女之間感情的處理時，往往顯得是多麼的不理性，甚而其所表現的言行之冷酷無情，其狀真是令人百思莫解，不但處處充滿矛盾、乖戾、殘暴不仁，直至毀滅對方，毀滅自己而不能自抑自止，其所危害的不只是家庭的溫馨和樂，且危及整個社會安康體系，為社會創造了莫大的反社會行為嚴重的扭曲了社會價值，徹底的摧毀了人性應保有的最基本尊嚴，否則為何忍心損毀昔日的海誓山盟的伴侶，甚而致使喪失對方生命亦不後悔之不理性，不人道之暴力行為而不自知而不悔改。依據內政部 2003年的統計顯示，家暴通報件數中，女性被害人高達 87%，暴力型主要是婚姻暴力占 75.3%，精神虐待占 21.9%，言語暴力占 13.8%，儘管家暴法早已實行，可惜一般婦女，尤其是受高等教育的知識份子，卻為了顧及顏面很少會對外求助，這一縱容現象無異更會助長家暴的惡行，因此今後我們更應加強家暴問題的正確觀念導正與防範措施，如此們的治安工作之維護才能達到事半功倍之效。

　　我國憲法規定及大法官會議對婦女人權之保障皆有明確的規範與說法，如憲法第 7 條、134 條、153 條、156 條之規定其主要之目的乃是要使長期處於弱勢的婦女能夠享有與男性同

等的待遇，且更能免除受到不合理的歧視與迫害。尤其是憲法增修條文第 10 條更明文規定：「國家應維護婦女之人格尊嚴，保障婦女之人身安全，消除性別歧視，促進兩性地位之實質平等」。而有關保障婦女人權，提昇婦女地位，從大法官釋字第 365 號，釋字第 452 號解釋，有關對於未成年子女親權行使，父權優先之父權條款宣告違憲無效，及舊民法第 1002 條關於夫妻住所之規定，大法官亦以其違反男女平等之原則宣告無效。此皆在我國憲法對於婦女的人權乃是採憲法直接保障主義。若是結婚之男女能徹底明白憲法與增修條文之真正意涵並加以力行之，則家暴事件又何由而生呢？誠如台灣一句諺語「打某（太太）是豬狗牛，敬某（太太）才是大丈夫」，這個道理應就是憲法上所規定的尊重女性的人格尊嚴之意理。

家庭是國家社會形成的礎石，有健全的家才能建立富強康樂的國家，而有和樂健康的家庭才能使社會充份展現活力有秩序，增強國家競爭力，因此我們社會人人應發揮反家暴人人有責的精神，如發現鄰居親友有家暴情事，應協助受害者通報有關機關團體共同加強防制，使受暴及時獲得應有的救援。

當我們看到新聞媒體報導所謂一般名人之家暴事件時，這些媒體的報導內容固然引起我們對家暴事件與各種帶來問題之重視。但由於媒體對於整個事件的過度之渲染，其所帶來負面的效果與影響層面，亦不容我們忽視，而我們又可曾想到那些未經媒體注意到，而充滿委曲無奈自命苦求助無門的受暴者，他們才正是社會最需要能為她們伸出援手的受害者呀！所謂「上有好者，下必甚焉」。而「君子之德風，小人之德草，草上之風必偃」，因此筆者認為今後我們要落實反家暴工作最基本的指標與努力方向，乃是必須從教育工作做起，使我們的教育能培養出真正有理性有道德的人，因此我們各級各種的教育工作，若能注重愛心的灌輸與薰陶，則在一個充滿愛心的家

庭中是不易發生家暴之不幸事件的，從根本上導正社會善良風氣，重建一個富而好禮、風俗敦厚的健康社會。

十、重新調整符合當前我國需要之刑事政策，以達成『全民拼治安』之目標

按我國之刑法乃是承襲歐洲刑法之制度而來，於清末年間聘請日本法學專家岡田朝太郎起草，所以當時法律皆是沿用社會相當進步之法律，所以其刑度都並不是很高，那些歐洲先進國家國國民之教育水平、法學素養皆有相當程度，且歐洲之刑法制度皆有配合期社會教育與宗教教育，所以在歐洲之刑度標準拿到我國來，自然不是很合適，加上歐洲這幾年刑法能因應國家社會之變遷，其法定刑普遍比我國高，但我國一直皆沒有隨社會之變遷加以改變。以英國為例，其本來是一個海洋法系之島國，以判例為主，但對若干重要刑案有法制化。其第一部法制化之法律是盜賊法，它的刑度就有我國之 2 倍至 3 倍，所以英國法律制度，對初犯者比較會原諒，但犯了二次以上者之量刑是很重的，這乃是英國法制之特色。而德國對刑事政策之探討以習慣犯與常習犯為重點，名法學家拉特布魯赫（Radbruch）主張常習犯必須排除於社會之外，盡量用長期性或保安處分來對付。

拉氏原是人道主義者，曾被希特勒排斥軟禁過，而他都會有如此之主張，可見在犯罪刑事政策上，我國若干法官一再的給予常習犯與習慣犯判了很輕的之刑罰，甚至很容易交保，這是對社會的一大傷害，也是對警察士氣之一大打擊。許多重大刑案皆是在這種情況下發生，如陳進興等重大刑案，使刑法一再失去威嚇力，我國雖然承繼的是德、日大陸法系，但觀諸歐美先進國家，我國之刑事司法制度可謂獨樹一格，以美國為例，同一罪犯所有犯罪刑期必須加以累計，絕無上限規定的問題，因此只要是連續犯罪或是惡性重大的罪犯，其刑期累計至

百年以上是很平常之事。因此，在這種情況下，無論假釋要件
是二分之一或三分之一，並無太大影響。而依各國刑事之統計
資料顯示，大部分之重大刑案係由再犯者所為，而且在監獄之
受刑人中在犯者，始終居高不下，再犯者大約佔監獄受刑人之
80％左右，因此，為防止出獄之受刑人再度在社會犯罪，除
延長假釋出獄期間以外，必須加強觀護制度之功能，使其真正
達成社會處遇之目的。而有鑑於重刑犯較不亦改善，有長期將
其拘監獄之必要，促使各國對於重刑犯之假釋，設法延長其假
釋出獄期間，如加拿大卑詩省之刑法本來規定受無期徒刑之執
行者，逾 15 年之執行，即得許其假釋出獄，但自 1997 年起，
已改為必須執行逾 24 年後始得許其假釋出獄，俗云：「行得
通的政策才是好的政策」，今日我們檢討與策進當前的治安問
題，亦當本著這個原則來考量，否則正如日前基隆市警員戴立
龍在執行防搶勤務時遭陳姓歹徒砍傷，而那位陳姓歹徒自今年
1 月至今，短短 3 個月犯罪被警方五度逮捕後，卻能三度交保。
如此，經常用警察同仁的生命為代價，換取歹徒的交保獲釋的
代價實在太大了，因此，筆者認為有一流的司法與警政制度才
能建立一流的治安體系，只要我們能對不合時宜的法令加以修
正，重新調整我國司法刑事政策之方向，當可有效的發揮檢、
警、調科學辦案之統合功能，相信在有關單位與全民通力合作
下，必能更有效的共同打擊犯罪，以達到政府「全民拼治安」
之預定目標。

十一、拼治安檢警調與司法應同一步調

按司法與檢警調在打擊犯罪，維護國家與人民之治安工作
上本屬三位一體的。一個重大刑事案件若警察人員不眠不休甚
至犧牲寶貴性命亦在所不惜地投入偵辦、待成功地逮捕到犯
人，若無法獲得檢察或司法人員之配合，那往往是會功敗垂成
的。若司法無法達到公平正義之判決以發揮懲戒犯罪之功能，

則警察與檢察官之努力都會大打折扣的。因為自由主義的社會，其交易的多元化與自由化，假如沒有法律的預測可能性，即做壞事的人必得應有的懲戒，亦就是說假若司法之審判沒有讓人民能夠預知其量刑的合理結果，則社會就變的沒有行為的標準，而被叢林法則所支配，所以治安之改進與司法之改革必須充份的配合，才能有效達成共同打擊犯罪之目標。從古今中外各國的法制史中我們更可印證，司法之健全關係到國家興亡隆替，因此法律之制定與修改亦需考慮到人性之心理問題，因為大凡犯罪人在犯罪之前大皆會計算犯罪後之成本與所應負出之代價。按我國的法定刑比歐美國家的法定刑短，但我門的赦免（假釋與交保）往往較為寬鬆，所以犯罪人在監獄與家庭間猶如平凡地走動著，犯罪人一再重操舊業，已不再以為可恥，因此若無法改善我們的周圍大環境，建立完善司法與治安體制以因應急遽變遷的社會所帶來的高度智慧型犯罪，來予以有效的打擊與嚇阻。如不久前所發生的炸彈重大嫌疑犯高寶中案件即是一個很明顯的例子，司法人員讓警察辛辛苦苦抓來的重大嫌犯，卻很輕鬆地予以交保，這亦違反了誠如近代刑法學之父費爾巴哈（Anselm Von Feuerbach，1775-1833）所提出的心理強制說（Theorie des Psychologischen Zwangs）。而從警察的本質上來論，二次世界大戰後我國台灣警察之組織體系是師法早期日本殖民時代由日本人所建立的，其中最重要的是基層派出所，而派出所之中心點是警勤區，用警察佈崗的方法，網住所有犯罪嫌疑犯，以保護善良民眾，所以警勤區的健全與否乃是預防犯罪的最重要手段。因此，警勤區的功能若被忽略，諸如嬰兒之所以會有非法販賣、社區竊盜案件、電話詐欺等案件之猖獗，其主因乃是警勤區的查察沒有落實所致。以歐洲國家為例，例如社區居民中若有一個婦女懷孕，其房屋之管理人員就有義務向警察人員報告，而醫生也有義務向市政府報告，如此那個胎兒之一切即在有關單位充分控制中，且警察就必須

將這個懷孕婦女列入登記。而假如那位婦女有流產，醫生就要通知市政府，市政府則必須分別通知警察，所以在這個市區之每一個家庭，若沒有懷孕又怎麼會有嬰兒之出現呢？如此便可防止非法地販賣嬰兒。又如內政部所推動的肅竊專案，如果警勤區查察能夠強化管區裡的諸如古董店、修車廠、跳蚤市場等之查察工作，則此項方案當可更加落實，有效地達成防犯宵小犯罪之預期指標。因為根據世界各國刑事案件所統計可靠資料顯現，各國竊盜案約佔所有刑案 60% 左右，如果能在這方面有效地落實查察，則刑案犯罪自然能降低。同時，加強機動警力之運作亦是當前提昇基層治安刻不容緩之要務，保持每一個分局有一定數目之機動警力，若有任何刑案發生，在人民報案時，立即由機動警力出動迅速查辦之。因為若能備有充裕之機動警力，則可補足與監督基層員警受理刑案之執行是否落實，並有效地消除被害人在事件發生後責怪警方辦案不力之怨言。在歐、美、日等先進國家，但凡遇到刑事案件發生時，除了社區警察等人應即於 3 至 5 分鐘到達現場查辦外，而中央之機動辦案人員亦會立即到場了解狀況並列入管制。我們常可從電視影集中不難看出歐、美、日等先進國家治安人員處理刑案之過程甚為細密之步驟與高品質之效率。在國外警察之勤務中心皆可根據警員巡邏時陳報的地點予以隨時抽查，執行勤務之員警可到監視器以讓該指揮中心查看，以有效地管制值勤員警，使他們不能擅自離開警勤區。並對各種犯罪充份發揮致命之打擊任務，且迅速地追回為盜賊所搶奪之不法所有。因為這些犯罪者皆會留下轉帳等犯罪之痕跡。而當前政府要增加警力應可配合強化警勤區的機動辦案功能與效率，當更能有效地落實警政社區化，從根本上提昇當前的治安之品質與效率，使民眾重拾振興經濟之高度信心，並真正享有免於恐懼並能立竿見影的驅除遭受竊盜與詐騙等夢魘，以真正確保安和樂利之幸福生活。

十二、為犯罪偵查與審判尋求一個更公平、正義、合理的平衡點

從古今中外歷史的印證，司法是否公正的確關係到一個國家的盛衰至深且鉅。在中國五代十國時陳朝文帝因本性明察秋毫，很用心在刑政事務上，親自審察訴訟案件，嚴格要求群臣做事公正，所推行的政治嚴格而清明，即使對有功的臣屬，有地位的國戚，如有非法行為，都依法公正處理，一般評斷頗為嚴厲，因此政風弊絕風清，甚得民心，國家安康民生樂利。而我們的鄰國日本自明治維新以來，由於立憲成功，司法保持中立公正而得以國力強盛。

日本在第二次世界大戰期間，由於各種資源缺乏，有三位高等法院法官在出庭審判案件時，由於天氣相當寒冷室內又沒暖氣設備，因此都穿著厚重的大衣，而在被告尚未出庭之前，三位法官在閒聊時，對東條內閣軍國主義發動大東亞戰爭，以致造成民眾財盡、生靈塗炭、民不聊生等現況提出激烈無比的批評，當時站在審判庭兩旁的警衛（憲兵），便將三位法官批評日本當局之實情轉呈東條內閣，而東條內閣亦以最快速度發給司法部一封密函，要求司法部對那三位法官予以懲處，而在密函中有句話提到「日本的青年為了愛國連性命都犧牲也在所不惜地去為國衝鋒陷陣，而三個法官竟如此的在那裡批評政府，所以必須予以懲處」。但司法部卻在回覆東條的一封信中有一段話說：「日本的青年之所以愛國願意犧牲性命保衛日本，那是因為他們認為日本有一個公正、正義的司法所在」，後來法務部並將東條內閣之那封密函予以公開，充分顯示日本司法公平公正之精神，日本之所以能政治現代化國力強盛實與其具有公平的司法制度是有很大的關係。

按理檢察官與法官，一個是代表國家起訴犯罪嫌疑犯，一個是代表國家從事司法審判，無異是司法工作之兩翼，兩者之任務對於犯罪之防制與懲處應是殊途同歸的，而檢察官與警察

之任務都是負責偵查犯罪起訴犯人，法官是對檢察官起訴之事實負責，審理是否對嫌犯有冤曲或是過度起訴，來做公正判決，如果犯罪證據確鑿，法官就必須依照事實依法做公正的審判，而檢察官若疏於偵查或過度起訴或是法官有枉法審判或過於放縱嫌犯，一切都會造成國家社會極大的傷害。日本的司法體系甚為健全，法官與檢察官皆能各盡其職，檢察官起訴的案件，大部份法官皆會予以尊重檢察官的求刑而依法審判，但檢察官亦會盡心盡力地去尋找嫌犯其犯罪之事實，以提供法官做為審判的參考。日前報端披露汽車炸彈客高寶中，於落網後隨即被台北地方法院裁定以新台幣 10 萬元交保，已引起各界之議論紛紛，按高嫌主要是不滿時局，並有特定政治主張，在其政治主張未獲得滿意之前是否能就此停止犯意實很難預料，當然我們當尊重法官獨立審判的職務，但炸彈客既有犯罪的事實，則任何的政治意識型態是不能用來做為司法認事用法之考慮。誠如孟德斯鳩所說：「法官是法律之口」。而瑪斯韋伯亦云：「法官將法律的解釋與適用，單純的實施論理操作即可，個人的心情與主觀判斷，不可乘機滲入，所以既不可憤怒也不可以興奮，竭盡自己的職能，非主觀的從事才能盡到法律人的職責」，台灣已是一個自由民主開放的社會，民眾若有任何訴求皆可透過各種管道來加以主張，否則任何人若有不滿之訴求，而動不動就如電視劇中劉文聰所說的：「給我一枝番仔火，一桶汽油……」恐嚇性的言行，則這個社會豈不是搞的天下大亂，人人皆處在恐懼無比的生活中。而犯罪就是犯罪，絕對不能以任何高尚的語言加以掩飾與辯解，甚而冀望獲得同情；這種偏執的心態與犯行，對人民生活已造成嚴重的威脅，不但要我們付出巨大無比的社會成本，且對我們那些不眠不休地投入維護治安的警察人員無異是一種莫大的打擊。

　　因此筆者認為維護治安人人有責，尤其是守住公平正義最後一道防線的司法部門，若能以這一個思維來考量這關係到大

家生命安危的重大犯罪案件，當可在執法與維護人權之間尋找到一個更為合理的平衡點。

按日本司法體系甚為健全，其執法人員之公平、公正與清廉的良好形象，不但能贏得國人的信賴與敬重，且享譽萬國歷久不衰，殊值有意從事司法改革者取法借鏡之。

日本這種高尚的司法風範，一路傳承下來，亦大大有效地改進日本的社會良好的守法風氣。筆者願藉此謹舉例說明，日本司法風氣之所以能成功的原因：日本民法權威學者川島武宜教授自東京大學退休後，旋獲聘為三井公司之法律顧問，當時我國有幾位法政學者正前往日本考察訪問，特地前往拜訪川島武宜氏，並請教他有關日本自明治維新以來，迄今其司法為什麼百年來都能維持公正、公平之關鍵性原因何在？

川島教授回答說：他一輩子終其一生之黃金歲月均在東京大學擔任法學教授，因此目前在日本法院無論是上、中、下階層之法官、檢察官，約有 60％以上都是他曾經教過的學生，對其甚為敬重。但自從他從東大退休轉任公司之法律顧問後，這些過去他在東大教書期間，經常來向他請教、討論問題，而現仍在法政界服務，擔任法官與檢察官的昔日門生，立即與之劃清界限，斷絕往來。尤其當他有事要與那些學生討論商量時，無論是公事或私事，大伙兒止於問候，均能避重就輕，有時在公共場所見面時，亦僅以目視示意，故作招呼樣，盡量能避免交談就避免之，然而，就此一師生間之互動情景看來，似乎有一點不近情理，但就司法審判必須符合公平正義的角度來看，其不應將情理或私誼滲入，甚至影響其審判，在維護律法之精神而言本來就不可有所偏私，法官不僅不能將意識型態滲入審判，亦不可受任何個人之好惡影響，在川島武宜認為這是對的，而內心充滿欣慰與驕傲，甚至所到之處，都引以為榮。這則小故事正可以說明日本司法體系之所以歷百年來而不衰，

且能維持公平公正的優良傳統，這就是日本公正審判的精神內涵與優良傳承。

日本東京大學對培育優質的高級法律人才素有一系列的良好傳統，而川島武宜乃是繼承名法學家我妻榮的名法學權威學者。Pranger 說：「一個國家的優良公職人員，尤其於司法體系服務的人員，必須具有良好的品操與品德，義務是要具有決定政策與執行的能力，這些政策的決定與執行同時能保護自己並考驗他的廉潔與道德心」。筆者常年投入法政學術領域之教學研究工作，向來關心我國的司法與警政革新工作，但總覺得誠如禮記學記篇所云：「學然後知不足，教然後知困。」而時感誠惶誠恐，不足為後學典範。

國家處在這個急遽變遷、資訊科技發達的 e 化時代，任何學者尤其是從事警政教育工作者，不但要因應社會變遷，不斷地自我充實學術專業，更應該發揮學術報國的使命感與責任感，不時地將自己所研究一得之愚，提供給執法實務單位參考，配合國家司法與警政革新工作，共同為我國的司法改革與治安執法工作，再創一個更為優質之新境界。

十三、建立共同打擊犯罪機制，再創兩岸治安良性交流之新契機

近年來大圈仔在台犯罪案件，有逐漸攀升之趨勢。對我國之治安造成莫大的威脅。其中又因大圈仔未建立指紋檔，使警方在辦案過程中，增添了不少困難度。自從內政部宣示全民拼治安政策，以來在警方辦案人員不眠不休的投入，以及社會大眾充分的配合之下。我們的治安品質確實漸入佳境，如電話詐騙案件已大為降低，歹徒已很難得逞，各種重大刑案也逐一偵破，而日前警方在偵辦計程車司機陳錦成命案時，與大陸大圈仔宵桓等歹徒所爆發的槍戰中，陳偉正偵查員等所表現的英勇行為實在可圈可點，殊值國人以高度的讚賞及肯定。有此可見我們警察人員為維護民眾之生命財產，努力拼治安，甚不惜犧

牲奉獻的精神實在難能可貴，我們應多給予愛的鼓勵。惟從本次重大刑案偵辦過程中，亦使我們深深感到對岸大陸歹徒來台犯案，有逐漸惡化之趨勢，凡我政府有關情治單位及全體民眾應提高警覺，否則令其惡化，他必然造成我國治安之一大夢魘矣。因為大圈仔在台犯罪皆是搞台灣犯罪大陸勒贖之詭計，且其參與犯罪集團往往是國際性的，並到處有黑道人士代為接應。如去年蘆洲陳姓商人遭大陸偷渡犯綁架案，最近北縣電玩大亨矮仔義之子綁架案，其犯罪手法皆是如出一轍，因此筆者認為今後我方對這種造成治安重大問題的淵藪，應盡速研究一套嚴密的防範措施，從根本除去這一治安毒瘤。當然我們亦知道兩岸之間目前仍處於甚為嚴峻之情勢，要尋求兩岸共同打擊犯罪，本質上任存有若干詭譎多變之大環境，諸如兩岸之間主權的爭議，以及法律上領域法理與實際管轄之界定等諸問題，因此我們當以更前瞻、宏觀、務實的思維去考量以穩便地方式來有效地解決此一困擾著我們的治安死角，嚴格審查出入境的工作，全面查緝防堵人蛇偷渡集團，並修法嚴懲不法份子，尤其對大陸來台人士更應儘速全面建立指紋檔，因為不少跨國犯罪案件之偵查很多皆是報由國際刑警組織，而在偵查過程中往往發現有的跨國犯罪嫌犯逃亡十餘年，因為其善於改名、換姓，甚而易容整型，偽造證件，因此，很多國家無法偵查，經過多年逍遙法外後，最後可由國際刑警組織從指紋檔案中確認嫌犯身分，才把其偽造護照揭穿，而若干重大刑案的犯罪人都會帶上手套，這在警察的觀察術最重要的一向就是假如有人在身上帶有女人用的或是手術用的手套，就是犯罪徵候之一，所以警察在搜查犯罪嫌疑人時，如果發現有手套在身上就值得懷疑。

而一般人之所以戴名錶，其原因之一就是發生危險時，可以從名錶號碼之登記，追查出當事人之身分，這在國際刑警對無名屍之確認，往往是由名錶追蹤而來，因為名錶在購買時，

商家皆會登記購買者之名字，而如果有指紋建檔，當可輕易查出當事者之身份；因此，由此推理，假如這次發生的計程車司機命案在偵辦過程中，如果我們對大圈仔早有指紋檔案之建立，那對案情之偵辦豈不是更能發揮其最大效能。而日前我方在偵辦電玩大亨矮仔義之子遭綁架時，就是因為警方能充分地與澳門檢警司法等單位作充分地溝通，並獲得其大力的協助，因此使本案能夠在很快的時間偵破。

十四、結語

依據我國憲法、警察法及相關法令之規定：警察的主要任務乃是依法維持秩序、保護社會安全、停止一切危害、促進人民福利。諸如拱衛中樞、保護外僑及處理涉外案件、管理出入境及警備邊疆之國境警察業務，關於預防犯罪及協助偵查內亂外患重大犯罪之刑事警察業務等，皆是警察人員責無旁貸之職責所在。因此筆者堅信唯有確保國家安全，才是全民拼治安成功的最佳保障。

因此我們應該發揮愛鄉護土、維護國家安全與社會治安人人有責之精神，多給予不辭辛勞為人民長年不眠不休，投入拼治安而努力不懈的警察朋友，多給予加油打氣，配合政府當前之治安政策，支援社區警政工作，以堅固社區預防犯罪的治安網，為推動「全民拼治安」的最有利的強大後盾，按，當前我們治安面臨最大的挑戰，是毒品的問題與網路造謠犯罪，其中毒品更是國際問題，甚至滲入校園、偏鄉，警政單位應偕同法務、衛生部門聯手，發揮治安的統合功能[52]，從根本上去除台灣治安上的大黑洞，以確保國家安全與民眾安和樂利的幸福生活。

---

52 參閱《眾生日報》，2017 年 1 月 25 日，第一版焦點新聞。

參考書目：

壹、中文書目（以姓氏筆劃順序排列）：

1. 上村千一郎，蔡秋雄譯，《日本的治安為什麼那麼好》，福祿壽興業股份有限公司，1997 年。

2. 王贊源，《我國警察與社區關係之研究》，中央警察大學警政研究所碩士論文，1994 年。

3. 朱金池、李湧清、孟維德、章光明、葉毓蘭、鄭善印等合著，《各國社區警政比較》，五南圖書出版公司，2002 年。

4. 汪明生、朱斌妤著，《衝突管理》，五南圖書出版公司，1999 年。

5. 行政院研究發展考核委員會，《後續警政建設方案之評估》，1996 年。

6. 吳定，《組織發展 --- 理論與技術》，天一圖書公司印，1984 年。

7. Ian I Mitroff, Christine M. Pearson 著（Crisis managerment），吳宜蓁、徐詠絮譯，《危機管理診斷手冊》，五南圖書出版公司，1996 年。

8. 李春紅，《我國警察機關運用民力之研究》，中央警察大學警政研究所碩士論文，1980 年。

9. 李錦明，《中日警察派出所制度與勤務之研究》，中央警察大學警政研究所碩士論文，1992 年。

10. 李瞻，《政府公共關係》，理論與政策雜誌社，1992 年。

11. 林美玲，《治安問題與警力運用》，業強出版社，1991 年。

12. 林培仁，《社區共同防衛與犯罪防治功能之研究》，中央

警察大學警政研究所碩士論文，1984年。

13. 林鎮坤著，《學校公共關係》，載於吳清基主編，學校行政新論，師大書苑，2003年。

14. Roger Haywood原著，胡祖慶譯，《全面公關時代》，美商麥格羅，希爾國際股份有限公司，台灣分公司，1996年。

15. 徐昀，《都會區警民合作之研究》，中央警察大學警政研究所碩士論文，1990年。

16. 徐震，《社區與發展》，正中出版社，1980年。

17. 高貴美譯，《日本首都警察廳內幕》，文笙書局，1990年。

18. 國家發展諮詢會議紀要編輯小組，《國家發展諮詢會議社會治安諮詢會議紀要》，1997年8月。

19. Robert Conklin原著（How to get people to do things），張惠卿譯，《人際關係新法則》，中國生產力出版，1996年。

20. 梅可望《警察學原理》，中央警察大學，1999年2月。

21. 許坤田，《我國警察分駐（派出）所運用民力之研究》，中央警察大學警政研究所碩士論文，1992年。

22. 莊德森，《警察公共關係》，中央警察大學出版社，2001年。

23. 陳明傳，《論社區警察的發展》，中央警察大學出版社，1992年。

24. 陳皎眉，《人際關係》，國立空中大學，1997年6月。

25. 陳鵬仁，《日本的警察》，水牛圖書出版有限公司，1998年。

26. 章光明、黃啟賓著，《現代警政理論與實務》，揚智文化

公司，2003 年。

27. 菲利普 ‧ 萊斯禮（Philip Lesly）編著，石芳瑜、蔡承志、溫蒂雅、陳曉開等譯，《公關聖經—公關理論與實務全書》（Lesly's Handlook of public relations and communications；fifth edition, Philip lesly, editor）商業周刊出版有限公司，2000 年。

28. 廖國政，《中日警察官權限法之比較研究》，中央警察大學警政研究所碩士論文，1993 年。

29. Peter F Drucker 著，齊若蘭譯，《彼得 ‧ 杜拉克的管理聖經》（The Practice of management），遠流出版社，2004 年。

30. 蔡德輝、楊士隆著，《犯罪學》，五南圖書出版公司，2004 年 9 月。

31. 劉有銓，《怎樣奠定中國警政百年大計》，致琦出版社，1997 年。

32. 謝瑞智，《犯罪與刑事政策》，台北，文笙書局，1993 年。

33. 謝瑞智主編，《警政改革建議書》，中央警察大學，1998 年。

貳、中文期刊：

1. 台灣省政府警政廳，〈「重建關懷社會，迎接社區警政新世紀」-警勤區工作的跨步再出發與展望〉，發表於台灣省推行社區警政研討會議資料，1999 年 5 月 25 日。

2. 田村正博演講，鄭善印翻譯，〈日本派出所制度的特徵及其歷史沿革〉，警學叢刊 28 卷 2 期，1997 年 9 月。

3. 呂應敏，〈警民關係平議〉，警光 257 期，1977 年 12 月。

4. 邱華君，〈如何強化警察人員的淘汰機制〉，發表於「警察人員教育、考選、任用、退輔制度研討會」。主辦單位：中國考政學會，合辦單位：考試院、考選部、銓敘部、公務人員保障暨培訓委員會、行政院人事行政局，1998 年 12 月 18 日。

5. 徐昀，〈都會區警民合作之理論基礎及美日兩國實施狀況〉，中央警察大學警政研究所警政學報，1990 年。

6. 翁興利，〈從一般大學畢業生中透過高考取才再輔以專業訓練之可行性分析〉，發表於「警察人員教育、考選、任用、退輔制度研討會」。主辦單位：中國考政學會，合辦單位：考試院、考選部、銓敘部、公務人員保障暨培訓委員會、行政院人事行政局，1998 年 12 月 18 日。

7. 梅可望，〈跨世紀的警察教育〉，第四屆行政管理學術研討會專題演講詞，1996 年。

8. 梅可望主持，謝瑞智、魏鏞、陳鵬仁、呂育生、鄭善印研究，〈警察組織體系、人事管理及業務運作之研究 - 日本警政考察報告及建議書〉，1996 年。

9. 許春金譯，〈社區警察原理與類型〉，中央警察大學警政研究所警政學報 14 期，1988 年 12 月。

10. 陳明傳，〈論警察教育改革之基石〉，第四屆警察行政管理學術研討會論文，1996 年。

11. 陳金貴，〈從一般大學畢業生中透過高考取才再輔以專業訓練之可行性分析〉，發表於「警察人員教育、考選、任用、退輔制度研討會」。主辦單位：中國考政學會，合辦單位：考試院、考選部、銓敘部、公務人員保障暨培訓委員會、行政院人事行政局，1998 年 12 月 18 日。

12. 焦先民，〈如何使警民關係更上層樓〉，警學叢刊第 9 卷 4 期，1979 年 6 月。

13. 黃景自譯，〈日本第一〉，台北，金文圖書公司，1972 年 3 月。

14. 楊永年，〈社區警察組織設計〉，警學叢刊 28 卷 3 期，1997 年。

15. 劉進福，〈如何加強現職警察人員之訓練進修以提昇警察人力素質〉，發表於「警察人員教育、考選、任用、退輔制度研討會」。主辦單位：中國考政學會，合辦單位：考試院、考選部、銓敘部、公務人員保障暨培訓委員會、行政院人事行政局，1998 年 12 月 18 日。

16. 謝瑞智，〈我國警政革新的前瞻〉，警大月刊 22 期，1998 年 2 月。

17. 藍石璘，〈社區資源發掘與運用〉，社區發展季刊 3 卷 12 期，1980 年 11 月。

18. 嚴文瑞譯，〈我所看到的日本警察〉，警光雜誌 257 期，1977 年 12 月。

19. 警察、民力與治安學術研討會論文集，中央警察大學行政警察學系，中華警政學會，2004 年 11 月 26 日。

20. 全民拼治安論述文集，中央警察大學，2005 年 6 月。

21. 第二屆（2005 年）犯罪問題與對策研討會論文集，國立台北大學犯罪研究所主編，2005 年 4 月。

22. 亞太地區犯罪問題與對策研討會論文集，指導單位：行政院國家科學委員會、行政院衛生署；主辦單位：中華民國犯罪學學會、中華民國犯罪矯正協會、中央警察大學、國立中正大學犯罪防治研究所、國立台北大學犯罪學研究

所，2004 年。

23. 2005 年全民拼治安研討會論文集，指導單位：內政部；
主辦單位：內政部犯罪防治中心、中華民國犯罪矯正協會、
中央警察大學防治系暨研究所，2005 年 5 月 27 日。

參、報紙專文：

1. 青年日報，1997,9,1（4）. 謝瑞智，〈社會治安 民意企
盼─社區聯防組織百姓，建議恢復戶口通報；肅槍列為重
點工作，全面提昇警察素質〉。

2. 中央日報，1997,10,27（7）. 謝瑞智，〈警政革新宜軟硬
兼施〉。

3. 自由時報，1998,3,18（3）. 〈警政改革終見具體方案─
對《警政改革白皮書》初稿的評價〉。

4. 自由時報，1998,10,21（3）. 〈建立《社區警察》制度是
警政改革的大方向〉。

5. 中央日報，1998,10,26（5）. 〈警民社區聯防 年底全國
實施〉。

6. 自立早報，1998,6,27（11）.黃炎東，〈加速警政現代化
以提昇我國治安品質〉。

7. 自由時報，〈警民一體與警政改革是改善治安之道〉，
1997 年 11 月 19 日。

肆、日文：

1. 上村千一郎著，蔡秋雄譯，《日本的治安為什麼那麼好》，
福祿壽興業股份有限公司，1997 年 10 月。

2. 日本弁護士連合會編，《檢證 日本の警察》，日本評論社，

1995 年 10 月 20 日。

3. 日本財團法人全國防犯協會連合會編著，《全防連 30 年》，
財團法人全國防犯協會連合會發行，1995 年。

3. 平澤勝榮、金重凱之，《日本治安與世界治安》，講座
日本的警察　第一卷，河上和雄等編，立花書仿，1993 年。

4. 田上穰治，《警察法》，東京，有斐閣，1989 年。

5. 田村正博，《改訂警察行政法解說》，東京法令出版株式
會社，1993 年。

6. 地域警察研究會編著，《地域警察Ｑ＆Ａ逐條解說》，東京，
立花書房，1997 年。

7. 西尾漠，《日本の警察》，東京，現代書館，1986 年。福
永英男，《外勤警察》，東京，啟正社，1990 年。

8. 神一行，《警察官僚》，勁文社，1994 年。

9. 神一行著，陳鵬仁譯著，《日本的警察》，水牛圖書出版
事業有限公司，1998 年 4 月。

10. 財團法人全國防犯協會連合會，《全防連 30 年》，東京
一星印刷株式會社，1995 年。

11. 高橋昌規，《巡迴聯絡》，東京，立花書房，1993 年。

12. 野村二郎，《日本的檢察》，日本評論社，1992 年。

13. 警視廳警務部教養科編，《警務要鑑》，東京，自警會，
1991 年。

14. ディビツド ・Ｈ・ ベイリ‐著，鍾凱之，柳澤昊譯，《新
ニツポンの員警》，サイマル出版會，1991 年。

伍、英文：

1. Ames,Walter L., Police and Community in Japan, Berkely :University of California Press, 1981.

2. Brian H. Spitzberg and William R. Cupach, Interpersonal Communication Competence （Beverly Hills, Calif.：Sage, 1984）.

3. Charles S. Steinberg：The Information Establishment：our Government and the Media （N.Y：Hastings House, 1980）.

4. Cutlip, Scott. Public Relations History: From the Seventeenth to the Twentieth Century. L. Erlbaum, 1995.

5. Edward L. Bernays, Public Relations （Norman, OK：University of Oklahoma press, 1975）.

6. Garry, Edeen M., Volunteers in the Criminal Justice System, A Literature Review and Selected Bibliography, Washington, D. C, 1986.

7. Haberman, David A. and Harry A. Dolphin. Public Relations: The Necessary Art. Iowa State U Press, 2121 S. State Ave., Ames, IA 50010, 1988.

8. Managing the Human Climate. Philip Lesly Co., 155 N. Harbor Drive, #5311, Chicago, IL. Bimonthly.

9. Trojanowicz, R. & Bucqueroux, B. Community Policing: A Contemporary Perspective, OH: Anderson Publishing Co, 1990.

10. Sherman, L., Milton, C. H & Kelly, T. V. Team Policing: Seven Cities Case Studies, Washington, D. C.:Police Foundation, 1986.

11. William, James Q., and George L. Kelling, Broken Windows: The Police and Neighborhood Safety, Atlantic Monthly, March, 1982.

2. 亦師亦友的黃炎東教授
——一位有善心、有愛心，永遠為警察發聲的老師

楊哲昌 撰

　　認識黃炎東教授是在十年前回警察大學受訓的時候，當時他擔任圖書館暨警察博物館館長，識多學廣又不失風趣幽默，堅持對學術專業的執著，還有恢弘的器度，不得不讓人敬佩。黃教授是國家法學博士，曾任美國德州大學奧斯汀校區政府系訪問教授，並任職於國內多所知名大學，很多的法政界菁英都是他的得意門生，多人甚至已身居要職；雖然他長期以來任教於台灣大學等知名學府擔任法政學教授，但是他對警察教育及社會治安議題確是非常的關心，黃教授於七十五年即在警察專科學校任教，七十八年獲聘至警政研究所兼任教師，培育警察學子已二十餘載，他對警察專業的認知與了解是無庸置疑的，學生更是桃李滿天下，除了警察之外，遍佈消防、海巡、移民署，甚至國安局、情報局、調查局等單位，可見老師的諄諄教誨、沐浴英才確實造就了許多的人才，真是一位令人尊敬的學者。

　　警察機關是政府第一線執行公權力的機關，舉凡治安維護、交通取締等諸多警政工作之執行，都是干涉規範人民的自由，也常遭致民眾的誤解甚或質疑批判，黃教授為了讓人民更深入了解警察真正是人民的褓母，因此經常投書報章媒體或利

用各種機會為警察團隊發聲，為警政政策辯護，讓社會大眾知道警察為了百姓作了什麼，他更提供警政改革意見，充分發揮警察智庫的功能，強調警察公權力的執行在於保護社會絕大多數人民的權益，人民的信賴是政府最重要的資產，也建言警察機關應落實警政教育，以校訓「誠」的精神，教育所有警察同仁「國家」、「正義」、「榮譽」的重要性，更應找出警察「為民服務」的核心價值，以清廉、專業、服務、愛心的態度依法行政，如此才能得到人民的信賴與掌聲，更希望警察教育應走向國際化，與世界接軌。

黃教授的法政專業領域，不僅教育出優秀的警察人才，他更經常在課堂上以「今日你以警察為榮，明日警察以你為榮」之箴言來期許勉勵學生做個讓人民可以信任的好警察，愛的教育溢於言表，實在是一個難得的好老師。最近黃教授有感於人民對自由人權的追求，忽略了民主法治的真諦，國家社會正面臨嚴厲的考驗，乃以自己的親身經歷書寫「田庄囡仔到法學博士—愛的教育與民主人權之實踐」一書，希望喚起所有社會大眾重視家庭教育、學校教育、社會教育、法治教育，同時以愛的教育培育我們的下一代，並啟發教育民眾體認自由民主及人權法治的真諦，讓這個社會更祥和，更守法，真是功德無量。

多年來黃教授一直是我最尊敬的老師，一位出生於屏東縣車城鄉偏遠鄉下的孩子，自幼努力苦讀不倦，從師範學校至國家法學博士，堅持執著的學者精神，一路走來，始終如一。黃教授一再強調警察工作要做得好，警民合作關係是最重要的，畢竟「警力有限、民力無窮」，光靠警察的單打獨鬥是不夠的，警察必須跳脫舊思維，結合社會的資源和力量，文武合一，讓所有民眾共體「維護治安、人人有責」之思維，當然所有警察同仁更應該提升專業知能及法律素養，並結合「顧客導向」的服務理念而成為現代化的警察，如此才能贏得人民的信賴與

支持。有幸認識黃老師並蒙老師器重厚愛，對於警察實務工作上或是一些不解的問題經常就教於老師，老師精闢宏觀的見解確實讓我增益不淺，亦師亦友的力挺態度更是令人感動，尤其是老師豐厚的人脈以及無私的精神，化解了許多外界對警察團隊的誤解，進而成為支持警察的力量，這種精神不得不令人折服且衷心感恩。拜讀黃老師嘔心瀝血之作——「田庄囝仔到法學博士─愛的教育與民主人權之實踐」一書，深覺茅塞頓開，獲益匪淺且感動不已，相信這本書定能引起廣大讀者的共鳴迴響，大家一起來實踐，身體力行，讓我們的社會成為一個祥和、守法、安定的先進國家。

桃園分局分局長

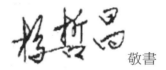

敬書

中華民國 98 年 7 月 6 日

（本文作者楊哲昌係中央警察大學五十期刑事系畢業，並取得國立台北大學犯罪學研究所碩士學位，現任台北市政府警察局中正二分局分局長，歷任台北市政府警察局中山分局刑事組長、大安分局偵查隊長、桃園縣政府警察局大溪分局、八德分局分局長、桃園縣政府警察局桃園分局分局長、內政部警政署公共關係室新聞科長、台北市政府警察局文山第二分局分局長、台北市政府警察局中山第二分局分局長。）

為理想而奔馳

——一個大學教授的夢

第四部 憲政與司法

1. 淺論我國憲法沿革與未來展望

「憲法不是造成的，而是成長的。」（The constitution has not been made but has grown.）——英國名法學者戴雪（A.V. Dicey）。

考諸歐美民主憲政國家其實施民主憲政的經驗，皆各有其獨有的特色與風格，亦就是各國皆有不同的歷史背景、社會文化、制度演變，因此，研究任何一個民主憲政的發展模式，絕不可忽視其各自具有不同之主客觀條件，而適合甲國的制度未必適合乙國，否則，強行移植是很難達成塑造優質的憲政文化與建立良好的憲政制度。

我國憲法自 1947 年公布施行以來，至今已屆六十九載，歷經動員戡亂時期臨時條款及戒嚴法的實施，直至 1987 年解除戒嚴、黨禁、報禁、開放大陸探親，1991 年廢除動員戡亂時期臨時條款，並歷經七次憲法修改（1991～2005 年），以及三次政黨輪替、實施國會全面改選、總統直選等一連串國內政治環境的急遽變遷，在這段過程中，為因應這些大環境的重大發展，憲法的因時損益所彰顯之風貌已別具一番特色，尤其關係我國憲政運作至為重大的中央政府體制與總統在憲政上所扮演的角色。尤其自 1996 年總統改為公民直選，1997 年行政院長改由總統提名，不須經立法院同意即可逕行任命。司法院正、副院長、大法官、考試院正、副院長、考試委員、監察院正、副院長、監察委員、以及審計長皆由總統提名，經立法院同意任命。而依憲法第 36 條規定，總統為三軍統帥；法院組織法第 66 條第 7 項，最高法院檢察署檢察總長由總統提名，經立法院同意任命之，任期四年，不得連任；依憲法第

56 條規定，行政院副院長及各部會首長及不管部會之政務委員，由行政院院長提請總統任命之。

　　從以上的諸多變革中，我們可以從憲法之本文、增修條文及有關法律之規定中，充分暸解總統的確是擁有很大的權力，正如林紀東大法官在其《中華民國憲法逐條釋義》一書中就很明確的指出：「中華民國的總統絕不是虛位的總統。」而依筆者多年來研究我國憲政制度變遷的過程中，無論是在實施動員戡亂時期臨時條款或戒嚴時期甚至是經過七次修憲後，總統的確一向掌握行政實權。無論是任何政黨人士擔任總統之職務，除了掌有憲法及增修條文及有關法律的法定職權外，尚可透過直接或間接任命政府文武官員的權力，或透過政黨政治的運作，發揮實質的影響權力。回顧自 1947 年中華民國憲法公布施行迄今，我國總統的職權無論是採法定職務說或是實質影響說，無論是任何政黨的人士擔任總統這個職位，總統皆能享有相當大的行政實權，這是不可否認之事實。

　　在歷經數次修憲後，的確我國政府體制雖已轉變為雙首長制或半總統制，總統在憲政上所扮演之角色，大多數民意也都傾向期望一個權能兼備的總統制。因此，當前我國的總統在憲政體制與實際政治運作中，除了要遵守雙首長制的憲法規定，更需發揮溝通協調與領導能力，去說服其所帶領之執政團隊有效貫徹總統的治國理念與政綱政策。

　　換言之，處於當前我國雙首長制之總統所扮演的角色，除嚴守憲政體制之制約、府院分工合作外，更需運用靈活的政治智慧，去解決各項政經問題，這對總統來說，實在是一項嚴厲之考驗。因此，身為國家的最高主政者，處在國家最艱困的局勢中，更應該發揮說服、領導執政團隊、國會與在野黨的能力，否則，即使擁有憲法與增修條文的正式法制權力及國會絕對優勢的席次，亦難保證總統之權力能有效發揮。以美國這個

民主先進國家為例，無論政府之組成是「一致政府」或「分立政府」，總統總是盡量做好政黨間及國會之溝通說服工作。如美國小羅斯福總統在任內不斷以爐邊談話（Fireside Chat）之方式，向社會大眾說明其所推動之各項政策，因而獲得美國不分朝野全民之全力支持。

在民主憲政體制中，評量國家元首的主要標準，乃是基於他對憲法的認知與實踐，誠如美國總統傑佛遜所言：「執法比立法重要」，身為國家元首，不但要樹立守護憲法之典範，更要負起提升憲政品質之神聖天職。

世界各國之中央政府體制最多的是總統制與內閣制，另外亦有雙首長制（混合制）。總統制實施最多的國家為美洲，而實施最為成功的國家為美國，然因選舉制度的關係，中南美各國及其他國家實施的情形並不理想，誠如美國的憲法學者布魯斯‧艾克曼（Bruce Ackerman）所謂的「林茲夢魘」（Linz nightmare），亦就是採總統制的國家，加比例代表制的國會選制，乃是造成其民主轉型失敗的主因。總統制之形成乃係美國憲政文化土壤的產生，而其他各國與之不同的憲政文化，就很難收割到像美國總統制之效果，如中南美、菲律賓、越南等是。

憲法不應單單只是紙上的憲法（paper constitution）而已，而是一定要使它的精神發揮並得以造福人民，而政府與人民都應該遵守它的規定，服從它的法律。或許有人一直迷信，以為一部完備的憲法可以使國家安定，事實上德國威瑪憲法與中華民國憲法同是混合制，而威瑪憲法何以被希特勒破壞而發動第二次世界大戰，造成千萬青年死亡及百姓流離失所。

美國憲法在開始時只有 7 條，後來增加了 27 條，一共只有 34 條，美國實施的總統制為什麼可以使獨立二百多年的美國國力日益茁壯而完成憲政的任務？或許從第一任總統華盛頓

的想法中可以看出端倪。當時華盛頓出任新國家第一任總統，並於 1792 年再度當選連任。因在當時沒有別人比華盛頓更受人民敬仰與尊重，在那個時空環境下，他毫無疑問地可以終身擔任總統，但是他認為擔任兩屆總統已經足夠，他說：「美國之所以從英國殖民地中獨立出來不是要做一人的總統，這個政府，是我們自己選擇的，不曾受人影響，不曾受人威脅，是經過全盤研究和縝密考慮而建立的，其原則和權力的分配，是完全自由的，它把安全和力量結合起來，而其本身則包含著修正其自身的規定。這樣一個政府有充分理由要求你們的信任和支持，尊重它的權力，服從它的法律，遵守它的措施，這些都是真正自由的基本準則所構成的義務。」從華盛頓的檄文內容之中，我們可以明白美國國力為何得以日益壯大的原因。就如同華盛頓所言：「人民有建立政府的權力與權利，這一觀念乃是以每人有責任服從所建立的政府為前提。」

英國的憲法之所以實施成功，乃是因為英國自上到下無論是君主或是人民百姓間，均謹守憲法所賦予的義務，尊重憲法的精神；美國總統制之所以成功，則是因為其國內政治上無分先來後到，無論是黑人或白人，或其他族群，均可在政府中任居國務卿或眾議院議長等要職。在臺灣，因為過去臺灣人民受日本殖民統治及第二次世界大戰後早期威權統治的陰霾仍未消除，因此至今仍尚未建立真正的民主憲政的核心價值，凝聚主權在民的正確民主觀念，建立符合國家發展需要與民意主流趨勢的憲政體制與良性的政黨政治體制。

按當前臺灣種種亂象，因素不只一端，若要求得根本有效的解決，依筆者的觀察，應該要在憲法的分權制衡上作適當地調整。我國的憲法體制依中華民國憲法起草人張君勱先生所言乃屬於修正式的內閣制，所謂修正式的內閣制中，總統雖是國家元首，但是沒有實權，所以依我國憲法來看，總統並沒有正

式的實權。當時憲法在修訂時，因為蔣中正先生長期掌握了黨
政軍大權，在經過各黨派的政治協商，才根據五五憲草的內容
加以修正，訂定出這部內閣制的憲法。但在憲法才一公布，又
於 1948 年因為共產黨作亂，國民大會依據憲法制定了動員戡
亂時期臨時條款，並且凍結了憲法部分條文，以強化總統之實
權，故只要總統能夠掌控國民大會、立法院及監察院等，就可
以確保總統職位連選連任，因為掌握了立法院，所以法案得以
順利通過，而且並透過大法官的解釋，使國民大會、立法院及
監察院等同於西方國家的國會。

　　且由於釋字第 31 號解釋內容：「憲法第 65 條規定立法
委員之任期為三年；第 93 條規定監察委員之任期為六年。該
項任期本應自其就職之日起至屆滿憲法所定之期限為止，惟值
國家發生重大變故，事實上不能依法辦理次屆選舉時，若聽任
立法、監察兩院職權之行使陷於停頓，則顯與憲法樹立五院制
度之本旨相違，故在第二屆委員未能依法選出集會與召集以
前，自應仍由第一屆立法委員、監察委員繼續行使其職權。」
致使民意代表長期不用改選，總統便永遠在固定的投票部隊的
授權下持續並永久掌權，使得國家長期處在威權體制之下，如
此一來，導致臺灣的省籍與族群產生嚴重的分歧，因此足見憲
法中分權與制衡的落實，以及定期改選以符民意政治的原則是
何等的重要。

　　1988 年李前總統主政以來，看到萬年國會對臺灣的民主
政治傷害，因此聯合當時在野的民進黨進行憲政改革，實施國
會全面改選，落實主權在民的理想。惟在憲法的修改當中，仍
存在一些未能克服的問題。其中因憲法及增修條文規定，在五
院內除立法院院長外，均須由總統提名經立法院的同意後才能
任命，但在提名行政院院長時可能會遭受障礙，於是將總統提
名行政院院長須經立法院同意之規定停止適用，並在 1997 年

第四次修憲時,將該條文修正為行政院院長由總統直接任命之,如此一來使得憲法制衡的原理喪失殆盡,因而造成立法院對行政院的制衡功能喪失,產生總統有權無責,行政院有責無權的現象。故我國中央政府體制實有再加以重新檢討之必要,建構一個真正達到權力分立與制衡的機制,以發揮憲法應有的功能。

　　當前我國的中央政府體制究竟應改為內閣制或總統制、或就現在所實施的雙首長制加以改良,如恢復憲法本文第 55 條之規定:總統任命行政院長須經立法院之同意,總統解散國會的權力由被動權改為主動權,以因應立法與行政部門發生僵局時能予以有效的解套,總統選制是否改為絕對多數制?而徹底從制度上根本防止政黨間的惡鬥,國會的選舉制度採取日本單一選區二票制後,經第七、八屆立法委員選舉後的結果是否票票不等值、選區是否有待加以重新劃分調整之問題,尤其修憲的門檻是否過高、如何重新建立權責相符,相互制衡,防止政治腐化的中央政府體制、建立民主多元化協商的制度,從根本上徹底解決臺灣人民的國家認同與族群和諧問題,是否制定政黨法使各黨能導入政黨政治運作之常軌,以建立良好的選舉制度與良性的政黨競爭體系,消除朝野對抗、化解行政與立法的僵局、避免權力惡性的互相牽制等等問題,均是我們全民應該加以面對及思考的方向,尤其民進黨於 2016 年 1 月總統暨立委選舉中取得總統及立委多數席次,未來如何推動前述議題之改革,亦有賴國人加以關注。當前人民對未來感到惶恐不確定,憲法乃是國家根本保障大法,期待朝野共同攜手公平環境、為國家謀求長治久安之新局,俾能打造人民安康生活理想新境界,共同為我國的民主與現代化做出最大的貢獻。

2. 我國憲政體制何去何從

憲法是國家根本大法，廣博精深，規定人民權利義務、國家組織、職權、相互權力間之分立與制衡及基本國策，係構成國家制度的最高法則，其核心價值在於保障人民基本權利，故與國民生活息息相關。因此在制定憲法或是進行憲法改革時，不可不慎。有一流的憲政教育，才能培養一流的現代國民，以建設一流的現代化國家及社會。一個國家之民主政治是否健全與其憲政制度之良窳有很大的關係，而要瞭解一個國家的憲政體制，則須對其政黨政治與選舉制度作深入瞭解，才能窺見其政治實際運作之堂奧。

按世界各國所實施的中央政府體制，不外乎內閣制、總統制、雙首長制及委員制，而無論採用何種制度，均須在權力分立與制衡上，取得合理的平衡點，如此才能真正契合權責相符的憲政原理，使國政得以順暢推動。而最重要者，乃是其國民均能具有守憲、護憲之精神，如此國家的憲政運作才能步上正軌，進而確保國家安全與民眾福祉。關於此點，吾人從歐美民主先進國家實施民主憲政的經驗中，即可得到很好的印證。

我國憲法自 1947 年公布實施以來，中央政府體制原本乃屬於修正式的內閣制，然於 1948 年，國民政府為了實施戡亂，經由國民大會依據憲法第 174 條之規定，制訂了動員戡亂時期臨時條款，而該臨時條款亦經四次修正，凍結了部分憲法原文之規定，並擴大了總統在行政上的實權，例如：總統得連選連任、得依臨時條款之規定調整中央政府機構及人事、行使緊急處分權、毋須受憲法原文第 43 條之限制、並增設國家安全

會議，由總統兼任國家安全會議主席。且該臨時條款變更了憲法原文第 58 條規定，另訂行政院會議議決之各項法案，必須先送國家安全會議，決議後再提出於立法院。如此一來，總統享有之實權，已凌駕原總統制所規範的權限。而在動員戡亂時期，我國憲政體制實際運作，除蔣故總統經國先生擔任行政院院長期間外，我國總統均享有行政上的實權，當中，又由於該臨時條款之規定及政黨政治運作之關係，加上執政之國民黨長期一黨執政，遂使我國中央政府體制實際運作，係朝著總統制傾斜。

在李前總統登輝先生執政 12 年中，也一直享有政治實權，並在其任期內推動六次憲改，改革內容包括中央民意代表全面改選及中央政府體制的變動，尤其在 1997 年第四次的憲改，將行政院院長的任命，改成毋須立法院同意，如此一來，造成了我國中央政府體制的重大改變，而成為向總統制傾斜的雙首長制（一般學者稱半總統制── semi-presidential system）。惟此雙首長制的設計又與法國雙首長制不盡相同，因法國的雙首長制在制衡方面的設計，確實較為完善，例如法國總統得主動解散國會，而我國憲法上的設計，總統只有被動解散權，另外法國的總統得主持部長會議及最高國防會議，而我國憲法在這方面的設計亦付之闕如。而法國的總統所新任命的總理，必須到國會做施政計畫報告，再由國會投票通過後再予任命，若由多數黨組閣的總理，在新任命後亦須至國會做施政報告，惟由國會自行決定是否投票。而依我國現行憲法及增修條文之規定，對行政院院長之產生，由總統逕行任命，總統對行政院院長之決定，完全掌握主導優勢，如此一來，國會對於行政權之制衡，更顯得弱勢。

2000 年我國發生首次政黨輪替，陳水扁先生與呂秀蓮女士當選中華民國第十任總統、副總統；2004 年競選連任成功，

再次當選第十一任總統、副總統，但在野的國民黨仍占國會多數，形成朝小野大的政局。雖然我國在現行的憲法體制下，總統仍享有相當的實權，如總統任命行政院院長毋須經由立法院同意，但總統卻不是憲法體制中的最高行政首長，總統如要推動相關的決策，依憲法及增修條文規定，只能透過行政院來實施與執行。審視憲法本文 53 條規定，行政院是全國最高行政機關，須向立法院負責，而憲法增修條文第 3 條又規定，實際掌權的總統，卻不必向立法院負責。因此，在這種朝小野大的的政局下，行政權和立法權必然容易形成對立及陷入僵局，而此時總統卻無法像法國總統般可主動解散國會重新改選，以化解憲政僵局，只能被動地啟動這個權力。再者，現行立法部門雖亦有倒閣的制衡方式，然而我國現行的憲政體制及政治環境，卻未曾使用該制衡方式、形同束之高閣，因此似乎難以發揮有效的制衡作用，加上立法權對於行政權所發動的制衡門檻又過高，例如立法院對總統之罷免權的行使，即使在立法院通過後，更須再經高門檻的公民複決；而對總統彈劾案的發動，更須經過司法院大法官的審理等等，使得行政及立法的互動欠佳，運作失衡，無法有效協調與制衡，如此一來，容易造成政治上的紛擾不斷及憲政危機，導致國家整體的進步停滯不前，同時也大大妨礙了國家的生存與永續發展。復觀我國憲法自 1947 年公布實施，至 1948 年動員戡亂時期臨時條款制訂及修改，加上 1991 年至 2005 年的七次修憲，至今還未徹底地解決中央政府體制權責失衡的狀況。因此各界才會又紛紛再提出憲政改革的主張，而我國憲法究竟何去何從，業已成為社會現今各界關切的重要課題。

2008 年 1 月 12 日國民黨在立委選舉中贏得三分之二以上席次，在 3 月 22 日代表國民黨參選的馬英九先生、蕭萬長先生又以百分之五十八的得票率當選了中華民國第十二任的正副總統，繼而在 2012 年所舉行的總統、立法委員選舉，國民

黨不但再度贏得了總統的選舉，而且在立法院亦贏得了 64 席的絕對多數。執政期間所組成的一致政府，當然會比民進黨執政期間所形成的所謂「朝小野大」的局面，會帶來較為安定的政局。但由於我國的中央政府體制權責未能釐清，權責失衡，加上朝野政黨惡鬥不已，互信不足，以致對執政的國民黨所組成的一致政府，產生所謂一黨獨大及濫權的疑慮，不但帶來行政與立法部門互動不良，尤其在立法院審查服貿及貨貿等法時，朝野歧見頗深，甚而發生太陽花學運，國家議會造成嚴重內耗，令有識之士對我國民主憲政與民生大計之永續發展之前途充滿不安。2016 年 1 月 16 日大選結果，由民進黨籍的蔡英文暨陳建仁當選總統副總統，並在立法院贏得了絕對多數之席次，這是我國第三次的政黨輪替，由民進黨「完全執政，完全負責」之新政局。因此筆者認為，為求國家之長治久安，終究不能僅依一時的穩定的時局來確保國家永續發展，而國人當應以更為前瞻、宏觀及務實之理念，仔細地思量如何打造一部更為合宜的憲政體制，如中央政府體制是否朝向總統制、內閣制，或就當前所實施的雙首長制加以改革。我國公民選舉權是降為 18 歲、性別平等教育法責之落實問題、重現良好的政黨競爭體制，總統選制是否改為絕對多數，國會議員選舉是否票票等值，選區重新劃分不等問題，修憲門檻及如何維持兩岸良性互動交流問題、振興經濟等面臨之種種憲政與國家永續發展、民眾尤為殷切政改之問題。況且我們不要忘了，當前我國所實施的雙首長制，乃是在當（1997）年經由朝野共同協商修改而來的，誠如美國總統傑佛遜所言：「執法重於立法」，因此在憲法未修改之前，全民不分朝野，當有遵守憲法的義務，應須依照目前雙首長制的憲政規範，謹守憲法分際，釐清府院權責，並建立朝野良性協商機制，有效地改善行政與立法部門之互動關係，提升問政品質，從根本上去除所謂一黨獨大會造成濫權的迷思，使國人真正相信完全執政是完全負責的政

治哲理，以免再重蹈朝野政黨惡鬥嚴重內耗之覆轍。

　　筆者自 1980 年迄今（2016），長年在中央警察大學、國立臺灣大學、崇右技術學院等學府從事法政學術的研究工作已逾 30 多年並曾先後前往美國奧斯汀德州大學、日本東京大學擔任客座學者，在歷經多年的法政學術生涯中，亦深深感受到政治的問題乃國家一切建設的核心，尤其是憲政之建設，而當前我國在國家政制改革之核心在於憲法的改革與力行實踐，而考諸歐美先進國家的民主發展進程，我們更可以發現凡是能真正實施憲法，其國家必帶來安定繁榮。因此若藉此呼籲動員朝野全民，今後更能珍惜我們得來不易的民主成果，身為現代化的公民，無論是執政在野，常秉持守憲護法的精神，共同創造一個更和諧的優秀傑出憲政文化。誠如美國前總統傑佛遜所指出的：「執法動員立法。」共同為國家的永續發展與人權尊嚴、民主法治、人民的幸福生活開創一個更為理想、理性之國家。

3. 新世紀台灣憲政體制發展之研究

　　政黨輪替後帶領新世紀台灣憲政體制的到來，值此國家社會急遽轉型中，有關制憲與修憲的爭論、三權憲法與五權憲法的問題、中央政府體制、國會改革、立法委員之任期、選舉制度之改革、公民投票、兩岸關係、行政與立法部門之互動、中央與地方權限之劃分及族群融合等問題接踵而來，而朝野互信不足所引發的政黨間之惡鬥不已，造成政局動盪不安，人民對未來產生一定程度的「不安定感」與「不確定感」，令各界對我國政經發展與民眾生活感到憂心，因而引發朝野要求改革憲政體制的主張層出不窮。

　　本文試圖提出我國未來的中央政府體制之走向，究竟應朝向總統制、內閣制、維持現行體制或就現行體制加以改良之論述，因為一個國家的憲政體制的良窳，關係其政黨政治良性發展與否，而選舉制度對政黨政治與民主憲政的落實又有密不可分的關係。因此，筆者乃就憲政原理與西方民主國家實施憲政體制與政黨政治的經驗及我國多年來實施民主改革的歷程，參酌國內外憲政名家有關憲政上之讜論，衡量其利弊得失，取精用宏，為我國未來政府體制之改革與政黨政治之發展方向，尋求更能凝聚朝野全民的憲政共識，從根本上徹底化解我國當前的憲政危機，期盼能建立一個真正符合權力分立與制衡、權責相符的新世紀台灣憲政體制，並為國家帶來長治久安的選舉制度與良性政黨競爭之政治體系及優質的民主文化，作為朝野全民責無旁貸地去加以思考與努力的方向。按本論文於 2004 年 12 月 30 日刊載於新世紀智庫論壇第 28 期，而筆者認為我國

雖已歷經三次政黨輪替，此篇論文對我國未來如何再重建一個更能為國家帶來長治久安的憲政體制，以確保國家的的永續發展與人民的幸福生活，仍具有其學理與實務的參考價值。因特編入本書，以就教於諸博雅先進。

壹、前言

值此國是正處急遽轉型，而兩岸關係又面臨頗為詭譎多變的局面，且行政與立法部門互動不良，朝野互信不足，以致造成政局動盪不安，令各界對國內政經發展與民眾生活感到憂心不已。為求解決此一政治僵局，朝野皆高呼要改革憲政體制，但同樣的口號與主張卻有著不同的意旨與內涵，如同是一部中華民國憲法卻有不同的解讀，而對國家定位與兩岸關係亦皆各有不同的主張與定見。

最近有關公民投票問題亦是引發各種見仁見智之爭論，而第十一屆正副總統選舉結果，陳總統水扁先生、呂副總統秀蓮女士雖以 50.11％的得票率再度蟬連正副總統，惟亦因泛藍陣營因計票疑義所引起的問題，紛爭不已，修訂總統、副總統選罷法以建立行政驗票的機制，或是透過司法機制，以謀求公平正義的解決，但這並不能完全建構長治久安之憲政體制，更重要者乃是如何重新定位我國憲政正確之道路，頗令國人對我國之憲政體制走向，何去何從？莫衷一是；惟筆者認為既然朝野政黨皆異口同聲的主張要改革憲政體制，就表示一切的國是要以憲法的法理與規定，就事論事的來解決問題，而不是進行政黨間的惡鬥，所謂黨爭可也，但千萬不可有意氣之爭。

而論及我國當前所實施的憲政體制，的確是國、民兩黨於民國 79 年召開國是會議起至 89 年間，透過政黨協商修憲方式而歷經六次修訂的（謝瑞智，1998：229-233；蘇永欽，2002：237-249；許志雄，2000：253-267）。但問題是目

前所謂的雙首長制亦有學者稱為半總統制（semi-presidential system）在我國已轉型為自由民主的政治體系中，為何會出現運作上處處不順暢之境，甚而造成國無寧日呢？而過去同樣是混合制的憲法雖然就憲政法理而言亦迭遭批判，諸如前最高法院院長謝瀛洲先生、憲法教授管歐先生、台大教授薩孟武先生、前大法官林紀東先生等憲法名家對中華民國憲法的批評亦頗為激烈，而各人又都有他們修改的主張。

按對於我國現行憲法向來提出批評的，大致有三種不同的觀點，第一，是說現行憲法與孫中山先生的五權憲法的精神大有出入，如謝瀛洲博士、管歐教授皆持此觀點加以批評；林紀東大法官也說現行憲法之精神與五五憲草大有不同。第二，是認為現行憲法與英美三權分立憲法有所不合，難以促成民主政治。第三，是認為情勢變更，非制憲當時所能料及，因此必須加以修改……薩孟武教授亦說：吾國各種新制度方在草創之時，其不完備，勢所難免，至於因為情勢變遷而對現行憲法加以批評者，更為常見，我們只要提出幾項動員戡亂臨時條款制定的理由，即可看出我們的憲法並不是十全十美的（姚嘉文，1999：20-25；李鴻禧，2001：201-247；李鴻禧等合著，2002年：1-26；胡佛，中國時報，2000年）。

的確，世上難有百代不衰之思想，亦不容易找到完美無缺的政治制度，而中華民國憲法之制定乃是經過各黨各派政治協商之結果，亦因中央權責劃分不清致而種下了爾後各界爭論不已之根源，但由於當時之執政黨，充分掌握黨政軍警媒體與財經等部門，且透過政黨政治之運作，因此在實際的運作上行政權方面卻仍能發揮相當的效率與功能，而同樣的憲政體制現在怎會變成所謂「朝小野大」，即使此次總統大選，陳總統水扁先生已獲 50.11％超過半數得票率，但泛藍陣營在國會仍居多數，且立法與行政互動關係欠佳，甚而多次造成僵局，我國未

來的中央政府體制之走向，究竟應朝向總統制或內閣制或維持現行體制或就現行體制加以改良，亦在在皆是我們必須加以正視並從根本上去加以解決的問題。

貳、當前政府體制乃是經朝野協商的結果，但在運作上仍有其無法突破之瓶頸

我國的中央政府體制依照憲法原文規定原屬修正式的內閣制（張君勱，1947：71）總統並非虛位元首，且享有相當政治實權，同時，由於過去國民黨一直同時掌握總統府、行政院與立法院，透過黨政運作的結果，政府多數時間偏向總統制（周育仁，2001：7）。

記得在進行六次修憲當中，無論是國民黨、民進黨、新黨或各界的法政學者專家對我國的中央政府體制之修改所提出的意見可說獻言無數，字字珠璣，皆能分別就各種制度的利弊得失加以深入的剖析。在國發會後國民黨乃依據國發會之共識研擬修憲條文，提出所謂的雙首長制，認為此乃根據五十年憲政的經驗最合理的修憲。而民進黨亦提出雙首長制，認為要吸取內閣制與總統制的優點，以總統做為國家領導中心，而行政院長向國會負責（姚嘉文、張俊宏、林濁水、郭正亮聯合執筆，聯合報，1997 年 5 月 30 日）。

而新黨的學者周陽山教授則力主採用內閣制，因為二次大戰後，在全世界有二十三個國家維持了五十年的憲政民主，二十三個國家中有二十個國家採取內閣制，而內閣制能夠構成國家的穩定，憲政的成長。過去五十年間，整個拉丁美洲國家都實施總統制，沒有一個國家建立了穩定的民主，但哥斯大黎加則為例外。同時從 1988 年蘇聯解體後，東歐以及前蘇聯，絕大多數國家實施雙首長制，但沒有一個國家可以建立最基本的民主體制（周陽山，自由時報，1997 年 6 月 2 日）。

　　的確，內閣制合乎憲政原理並有不少的實施成功例證，而我國的憲法不但有總統制的精神，也有內閣制之色彩，但在實際運作上，尤其是政府播遷來台後五十多年來，總統一直擁有實質上的權力，這是制訂動員戡亂時期臨時條款及透過政黨政治運作的結果。修憲後總統自第九任開始改為公民直選，民意的趨向亦是希望有一個實權的總統，來解決國家所面臨的多項改革或兩岸關係等諸問題。因此若要將現行憲法調整為純內閣制，是否符合近幾年來我國之政治文化與實際政治之運作及台灣的民意主流趨勢，亦有待商榷。林子儀教授認為在雙首長制之下，如果總統與國會是屬於多數同一政黨，總統基本上不直接向其政策負責，躲在後面；若總統與國會不屬於同一政黨，會造成行政內政分裂；因此，總統制是比較適當的選擇。而政府要修憲的理由，其重點亦是擔心權責不清，政府無效率（林子儀，自由時報，1997 年 6 月 2 日）。

　　而由李鴻禧教授所領導的民間監督憲改聯盟成員顏厥安、金恒煒、黃昭元等共同聯合執筆－「台灣人民的歷史選擇－我們不要民選皇帝」一文中即已明確的指出：當時國、民兩黨的主流憲改方案即所謂的雙首長制不可行，因為這一制度根本無法改變台灣的惡質政治體質，而且雙首長會造成行政權分裂的「雙頭馬車制」，有權無責的「藏鏡人」制度，雙首長制可說充滿人治色彩。它會因為選舉結果而改變總統與國會的權力結構，亦就是說在總統與國會之選舉結果若同屬一個政黨勝利，則總統之權力便會超凌一切，成為所謂超級的巨無霸總統。若總統與國會之選舉分由不同政黨獲勝，則總統的權力必然受到相當節制，雙方若無法妥協難免會成為政治僵局，如目前台灣的政局發展就頗為類似，況且台灣也沒有實施雙首長制的充分政治社會條件。因此，主張建構總統制的中央政府體制。因為總統制比雙首長制更符合權力分立與制衡的原則，總統比較有能力團結國家處理內外的危機，且我國的地方政治的實施已有

很接近總統制運作的經驗（李鴻禧主持，顏厥安、金恆煒、黃昭元共同聯合執筆，自由時報，1997 年 5 月 23 日）。

綜觀以上所述，我們可以明確的得知，當前的中央政府體制在修訂之前，乃是經過朝野政黨多次的協商談判，而各界的學者專家雖亦難能可貴的再三的提出很多寶貴意見以供朝野政黨參考。但朝野當局最後仍修出了較為接近法國第五共和國的雙首長制，而雙首長制也無法真正的解決長久以來困惑著我們的問題，甚而種下了當前種種憲政難題之重要因素（李鴻禧等合著，2002：294-300。）。亦就是說，修憲後我國現行的憲法體制定位為雙首長制，但在實際上的運作卻有向總統制傾斜之現象，很難落實雙首長制的精神。現行的憲政體制雖稱為雙首長制但卻又與法國第五共和的雙首長制有別，在實際運作上缺乏重要的調適機制，如總統任命閣揆必須考量國會之政治生態，始能獲得立法院之信任投票，總統主動解散國會權，總統公民直選的絕對多數制（兩輪投票制）等機制之運作，這些問題都是值得朝野政黨有待加以反省，並應記取種瓜得瓜、種豆得豆之歷史教訓，因為政治是不能任意實驗的，其所付出的代價實在太大了。胡佛教授認為中華民國憲法經過六次修訂，已將政體的結構弄亂，他認為能將統與治分開的內閣制，較適合台灣，而這種體制就是原本憲法體制的設計，因此要檢討當前的中央憲政體制，最好的方法就是回歸憲法本文，才能讓憲政體制發展。蘇永欽教授主張全面移植法國雙首長制，才不會產生模糊的空間，因為從現行憲政體制衍生的問題，加上台灣人民長期的認知，以為行政權是來自於定期投票的看法，也即是多元、民粹、多數的看法已形成，所以內閣制已經是不可能的選擇，但總統制似乎離台灣太遙遠，在考量不大幅進行變動之下，全面填補雙首長制不足的缺口，才是正途。大法官吳庚則認為憲法是成長的，不是創造的，要成長出優質的民主憲政，經濟條件及政治領導分子的態度非常重要。甚至比憲法設計是

否完備還要緊，基於總統已經直接民選，要採內閣制是有困難，似乎總統制較符合台灣人民的味口，但現實上，台灣又無法達到美國總統制條件，因此主張採法式雙首長制。沈富雄立委則主張採「總統總理合一制」，他認為憲法已去內閣制化，不可能再走回內閣制的回頭路，而美式的總統制，在台灣又行不通，因此才主張「總統總理合一制」，也就是總統直選，政府首長向國會負責，總統和國會各有任期保障，互不解職，亦就是說，一個民選的總理，他的名字叫總統，如此才能讓總統與國會各自代表的民意融合在一起（中國時報，2004 年 2 月 16 日）。而周育仁教授指出：「政府體制貴在明確，應儘量減低政黨政治運作負面影響，或其他因素對政府體制定位之影響。由於過去五十多年來，我國政府體制多偏向總統制特徵，致使民眾、政治人物與政黨多認為總統民選後，應具實權，是以未來政府體制如完全調整為內閣制，恐怕不符眾人之期盼，至於往總統制方向調整，也未必合適」（周育仁，2001：20）。湯德宗教授指出我國中央政府體制之更迭，於憲法本文之規定是修正式內閣制，實施臨時條款時代是屬於總統制，而於九七憲改後為貌似總統制的總統制（湯德宗，2000：75-127）；吳烟村教授亦認為我國究應採那一種制度，本應依我國實際狀況及社會背景和需要詳細比較，在取得共識後，再選擇之，尤其總統既由人民直接選舉產生，因而應採總統制，以建構中央政府體制，將是比較實際的選擇（吳烟村，2001：150-151）。

陳愛娥教授則指出，依我國憲法的規定而論，總統任命不同政黨之人擔任行政院院長的「左右共治」，在複數政黨才能握有國會多數席次時，則可能是「左右共治」結合「聯合政府」的情形，乃至由總統任命未獲國會中占多數席次政黨支持者為行政院院長的少數政府，都是可能的選擇，憲法就此並未預為規定（陳愛娥，2000：145-147）。許志雄教授認為雙首長制

有權責不符或權責不明的問題，顯然違背責任政府原理，有關缺失，在我國體制的運作上早已陸續出現，此次總統大選後的政權輪替過程中，更加暴露無遺（許志雄，2002：173）。

陳隆志教授指出憲政文化的建立在於權責分明合一的政府體制。政治權力與控制須適當分配，權責必須分明合一，有權力就有責任，有責任的政府才能尊重民意，為人民真正的福祉努力，也才能避免長期混亂政爭的現象（陳隆志，1996：16）。而美國憲法以制衡為原理原則，亦是逐漸孕育成長，以維護基本人權，自農業社會經工業社會，至太空資訊的社會，憲法條文隨時代環境的變遷而富有新意義與人民意志，生活保持密切關聯。在司法審查權（Judicial Review）的運用與輿論的監督下，人權的切實保障，連總統也無法超越憲法、法律之上，此種憲法文化使人民尊重憲法，珍惜憲法，依賴憲法，保護憲法，這是憲法文化的真諦（陳隆志，1996：12）。

由以上筆者所舉例的學者論述之觀點，我們當可更加體認到我國憲政體制，的確有必要加以作一番徹底的改革不可，而就整體的論點而言，每一位學者對我國未來的中央政府體制之改革皆有其獨特的見解，而對內閣制、總統制或法式的雙首長制，亦皆各有其獨鍾嚮往。惟筆者更深深體會到任何憲政體制的建構，皆必需符合權責相符之原則，誠如法國人權宣言第十六條所標示的「權利之保障未能確實，權力分立制度無法確立釐清的社會，不能稱為有憲法的社會」，亦正如陳慈陽教授所指出的「法國人權宣言，不僅是人權保障的綱領，還納入了國家權力及組成的正當性，如第六條提及法律是一般共同意志的表達，以及第十六條宣示了孟德斯鳩三權分立原理，是不可放棄的立憲國家基礎」（陳慈陽，2004：19）。

惟政府理想與實際運作往往是有其時空與現實環境的制約與限制，如內閣制固然有其獨特的優點，但以台灣人民長期的

認知與當前憲政體制產生之現實問題，以及台灣的憲政體制面而論，內閣制似乎有其很難達成的目標，雙首長制亦有其缺口所在，甚至造成行政權割裂，行政與立法互動不良的後果，而採用總統制是否適合台灣的政治土壤，亦遭到不少人士的疑惑，正如朱雲鵬教授指出我國現行的制度對立法院負責的是行政院長，不是總統，所以總統有權無責，形成所謂「超級總統制」，而不是美式的「三權分立」總統制。美國雷格（F.W.Riggs）在「第三世界政權的脆弱性」一文中，統計四十個國家實施內閣制，二十七國成功，而總統制十國，成功率為零。因為「總統制有贏則全贏、輸者全輸、零和競局、濫權，常導致內戰紛擾，政治暗殺等亂局」（朱雲鵬，中國時報，2004 年 4 月 26 日）。然依據許宗力教授所指出的：「雖有人批評總統制成功例子少，失敗例子多，並質疑台灣引進總統制的可行性，不過中南美洲國家政局動盪不安，因素很多，很難歸咎於總統制，與其說政局之不安是總統制所引發，倒不如說是民主文化的欠缺所致，南亞國家如泰國、印度與巴基斯坦等國，同樣採用內閣制，政局同樣動盪不安，更可見總統制等於不安，內閣制代表安定的說法沒有根據」（許宗力，2002：194-196）。

就我國實施憲政長期的經驗與總統民選後，總統制似乎較符合台灣大多數人之期望。惟美式的總統制如何能夠在台灣未來憲政體制順利地移植生根發展，其應有的配套措施，如總統的選舉制度與立法委員的選舉制度改革等問題，亦有賴朝野政黨與全體國人共同協商，形成共同的憲政共識，才能達到憲改的預期理想指標。因為台灣已歷經了三次總統直接公民選舉的民主洗禮，台灣大多數人民對民選總統的期待當不會希望他只是一個虛位的國家元首，因此未來的憲政改革朝向總統制方向規劃應是合乎主流民意趨勢。雖然依現行憲法規定「行政院是國家最高行政機關」，但就台灣實施五十多年的憲政體制的

實際運作狀況，總統在我國的憲政體系運作中所扮演的地位，他不但是國家元首，亦是行政權的最高主導者，無論是修憲前或是修憲後的實際運作的確是如此，就是前司法院大法官林紀東先生在其所著「中華民國憲法釋論」及「中華民國憲法逐條釋義」之大作中，亦就憲法第五十三條所規定的「行政院是國家最高的行政機關」，作出了很合乎憲法本文之真正法理與實際之闡釋。林紀東大法官認為本條規定，表面上似僅為關於行政院地位之規定，實際上則兼具規定行政院職權之意義，必須注意及此方不至誤解法意，乃至執此一端，誤解整個中央政府之構造。我國總統具有過問行政事務的權力，以國家元首兼具行政首長之地位，非內閣制國家統而不治之元首之比，似無疑義，總統既兼具行政首長之地位，對於行政院有相當指揮之權（林紀東，1980：212-213；1992：186）。而現行憲法經六次的修改後早已實質的偏向總統制的雙首長制方向發展，尤其2004 年 3 月 20 日總統選舉，陳水扁總統、呂秀蓮副總統以50.11％超過半數的得票率當選第十一任正副總統，由所謂少數總統變成多數總統，若說未來的憲政改革有關政府體制要向內閣制傾斜，幾乎違反政治生態的現實性。

　　的確一個國家的中央政府體制之走向必須針對其歷史文化、法律、政治社會背景等因素加以考量，評估其利弊得失與國家之長治久安及永續發展，否則是很難達到民主改革之預期指標的，且嚴重影響政局之穩定。我國已進行了三次總統民選而當前行政與立法部門互動不良，府院權責有待釐清，為打開這一政治僵局，未來中央政府體制應朝總統制方向規劃，當更能符合權力分立與制衡之憲政原理，而在實施總統制下使總統更有能力去處理當前台灣所面臨得各項國內外危機，何況多年來我國實施的地方自治選舉已有接近總統制運作之經驗（陳水扁總統競選指揮中心、國家藍圖委員會，新世紀 新出路，陳水扁國家藍圖 2，國家體制改造，1999：62-65），誠如葉

俊榮教授所指出的「至於政制問題，從理論上總統制與內閣制各有利弊，抽象上甚至內閣制更有好處，但往往在台灣不是如此，如果要改為內閣制，便要檢視台灣的條件，例如國會作為政治中心是否適合？是否會出現調適問題？制度清楚最重要，但在台灣朝總統制變動成本確實較低」（葉俊榮，自由時報，2004 年 7 月 19 日）。

參、總統制較符合我國的憲政文化

首先，就我國的制憲歷史而言，中華民國的開國元勳孫中山先生所主張的建國理想，本來就是提倡建設一個像美國或法國那樣分權與制衡的政府，來保障人民的基本人權，以落實主權在民的理想。因此在民國初年制定的臨時政府組織大綱，亦就是中華民國開國的第一部成文憲法，乃仿效美國總統制。但後來國民黨人為了防止袁世凱的野心，又以臨時約法取代組織大綱，主張責任內閣制及後來的天壇憲法所採用的議會內閣制，均因袁世凱的反對而遭廢棄，另由袁世凱又重新制定中華民國約法，中央政府又改用總統制，後因袁氏心中根本沒有民主憲政之理念因稱帝自為而敗亡。

至民國 25 年雖有五五憲草之擬定，就其內容而言亦是偏向總統制，但因抗日戰爭而停擺。直至抗戰勝利後國民黨、共產黨、民社黨、青年黨、民主同盟及社會賢達共同舉行政治協商會議，並就「五五憲草」之內容提出修正且據以制定現行中華民國憲法。其中央政府之體制，正如制憲先賢張君勱先生所指出的我國中央政府體制乃是屬於一種「修正式的內閣制」。這可說已遠離了孫中山先生制憲的理想，且更是世界上絕無僅有的中央政府體制，而依據這部新創的憲法，就憲政原理而言就種下了各界解說紛爭不已的根源，且在運作上往往又與實際政治環境扞格不入。先總統蔣中正先生亦發現若依照這部憲法

之規定，總統在憲法上之權力是有限的，而真正的實權乃在行政院院長，因此有意敦請胡適之先生出來競選總統。後來國民大會因國共戰爭關係，制定了一部動員戡亂時期臨時條款，凍結了部分的憲法條文，使總統真正享有政治的實權，而至李前總統登輝先生雖然廢除了動員戡亂時期臨時條款，凍結了部分的憲法條文，但因總統與國民大會及立法院隸屬同一政黨，因此中央政府體制有如總統制，而李前總統登輝先生可以在其任內進行了六次憲政改革，經過修憲後的憲法實際上是變相的雙首長制。改制後總統雖由公民直選，除非總統與立法院多數黨是同黨，否則總統亦會遭遇立法院杯葛很難施展其實權。

2000 年 3 月 18 日由陳水扁先生、呂秀蓮女士當選為中華民國第十任正副總統，在台灣正式開創了政黨輪替的時代，而社會大眾對此一政治新局懷有熱切無比的新希望，不覺新政府執政未至六個月竟然因核四之停建，導致行政與立法發生始料未及之衝突，而這一國人所不願意見到的政治紛爭，其所引發之因素當然有見仁見智的看法，但筆者認為其中最重要的根源乃是在於中央政府體制權責劃分不清，運作不良所致。因此，要解決當前的政治困境非從根本上重新建構中央體制不可，否則任何政黨的人士當選總統或擔任閣揆後亦會遭遇同樣的問題。

民國初年 孫中山先生主張總統制當有其先見之明，而先前兩位蔣總統因為有動員戡亂時期臨時條款及政黨政治之巧妙運作，總統才享有實權，而李前總統主政的時代因身兼國民黨主席，無論是行政院、立法院、國民大會或其他重要的政治機構，大多數成員是屬於國民黨黨員，所謂「以黨領政」剛性政黨之紀律下，總統怎能說會沒有實權呢？就是憲法沒有明定是總統制，但就政治實況而言，已可說不遜於美國等國家實施總統制下，其總統享有的政治實權。

　　反觀現任陳水扁總統之處境就無法享有像以前的兩位蔣總統及李前總統的政治優勢了，憲法規定陳總統固然是國家的元首，但目前民進黨在立法院席次仍未過半數的情況下，行政部門的各項施政往往受制於在立法院之席次仍操控多數的泛藍陣營，而陳總統又背負實踐對選民的政治承諾，當然熟諳憲法的陳總統了解少數政府所面臨的困境。少數政府的組成亦可能是陳總統在政治理念與政治現實之間不得已的抉擇，2004 年 3 月 20 日我國舉行總統大選，陳總統水扁先生、呂副總統秀蓮女士以 50.11％之得票率，當選連任第十一任正副總統，陳總統由原來得票率 39.3％的「少數總統」變成「多數總統」。惟泛綠陣營在立法院當前的政治生態下，仍維持未超過半數以上席次，而且又因選舉糾紛更引發藍綠陣營之間的政黨緊張關係，加上對岸中共當局的干涉我國內政及國際友邦的關切台灣政局等，在在皆是陳總統主政下的政府當局必須面對的嚴厲考驗。

　　雖然歐洲亦有不少民主國家實施少數政府，其政治運作亦能順暢，但在當前的台灣卻無法如他們一樣，這可能與我們的政治文化有關，因此我們必須深切的體認「法與時轉則治」的道理，有鑒於此，筆者認為為求突破當前台灣民主憲政之困境，我國的中央政府體制已面臨非加以改革不可之時刻，朝向總統制規劃當是一個值得我們思考的方向，以求名實相符，權責釐清，有效打破當前的政治僵局。

肆、實施總統制才能突破憲政瓶頸，帶來長治久安

　　自從第九任總統改由公民直選之後，總統應負的責任應行更大，如國內的治安、財經問題等等皆有待政府結合全民共同解決，尤其是兩岸關係一直仍在高度不安定的狀況，而實施總統制以強化其政治運作之能力，來肆應當前國家面臨的各項改

革，此乃任何政黨的人士當選總統後，全國人民對其最大的期望，否則憲法無法賦予適當權力的總統，就是請天上神仙來做總統，亦很難推展各項施政。因此要突破我國當前實施的民主憲政之困境，使中央政府體制無論是府院之權責關係，或與立法院互動更為獲得有效改善，現行憲法必須加以改革。

按美國憲法規定，總統就是國家元首亦是最高行政首長。因此我國未來憲法之探討，有關各部會首長及不管部之政務委員之產生，均由總統任免之；總統依法公布法律，發布命令，不須行政院長及有關部會首長之副署；總統應隨時向立法院報告國家情勢，並將個人所認為適合國家施政的政策咨送於國會，以備審議，來求得國會的配合與支持；總統在任命重要官員，亦須如美國總統一樣，遵照所謂參議員禮貌，充分尊重立法院之意見。立法院對於總統之重要政策不贊同時，得以決議移請總統變更之，但總統對於立法院亦應有覆議權以為制衡。

行政院之行政會議改為國務會議，由總統親自主持國務會議，其成員包含副總統、國務總理、國務副總理、各部會首長、政務委員或基於政治事實需要所指定的人員組成之。國務會議的閣員仿效美國總統制，其只對總統負責，不必向國會負責。但總統的施政，必須依立法院所訂的法律施政。行政部門與立法部門既分權又制衡，若有任何紛爭，除了重大的政治問題由國會與總統透過協商解決外，皆可提請最高法院的大法官運用違憲審查權（Judicial Review）加以審理，則一切國是自然能獲得公平正義的解決。同時立法委員任期亦應由現在的三年改為四年，以更能培育國會議員的議事經驗及提升議事的效能（謝瑞智，1996：94-116）。

若將來朝總統制規定，總統不但是國家元首，亦如美國總統一樣，成為我國最高行政首長，對實際施政負完全之責任，而現行憲法增修條文規定之倒閣權與解散權必須取消，立法

院的正、副總統罷免權也應考慮取消，對於總統所要否決的法案，立法院的覆議門檻應提高為三分之二，如此更能落實權力分立與制衡功能，有關人事同意權、調查權、聽證權、彈劾權應更加充實，但質詢權則應考慮取消（王業立，2001：10）。

伍、總統選舉方式改為絕對多數決制，較有利於政局穩定之發展

自兩次世界大戰以後，有關民主改革運動所呈現出的一項特色，便是大部分的國家都以總統直選為整個改變的樞紐與焦點（楊泰順，聯合報，1994 年 6 月 14 日）。我國在六次憲改以來，已確立總統公民直選的原則。惟產生方式是採相對多數或者絕對多數仍有許多爭議，世界各國總統選舉的方式，亦多有大同小異之處，有採絕對多數，亦有採相對多數，例如「總統制」國家－美國係由選民投給選舉人，再由選舉人投給總統採絕對多數方式，第二輪以後投票則由國會議員進行之；法國－「半總統制」則由全民直選，亦採絕對多數當選，第二輪以後之得勝者當能獲得超過有效票半數以上（周陽山，聯合報，1994 年 1 月 29 日）。

美國總統之選舉制度乃是經過激辯與調整，加上美國人民對於憲法與歷史傳統的尊重與珍惜而樹立的，這是我們應該學習者，而至於採行「絕對多數」或「相對多數」之制度，則應視國人的共識建立而定，無絕對的優劣，在研擬法制時，則應廣泛討論與考慮，吾人可就其中之優缺點先行了解、分析。

就「絕對多數」的產生而論，其優點至少有下列幾項：

（一）有強勢的民意基礎，利於總統日後的權力運作，足以與立法權、司法權相互制衡。如 1932 年美國總統大選，羅斯福以懸殊的票數差異打敗對

手，在強大的民意基礎支持下，順勢推出「新政」，使美國聯邦政府權的大幅提昇，影響至今，即為一顯著例子。

（二）有助於凝聚國民意識，形成「生命共同體」意識，透過此種方式產生的總統能夠進一步強化「民主國家主義」。

（三）有助於強化政府的效能，甚至造成萬能政府的出現。

至於其缺失，則包括：

（一）如果第一輪選舉時未能產生絕對多數的總統當選人勢需進行第二輪選舉，如果第二輪選舉時仍採全民直選的方式，則選舉情勢將更為緊張，甚至可能出現暴亂危機，其代價甚高。

（二）如果總統挾其強大的民意基礎，要求大幅度修憲擴權，則憲政主義所強調的「有限政府」、「權責合一」等制衡理念，將面臨嚴重威脅，對憲政民主的穩定成長，是十分不利的（周陽山，聯合報，1994 年元月 29 日）。

（三）領先者為了求取勝利即可能採取不當手段與其他黨進行利益交換，助長分贓政治與導致政局之不穩。

（四）導致零碎化的政黨體系，不利於國會的穩定運作及總統的有效統治（陳水扁總統競選指揮中心、國家藍圖委員會，新世紀、新出路，陳水扁國家藍圖 2，國家體制改造，1999：85-86）。

另一方面，「相對多數」的總統選舉方式，也各有其利弊，就優點而言，有下列數項：

（一）選務單純，一次選舉即可決定勝負，全民所付出的成本與代價，都要少的多。

（二）比較當前憲政體制的規範，我國自民國 36 年開始實行的憲政制度，原本即為一種「修正式的內閣制」（張君勱，1947：71）。現在所採相對多數之總統直選方式，可以免除總統擴權太多，造成憲政體制的巨幅變動的流弊。

（三）有助於國會形成兩大政黨集團競爭之面向。

（四）促進行政立法關係之穩定發展。

（五）減低分贓政治的機會，於當選後亦比較不會爆發政爭（陳水扁總統競選指揮中心、國家藍圖委員會，新世紀 新出路，陳水扁國家藍圖 2，國家體制改造，1999：85-86）。

但就其缺點而言，由相對多數產生的總統，有可能只具備「小部份」的民意基礎，甚至可能與其主要的對手差異十分有限（周陽山，前引文）。

另就綜合國內學界對總統選舉制度相關意見：

（一）李國雄教授認為我國目前所採相對多數制可能選出「少數總統」，而絕對多數則可促進「政黨聯盟」，所以傾向支持絕對多數制。

（二）李炳南教授認為，從制度面來看，總統有權解散國會，因此總統必須具備相當的民意基礎，而絕對多數制顯然較容易滿足此一需求。從政黨政治來看，絕對多數制提供小黨合理的生存空間。從政策訴求來看，絕對多數制的第二輪投票可促進政黨聯盟，此一制約的機制可使選民

向中間靠攏，因此政黨政策訴求將趨於理性務實。故從以上三個面向來看，李炳南教授亦支持「絕對多數制」。

（三）東吳大學郭正亮教授主張我國未來總統宜保持政治中立，可效法芬蘭，總統一但當選立即退出政黨，而所謂「總統選舉方式」也必須與國會選舉制度一併討論為宜。

（四）張台麟教授認為從技術面來看，二輪投票難以避免賄選、搓圓仔湯的不法現象。若國會中已有穩定的多數，那麼絕對多數選出的強勢總統，其角色又將如何？以我國目前各政黨黨紀不甚嚴明的情形，若真改採「絕對多數制」，其後果實難以樂觀。因此主張應維持現行「相對多數制」。

（五）吳東野教授認為芬蘭憲政體制的設計，值得參採。在總統採直接民選的國家中，如西歐九國中有五個國家採直接民選，全部是採「絕對多數制」；東歐十五國中，十個總統直接民選的國家中有七個或八個是採「絕對多數制」，但在亞洲，像總統直選的國家如韓國、菲律賓、新加坡、我國等均採「相對多數制」，而在非洲被評為民主的國家中，也大部分採「相對多數制」。可見憲政設計因各國國情不同而南轅北轍。

（六）施正鋒教授指出在十五個總統直選的國家中有九個國家係採「絕對多數制」，顯示大部分直接民選的總統是由絕對多數制產生。惟施教授認為思考此一議題，絕對不能忽略「政黨政治」的因素。

（七）彭錦鵬教授認為從制度面來看，比較可能為各黨

派接受的是百分之四十或四十五的門檻。而鄭又平教授亦認為百分之四十或四十五是最可行的門檻標準。

（八）周育仁教授指出：1.總統選舉方式應與「政黨政治」一併考慮，並先釐清我國總統的角色與其職權。2.國內學術界對總統選舉制度有研究的學者專家於民國 87 年 3 月 6 日所舉辦的座談會中，多數支持「絕對多數制」，惟第一回合之門檻宜調為百分之四十或四十五，以調和絕對多數制與相對多數制的優點（中央選舉委員會，1999：73-77），而根據 Andre Blais, Louis Massicotte and Agnieszka Dobrzynska 的研究（1997:441-445）指出，當前在全世界一百七十個直選產生國會的國家中，有九十二個國家（54.12％）的元首也是由人民直接選舉產生，而在這些直選的的國家元首當中，有十九個國家（20.65％）採用相對多數決制（Plurality system），而採取絕對多數制（Majority）的國家有六十四國（69.57％）（王業立，2001：14-16）。尤其是在第三波民主化的浪潮下絕對多數制更是成為有舉行總統直選的新興民主國家的多數選擇，而在選擇總統制的國家中，為使民選總統的民意基礎具有較高的正當性，絕對多數制就成為這些國家較優先選項（王業立，2001：3-4）。而總統制之改革，亦必須與國會的改革加以配合，依筆者的看法，立法委員的選舉制度如果仍維持目前的複數選區單記非讓渡投票制（single nontransferable vote under multimember districts，SNTV-MMD），基本上因採大選舉區，每位候選人除了要與他黨之候選人

競爭外，同時亦必需與同黨之候選人相互競爭，
同黨操戈競爭，致黑金派系及賄選盛行，而且目
前立委的職權既無調查權，且罷免與彈劾權之門
檻甚高，很難通過，故實際上制衡功能不彰，縱
使可對行政院提不信任案，但總統任命行政院長
不須立法院同意，而且總統又可利用立法院之倒
閣權，乘機解散立法院，因此立法院始終不敢提
不信任案，這種情形當無法從根本上消除且來改
善行政與立法的互動關係，立法委員的選舉制度
應改為單一選區兩票制，而採日本的並立制，不
分區的名額最好能少一點，因為採用日本並立制
比較容易導向兩黨政治，從根本上突破台灣當前
的憲政瓶頸，並修改對總統之制衡機制，朝向長
治久安的憲政里程奮進。

　　誠如以上所述我國對總統、副總統的產生辦法，究採行絕
對多數決制或相對多數決制朝野各界曾產生激烈爭議。而政治
制度的規劃雖說各有其優缺點，但是憲政制度的設計與制定，
應以民意需要與國家長治久安為考量，否則很難達到鞏固民主
與保障民眾權益的預期目標。考量目前我國所處的環境，筆者
認為兩者之間，仍以採絕對多數決制較為符合未來我國政治發
展的需要。因為：

　　（一）我國自第九任總統選舉，實施總統公民直選之結
　　　　　果，顯示多數民意皆希望能產生一個有實權的總
　　　　　統，來適應國內外面臨的各項變局，滿足人民強
　　　　　烈改革需求。若未來總統的選舉不採絕對多數決
　　　　　制，而仍採現在的相對多數決制，如果一旦選出
　　　　　一個未超過半數的「少數票」總統（以三組正副
　　　　　總統候選人為例，其得票比例若分別為：38％、

35％以及 27％時），「死票」過多，形成反對者比贊成者多的情形，將缺乏堅實的民意基礎，其正當性、合法性必遭質疑，甚至造成政局紛擾。

（二）當前我國政黨政治文化尚未成熟，且各黨派之間意識形態壁壘分明，若不採絕對多數決制，而以相對多數決制產生出的總統如果得票未超過半數，將使未能獲勝的政黨必然藉民意為由，對獲得少數票當選的總統或其政黨攻訐，使總統在推動政策時，處處受到掣肘，對政局的穩定性造成不利影響。

（三）依據憲法增修條文第二條有關總統、副總統之罷免規定：總統、副總統之罷免案，須經全體立法委員四分之一之提議，全體立法委員三分之二之同意後提出，並經中華民國自由地區選舉人總額過半數之投票，有效票過半數同意罷免時，即為通過。因此，如以相對多數決制產生總統、副總統，則有隨時被罷免的可能，此對政局亦會造成不安的情形。

（四）依憲法增修條文規定於立法院對行政院提出的不信任案通過後，行政院得同時呈請總統解散立法院，而此解散權依照法理必須有強大的民意基礎為後盾，如果採相對多數決制產生的總統，在民意基礎上恐有不足之嫌，而有可能造成政局之紛擾。

（五）近年來，中共無論在軍事上或國際外交，皆在在對我表現出不友善態度，尤其現今面對香港已「回歸」中國大陸，而中共又大肆宣稱要以「香

港模式」，所謂「一國兩制」解決台灣問題之情
勢下，我們更需有所因應。未來，中共當局當會
更加利用香港「回歸」後的情勢，大肆在兩岸三
地及國際上作統戰工作。因此，未來中華民國的
總統產生之方式，當以「絕對多數」較能適應當
前兩岸三地新情勢的需要。試問若由一個相對多
數而產生未過半數選票的總統，又如何統一國人
步調，以迎接國家面臨的各項嚴格挑戰，確保國
家安全與民眾福祉於不墜之地呢？筆者亦認為世
界上很難找到百代不衰的思想與政治制度，因此
未來我國在進行總統選舉制度之改革，朝野全民
應以更前瞻、務實、公平、公正的理念思考這個
問題，因為公平公正的選舉方是檢驗一個國家是
否真正民主的重要指標。

陸、力行國會全面改革，建構優質的國會文化與議事品質

　　一個國家的憲政體制之制定或改革如果只針對行政權的
改革，沒有與國會及選舉制度、政黨制度一併考量規劃，那
是很難達成全盤憲政改革之預期目標。尤其當前我國國會的
改革，乃是國人無分朝野共同期盼、刻不容緩的要事。立法
院臨時會已通過的國會改革修憲案中包含「國會席次減半」
和「單一選區兩票制」，並採單一選區兩票制的方向，來推
動國會改革。因為國會議員的良窳，往往代表該國民主政治
的成熟穩健程度，因此國會選舉制度的改革刻不容緩。目前
世界上各主要民主國家的選舉制度，大致可區分為（1）多
數決制（Plurality and Majority system），（2）比例代表制
（Proportional Representation system），（3）混合制（Mixed or
Hybrid system），而一般所通稱的單一選區兩票制即為混合式，
其以兩票分別選出單一選區議員及政黨 比例代表議員，此制

又可分為日本制及德國制二種。

一、日本制：又稱為「並立制」，乃將每個單一選區直選的結果和第二張票投政黨的結果分開計算。假設立法院共一百席，其中直選的單一選區劃分八十席，另外二十席是政黨比例，如甲黨在八十個單一選區贏得四十六席，在圈選政黨部份獲得百分之三十的選票，可獲得政黨比例代表二十乘以百分之三十即六席，合計五十二席，贏得絕對多數，可以單獨掌控國會，在內閣制國家中即獲得執政權。

二、德國制：又稱為「補償制」，是完全以第二張票（圈選政黨）決定每一政黨最終在國會中的總席次，其理念在於各政黨在民間有多少支持率，其在國會席次所佔的比率也應恰恰反應這個支持率，如此才是最公平的選舉制度。假設甲黨在第二張票中獲得百分之三十，即有三十席名額，如甲黨在八十個單一選區中獲得二十五席，則可由甲黨政黨比例代表名單中再補上五人，合計仍為三十席，如甲黨在八十個單一選區中超過三十席，如四十五席，則無法由政黨比例代表名單中遞補。

以上所述德、日兩制各有其優缺點，我國未來選制之改革究竟採用那一種方式，曾引起朝野政黨及各界學者專家之廣泛討論，至今尚未有定論。目前我國各級民意代表選舉採複數選區單記非讓渡投票制（SNTV-MMD），即同一選舉區內同時選舉出數席國會議員，但這種選舉制度長期來為國人所詬病，因為這種選舉制度容易誘使選舉人「選人不選黨」，不利政黨政治的發展，同時亦容易使當選的民意代表只偏重服務選民，卻忽視了議事品質與效率（張文貞，2002：26-27）。依據統計，當前世界一百五十個有選舉資料的國家中，有四十三個國家採用單一選區相對多數決之選舉制度選出國會議員（係指下議院或眾議院）（Norris，1997：299）；而在九十一個國家元首由人民直接選舉產生的國家中，則有十九個國家（含我國的總

統、直轄市市長、縣、市長等的政府首長之選舉）採相對多數決制（Blais, Massicotte & Dobrzynska 1997：441-445；王業立，2003：3-4；王業立，2003：13-14）。而目前全世界大概已有超過三十個國家在其下議院、上議院或地方選舉中使用各式各樣不同搭配比例的混合制。（王業立，2003：42）。單一選區制及複數選區制各有優劣。單一選區制除可使當選的候選人得到該選區最高民意的認同，以提升問政品質外，亦可促進政黨政治之良性發展，惟無法選出代表少數民意之代表，是為其缺點。

　　至於有關立委席次的改革是否一定要將二百二十五席次減至一百一十三席，而如果將席次減至一百一十三席，是否就可立竿見影地提昇立委問政的品質與效率，亦有待加以商榷之必要。首先我們可就政治學理論中所謂的「議會規模立法方根法則」（The Cube Root Law of Assembly Sizes）來加以參考（Rein Taagepera & Matthew Soberg Shugart, 1989: 173-183），該法則根據對於各國國會的經驗性研究與所建構之理性模型加以驗證，指出「各國的實際國會議員數目傾向接近各國人口的立方根」（Ibid., 173），如果依據此公式計算，則我國立法院的立法委員總額應為二百八十二位（王業立，2003：345）。而依據中央通訊社 2001 年出版的世界年鑑，所提出的世界主要民主國家國會議員數目與人口數的比例，亦明確的顯示出許多人口比台灣少的國家（如希臘、瑞典、葡萄牙等國），其國會議員數目多過台灣，如果以國會議員數目與人口的比例來衡量，目前台灣每一位國會議員代表近十萬人口，除了少數人口逾億的國家外（如美、日、印度），實際上已經比大多數的民主國家來得多（如下附表）。

國家	國會議員數（眾議院）	人口（萬人）（2000 年）	人口／議員數（萬人）	國土面積（平方公里）
澳大利亞	148	1917	13.0	7686850
奧地利	183	813	4.4	83858
比利時	150	1024	6.8	30510
加拿大	301	3066	10.2	9976140
丹麥	179	533	3.0	43094
芬蘭	200	516	2.6	337030
法國	577	5932	10.3	547030
德國	656	8210	12.5	356910
希臘	300	1060	3.5	131940
冰島	63	27	0.4	103000
愛爾蘭	166	379	2.3	70280
以色列	120	584	4.9	20770
義大利	630	5763	9.1	301230
日本	480	12607	26.3	377835
盧森堡	60	44	0.7	2586
馬爾他	65	39	0.6	320
荷蘭	150	1586	10.6	41532
紐西蘭	120	383	3.2	268680
挪威	165	448	2.7	324220
葡萄牙	230	1004	4.4	92391
西班牙	350	3999	11.4	504750
瑞典	349	887	2.5	449964
瑞士	200	726	3.6	41290
英國	659	5951	9.0	244820
美國	435	27400	63.0	9629091
台灣	225	2228	9.9	36152

資料來源：2000，世界年鑑，台北：中央通訊社。http://www.mai.gov.tw/w3/stat/

因此，部份人士認為台灣立法委員的數目已經太多，這個論點並無法找到太多的客觀數據資料來加以佐證與支持（王業立，2003：345）。依筆者的觀點，政治的學理與外國實施民主的經驗，固然值得做為我們國會改革的參考，但制度的改革亦必須能符合我國政治發展的需要，且當前朝野各界亦已有達成未來規畫立委席次有必要予以減少之共識，因此筆者認為未來立委數額如果因朝野達成決議要進行減少至合理的席次，亦必需考量到諸如強化委員會功能、改革黨團制度等配套措施、且諸如立委任期延為四年、單一選區兩票制及是否廢除任務型國大等重要修憲提案，亦應考慮到其改革之時效，充分表現民主憲政改革的毅力與決心，並培養良性政黨競爭與國會優質文化，如此才能真正達到節省公帑，提昇國會議事品質與效率，從根本上來改善國會在台灣人民心目中之良好形象，凡此在在皆有待朝野全民，尤其是負責憲改籌劃的朝野政黨及立法院修憲委員會，能以更負責、審慎、前瞻又宏觀務實的思惟去加以考量。

柒、結論

誠如英國的名法學著戴雪（A. V. Dicey）在其所著「英憲精義」一書中曾引述英國的一句格言「憲法不是造成的，而是成長的（The constitution has not been made but has grown）」（戴雪 A.V.Dicey 著，雷賓南譯述，1991：108-109），而日本當代憲法大師小林直樹亦指出「憲法既然是屬於法律之類，就如其他法律會隨社會變遷而變遷」（李鴻禧，台灣日報，2004年6月21日）因此我們必須深深的體悟到民主憲政的成長是一眠大一吋循序漸進。因時因地加以改革之道理，以順應世界民主思潮與民主主流民意趨向，尤其是憲法的變遷有其時代之背景與主流民意的需求，而民主的道路是不能走回頭路的，所以凡是真正熱愛台灣斯土斯民的人，當會毫無疑問的去珍惜

這幾十年來大家無分朝野、族群、黨派、全民所共同努力打拚所締造的民主成果，筆者在長年的研究歐美先進國家實施民主憲政的歷程與經驗，亦深深體會出當前我們的政局亂象，其主要因素，乃在於我國尚未建立完善的憲政制度與良性的政黨競爭體系及符合台灣政治發展之選舉制度，尤其是中央政府體制權責未能真正的釐清，權責不符之所致，因此如何建立一個真正符合權力分立與制衡，權責相符的新世紀台灣憲政體制，並能為國家帶來長治久安的選舉制度與良性政黨競爭之政治體系與優質的民主文化，在在皆是朝野、全民責無旁貸地去加以思考與努力的方向，筆者認為要有效的突破當前台灣民主憲政之困境，我國的中央政府體制已面臨非加以改革不可的時候，而朝向總統制規劃，當是一個值得我們思考的方向（黃炎東，立法院國會圖書館編，憲改與修憲，2001 年 8 月，頁 152-155）。

當然就民主憲政的原理及西方民主先進國家實施民主化的過程與經驗，無論是總統制、內閣制或法國的雙首長制，皆有其自己國家的立憲背景與特色，而政治制度亦沒有絕對的優劣標準，只能說那一種憲政政制度比較適合那個國家的憲政文化、民意主流趨向與政治發展需要罷了，而從我國的政治文化及台灣幾十年來實施民主憲政的利弊得失加以評估衡量，筆者確信未來我國的憲政改革在有關中央政府體制方面似應朝向總統制規劃，使台灣之民主政治朝向更良性的方向發展。而筆者亦深深的感受到憲政體制乃是規範行政、立法、政黨之間的分權與制衡之互動，同時亦影響人民之政治態度和行為模式的最重要因素，而總統制、內閣制、雙首長制皆有其利弊得失所在，英美等先進國家實施內閣制或總統制亦有發生行政與立法部門互動嚴重對峙或一黨長期獨大之僵局，但他們之所以能保持憲政制度運作順暢，其主要因素不在其制度本身是有多麼完美無缺，其關鍵點乃在於其國人早已培育出高品質的民主憲政

文化，而朝野政黨對憲政制度皆能予以充分的尊重與維護。

　　因此，筆者認為國人一切的憲政改革大業，所有朝野及全民亦應當以天下蒼生為念，徹底摒除自己黨派之私見，將國家與台灣二千三百萬人民的利益置於自己黨派的利益之上，一切的改革皆須以國家與人民的福祉為優先，將改革求變與安全安定兼容並顧，以生命共同體的情感結合，培育良性競爭的憲政文化，共同為建立一個更為符合公平正義、自由民主與人權，以符合人類普世價值的高品質民主政治體系而作出更佳的貢獻。（按本論文於 2004 年 12 月 30 日刊載於新世紀智庫論壇第 28 期，而筆者認為我國雖已歷經七次憲政改革、三次政黨輪替，此篇論文對我國未來如何重立一個更能權責相符，為國家帶來長治久安的憲政體制，以確保國家安全的永續發展與人民的幸福生活，仍具有其學理與實務的參考價值。因特再提出，以就教於諸讀者博雅先進。）

參考文獻

一、中文部分

1. 中央選舉委員會編印（1999）。《總統、副總統選舉方式之研究－絕對多數制與相對多數制之探討，中央選舉委員會》。台北：中央選舉委員會。

2. 王業立（2001）。總統直選與憲政運作，《理論與政策》，第 15 卷，第 4 期。

3. 王業立（2003）。《比較選舉制度》。台北：五南圖書公司。

4. 王業立（2003）。〈再造憲政運作的理想環境 - 選舉制度、國會運作與政黨協商機制的改革芻議〉，陳隆志（主編），《新憲政新世紀憲政研討會論文集》，頁 345。台北：台灣新世紀文教基金會。

5. 朱雲鵬（2004）。重新檢討總統制以挽回競爭力與信心，《中國時報》，4 月 26 日，版二。

6. 吳烟村（2001）。總統直選後我國中央政制修憲方向；高永光（總編輯），許源派、張祐齊（執行編輯），《民主與憲政論文彙編》，頁 150-151。台北：國立政治大學社會科學研究所。

7. 李鴻禧等合著（2002）。《台灣憲法之縱剖橫切》。台北：元照出版有限公司。

8. 李鴻禧著（2001）。《憲法教室》。台北：元照出版有限公司。

9. 李鴻禧主持，顏厥安、金恆煒、黃昭元共同聯合執筆（1997）。台灣人民的歷史選擇－我們不要民選皇帝，《自由時報》，5 月 23 日，第 6 頁。

10. 周育仁（2001）。憲政體制何去何從？建構總統制與內閣制換軌機制，明居正、高朗（主編），《憲政體制新走向》，頁7，頁20。台北：新台灣人文教基金會。

11. 周陽山（1997）。何種憲政體制適合台灣國情及實際需要，自由時報主辦，TVBS協辦的修憲辯論會，《自由時報》，6月2日，版二。

12. 周陽山（1994）。論多數總統產生的條件與利弊得失，《聯合報》，1月29日，版十一。

13. 林子儀，（1994）。《自由時報》，6月2日，版二。

14. 林紀東（1980）。《中華民國憲法釋論》。台北：大中國圖書公司；林紀東（1992）。《中華民國憲法逐條釋義第二冊》。台北：大中國圖書公司。

15. 胡佛（2000）。政治問題與政治改造，《中國時報》，4月30日，版十四。

16. 胡佛、吳庚、蘇永欽、沈富雄（2004）。中央憲政體制的抉擇與配套——中國時報與范馨香法學基金會合辦研討會，《中國時報》，2月16日，版六。

17. 姚嘉文（1999）。《制憲遙遠路台灣的制憲與建國》。姚嘉文辦公室：沛來出版社。

18. 姚嘉文、張俊宏、林濁水、郭正亮聯合執筆，民進黨主席許信良（定稿），（1997）。不要成為反改革的歷史罪人之憲政萬言書，《聯合報》，5月30日，版四。

19. 張君勱（1947）。《中華民國憲政十講》。上海：商務印書館。

20. 張台麟（2000）。《政黨的結盟與重組：法國經驗》，收錄於蘇永欽（主編），《政黨重組 -- 台灣民主政治的再出

發》，頁 86，新台灣人文教基金會。

21. 張文貞（2002）。〈憲政主義與選舉制度：新國會選制改革芻議〉，《新世紀智庫論壇第十七期》，頁 26-27，財團法人台灣新世紀文教基金會。

22. 許志雄（2000）。《憲法秩序之變動》。台北：元旦出版公司。

23. 許志雄（2002）。政黨輪替在我國憲政發展上的意義―從統治機構論的角度分析，收錄於陳隆志（主編），《新世紀新憲政―憲政研討會論文集》，頁 173，台灣新世紀文教基金會。台北：元照出版有限公司。

24. 許宗力（2002）。〈發現雙首長制〉，收錄於陳隆志（主編），《新世紀新憲政―憲政研討會論文集》，頁 194-196，台灣新世紀文教基金會。台北：元照出版有限公司。

25. 陳隆志主編（1996）。《台灣憲法文化的建立與發展》。台北：前衛出版社。

26. 陳隆志主編（1996）。《台灣憲法文化的建立與發展》。台北：前衛出版社。

27. 陳慈陽著（2004）。《憲法學》。台北：元照出版有限公司。

28. 陳毓鈞（1994）。《美國民主的解析》。台北：允晨。

29. 陳愛娥（2000）。《憲政體制下政黨與政府組成的關係》，收錄於明居正、高朗（主編），《憲政體制新走向》，頁 145-147，新台灣人文教基金會。

30. 湯德宗著（2000）。《權力分立新論》。台北：元照出版有限公司。

31. 楊光中（1984）。美國選舉人制度之研究―制憲原因之探

討，中央研究院美國文化研究所（收編），《美國總統選舉論文集》，頁 41。台北：編者自刊。

32. 楊泰順（1994）。總統直選對政治生態影響與衝擊，《聯合報》6 月 14 日，版十一。

33. 謝瑞智（1998）。《憲政改革》。台北：文笙書局。

34. 謝瑞智（2001）。《憲政新視界》。台北：文笙書局。

35. 謝瑞智（2002）。《憲政體制與民主政治》。台北：文笙書局。

36. 謝瑞智（1996）。《邁向 21 世紀的憲法》。台北：學英文化事業有限公司。

37. 謝瑞智（1992）。《比較憲法》。台北：地球出版社。

38. 蘇永欽（2002）。《走入新世紀的憲政主義》。台北：元照出版有限公司。

二、西文部分

1. Blais, Andre, Louis Massicotte, and Agnieszka Dobrzynska （1997）. "Direct Presidential Elections: A World Summary," Electoral Studies, Vol. 16, No. 4:.441-455.

2. Derbyshire, J. Denis and Ian Derbyshire （1989）. Political Systems of the World. Edinburgh:W & R Chambers.

3. Massicotte, Louis and Andre Blais （1999）. "Mixed Electoral Systems: A Conceptual and Empirical Survey," Electoral Studies. Vol. 18, 341-366.

4. Norris, Pippa （1997）, "Choosing Electoral Systems: Proportional, Majoritarian and Mixed System," International Political Science Review, Vol.18, No. 3: 297-312.

5. Taagepera Rein, and Matthew Sobert Shugart （1989）. Seats & Votes: The Effects & Determinants of Electoral Systems. New Haven: Yale University Press.

4. 民主十字路口的憲政抉擇

憲法制定的主要目的在於維護國家主權的完整，與保障人民的基本權利，並因應時代潮流趨勢與國家發展之需要而做適當之修改，以彰顯國家根本大法與人民權利保障書的核心價值。

不論一個國家的國體或政體屬於何種型態，都需要制定一部屬於自己的憲法，以利國家政府之運作。而憲政體制、政府的組織、職權的運作方式與彼此相互之關係，乃是憲法的主要內涵，因為這些基本架構是檢驗一個國家的憲法是否符合貫徹憲政主義之精神與實施民主政治的主要標準，因為有憲法未必能實現民主憲政，有政黨亦未必能實施真正良性的政黨政治。

我國憲法自民國 36 年公布施行以來，至今已屆 70 載，歷經動員戡亂時期臨時條款及戒嚴法的實施，直至民國 76 年解除戒嚴、黨禁、報禁、開放大陸探親，民國 80 年廢除動員戡亂時期臨時條款，並歷經七次憲法修改（民國 80 年至 94 年），以及三次政黨輪替、實施國會全面改選、總統直選等一連串國內政治環境的急遽變遷，在這段過程中，為因應這些大環境的重大發展，憲法的因時損益所彰顯之風貌已別具一番特色，尤其關係我國憲政運作至為重大的中央政府體制與總統在憲政上所扮演的角色，早已成為海內外關注我國憲政發展的主要核心課題。

尤其自民國 85 年總統改為公民直選，民國 86 年行政院長改由總統提名，不須經立法院同意即可逕行任命。司法院

正、副院長、大法官、考試院正、副院長、考試委員、監察院正、副院長、監察委員、以及審計長皆由總統提名，經立法院同意任命。而依憲法第 36 條規定，總統為三軍統帥；法院組織法第 66 條第 7 項，最高法院檢察署檢察總長由總統提名，經立法院同意任命之，任期四年，不得連任；依憲法第 56 條規定，行政院副院長及各部會首長及不管部會之政務委員，由行政院院長提請總統任命之。

從以上的諸多變革中，我們可以從憲法之本文、增修條文及有關法律之規定中，充分了解總統的確是擁有很大的權力，正如林紀東大法官在其《中華民國憲法逐條釋義》一書中就很明確的指出：「中華民國的總統絕不是虛位的總統」。而依筆者多年來研究我國憲政制度變遷的過程中，無論是在實施動員戡亂時期臨時條款或戒嚴時期甚至是經過七次修憲後，總統的確一向掌握行政實權。無論是任何政黨人士擔任總統之職務，除了掌有憲法及增修條文及有關法律的法定職權外，尚可透過直接或間接任命政府文武官員的權力，或透過政黨政治的運作，發揮實質的影響權力。

從蔣中正總統、蔣經國總統時期起，總統在憲政運作上，因動員戡亂時期臨時條款之制定及戒嚴之實施，而擁有很大的權力；到了李登輝總統執政期間，即使在 80 年間廢除了動員戡亂時期臨時條款，且實施六次的憲政改革，同樣享有很大的權力。而在 2000 年我國發生第一次政黨輪替，直至 2008 年的 8 年間，由民進黨籍的陳水扁總統執政時期，雖然在野的泛藍陣營掌握了國會多數席次，形成所謂「朝小野大」的政局，但組成少數政府的陳水扁總統在行政上仍享有很大的權力；不過，由於藍綠政黨間彼此之惡鬥，讓國力嚴重內耗。

2008 年政黨再度輪替，由國民黨重新取得政權，馬英九總統不但在憲法上是國家的元首，亦享有國家最高行政首長之

權力。在 2012 年所舉行的總統、立法委員選舉，國民黨不但贏得了總統的選舉，而且在立法院 113 位立委的席次中，中國國民黨就擁有 64 席的絕對多數席次，形成政治學上所謂「一致政府」的局面。2016 年 1 月 16 日的選舉，我國又發生了第三次政黨輪替，由民進黨籍的蔡英文及陳建仁以高票分別當選中活民國第 14 任正副總統，同時民進黨亦在立法院贏得了 68 個席次，形成了我國在行政與立法部門由民進黨「完全執政，完全負責」之一致政府的政治新局。因此，我們回顧自民國 36 年中華民國憲法公布施行迄今 70 年期間，我國總統的職權，無論是採法定職務說或是實質影響說，無論是任何政黨的人士擔任總統這個職位，總統皆能享有相當大的行政實權，這是不可否認之事實。

我國現行的憲政體制歷經修憲後，已成為所謂的雙首長制或半總統制，總統所享有的行政實權的確很大。誠如蘇永欽教授在由高朗、隋杜卿編著的《憲政體制與總統權力》乙書中所發表〈總統的選擇〉乙文中所言：「我國憲法上的政府體制如何歸屬，從行憲開始就爭議不斷，民主化的過程一共修了六次憲法，最大的體制變革發生在民國 86 年那一次，多數學者和朝野領袖一致的看法是，在那之後我們已經改為雙首長制」。

吳玉山教授在由沈有忠、吳玉山主編，林繼文、張峻豪、沈有忠、蔡榮祥、石鵬翔、郝培芝、陳宏銘、蘇子喬、李鳳玉、藍夢荷等學者所著《權力在哪裡？從多個角度看半總統制》乙書中，亦特別指出：「中華民國的憲政體制在 1997 年第四次修憲後，已經成為標準的半總統制，有直選的實權總統，也有行政院長率內閣對立法院負責的規定」。

從以上法政學界前輩所共同認定的我國政府體制，自民國 86 年第四次修憲後，已經從原來所謂的「修正內閣制」轉變為「雙首長制或半總統制」。但依筆者看法，我們目前所實施

之雙首長制，與世界上其他諸如法國等 40 多個國家所實施的雙首長制，無論在憲政制度之設計、運作及其影響所呈現之格局風貌均有所不同，且具有其獨特之屬性，我們可以很肯定的說：「我國總統之權力至今仍是很大的。」因為依憲法第 53 條規定，行政院雖然為國家最高行政機關，但依憲法增修條文第三條規定，行政院長由總統直接任命，不需經過立法院同意，且依同法規定，行政院仍須向立法院負責。加上本來已擁有很大行政實權的總統，又受到憲法第 52 條之特別保障：除了犯內亂或外患罪外，非經罷免或解職不受刑事之追訴。如此一來，總統在憲政體制上，不論從法制面或實際運作上，皆享有很大的權力。

在歷經數次修憲後，的確我國政府體制雖已轉變為雙首長制或半總統制，總統在憲政上所扮演之角色，大多數民意也都傾向期望一個權能兼備的總統制。因此，當前我國的總統在憲政體制與實際政治運作中，除了要遵守雙首長制的憲法規定，更需發揮溝通協調與領導能力，去說服其所帶領之執政團隊有效貫徹總統的治國理念與政綱政策，並體察民主政治就是民意政治，亦是政黨政治之真諦，做好與國會議員與在野黨的政策說明工作。尤其是值此新世紀全球化的大環境中，為因應其所帶來政經教育文化負面衝擊所提出的政策，更須向朝野全民做更清楚、更明白的說明，以博得廣大民眾之信賴與支持。

換言之，處於當前我國雙首長制之總統所扮演的角色，除嚴守憲政體制之制約、府院分工合作外，更需運用靈活的政治智慧，去解決各項政經問題，這對總統來說，實在是一項嚴厲之考驗。因此，身為國家的最高主政者，處在國家最艱困的局勢中，更應該發揮說服、領導執政團隊、國會與在野黨的能力，否則，即使擁有憲法與增修條文的正式法制權力及國會絕對優勢的席次，亦難保證總統之權能有效發揮。以美國這個

民主先進國家為例，無論政府之組成是「一致政府」或「分立政府」，總統總是盡量做好政黨間及國會之溝通說服工作。如美國小羅斯福總統在任內一共舉行了 988 次記者會，並且不斷以爐邊談話（Fireside Chat）之方式，向社會大眾說明其所推動之各項政策，因而獲得美國不分朝野全民之全力支持。

　　按權力分立與制衡，權責相符乃是憲法之基本原理原則，因為誠如英國艾克頓公爵（Lord　Acton）所言：「權力使人腐化，絕對的權力絕對的腐化」（Power tends to corrupt; absolute power corrupts absolutely.）而美國制憲先賢麥迪遜（Madison）等在其所著之《聯邦論》中亦指出：「人類若是天使，就不需要任何政府統治，如果是由天使來統治人類，也不需要對政府有任何外在的或內在的控制了。」（If men were angels, no government would be necessary. If angels were to govern men, neither external nor internal controls on government would be necessary.）這更加彰顯憲政制度乃是以權力分立與制衡為其基本之原理原則與核心價值。我國的憲政體制採取五權分立制度，其憲政原理與核心價值當不會離開分立與制衡，然而，在分立當中亦應講求分工合作之精神，以防止有任何越權或濫權之現象發生。

　　值此新世紀全球化國家社會急遽變遷而兩岸互動關係頻繁的大時代，我們站在台灣民主發展的歷史轉捩點上，為求國家的長治久安與民主人權的有效保障，筆者多年來，基於熱愛台灣斯土斯民的情懷，以及知識份子文章報國的強烈使命感，一路走來始終如一，全心全力投入憲法及有關法律學術之教學研究工作，尤其對我國憲政體制與總統職權之運作等問題，更是筆者最為關切與鑽研之核心課題。因為憲政體制之良窳與總統職權在憲政運作是否得宜，關係國政之運作順暢與人民之福祉至為重大。

　　在民主憲政體制中，評量國家元首的主要標準，乃是基於他對憲法的認知與實踐，誠如美國總統傑佛遜所言：「執法比立法重要」，身為國家元首，不但要樹立守護憲法之典範，更要負起提昇憲政品質之神聖天職。

5. 司法審判之目的在於正義之實現

壹、以歷史為鑑

　　西諺云：「觀念足以改變世界」，大思想家培根亦云：「學法律使人思維精細，學歷史使人聰明」，史記太史公曰：「通古今之變，究天人之際而成一家之言」誠哉斯言！歷史是一面很好的鏡子，從研讀歷史中，我們往往能獲得珍貴經驗與教訓。如我們的鄰國日本自明治維新以來，由於立憲成功，司法始終保持中立公正，故國力得以強盛，故能在甲午之戰擊敗大清帝國迫使清廷於 1895 年與其訂下永久割讓台灣的馬關條約，更於 1904 年擊敗了龐大的俄國，使日本不但稱霸於東亞更昂首於國際社會，日本國力之所以強盛，其因素不只一端，但司法改革成功乃是最大的部份。德國的法律本來非常公正，法官皆能依法律來審判各種案件，但是在第二次世界大戰希特勒執政時期，當時德國學者間主張實證主義法學，而希特勒就利用實證主義公布一些不符合法理的法律，例如殘殺猶太人之案件，若干法官卻屈服於希特勒之淫威，就只好以「惡法亦法」的心態來審判。因此一些有良知的專家學者或是從事司法實務工作卻不贊同希特勒的做法者，都紛紛逃至外國，如已併入德國的奧地利名學者克爾遜（Hans Kelsen）就早逃亡至美國避難，而留在國內的一些司法人員卻不能堅守司法獨立公平公正的原則，一昧仰賴希特勒的鼻息，濫權起訴審判善良無辜百姓，雖然一時獲得希特勒的拔擢而得以升官，但在二次世界大戰後，那些附和希特勒獨裁統治者皆成為戰犯，而那些在大戰期間一時逃離國外的法律人也紛紛回德國，其中有一位被軟禁在國內

的知名法學家拉特布魯福（Radbruch），當時英國的大學曾有意聘其至英講學，但他認為自己是德國人，就是死也要死在德國，而予以婉拒，因為他相信暴政必亡，他寫了一篇〈五分鐘的法律哲學〉，嚴厲批判當時在二次大戰期間，為希特勒而助紂為虐的那些司法人員，以司法為暴政服務者，拉氏此舉使德國司法獨立與公平審判的精神得以重振。

貳、司法官之職責

按理檢察官與法官，一個是代表國家起訴犯罪嫌疑犯，一個是代表國家從事司法審判，無異是司法工作之兩翼，對於維護司法公平正義之功能應是殊途同歸的，而檢察官與警察都是負責偵查犯罪起訴犯人，法官是依事實與法律做公正判決，如檢察官若疏於偵查或過度起訴或是法官有枉法審判或縱放嫌犯，一切都會造成國家社會極大傷害。日本司法體系甚為健全，法官與檢察官皆能各盡其職，檢察官起訴的案件，大部分法官皆會依據確實的證據，公正地秉持論理與經驗法則而依法審判，但檢察官亦會盡心盡力地去尋找嫌犯之犯罪事實，以提供法官做為審判之參考。

參、法院是正義殿堂

按法律乃是民主政治的基礎，它是維護社會公平正義的最後一道防線，而司法人員更應超越黨派族群及個人意識型態，做司法獨立的守護神，千萬不能淪為正如日本憲法名學者小林直樹所指出的「法律往往會淪為政治的兒子」以致造成藉司法搞獨裁的不合理情況，那對民主政治與人民的基本人權是會造成無法彌補的傷害。誠如曾任日本札幌高等法院院長亦是早稻田大學法學教授橫川敏雄在其所著的「公正的審判」乙書中所指出的：「法院乃是正義的殿堂，亦是民主主義最後城堡，在

英美法之國家裡，裁判之目的在於正義之實現！」亦就是說法官對雙方當事人要堅持絕對公正的態度，要有萬全的考量，如此才能避免遭受任何之疑惑。按世界民主先進國家司法權是否獨立，人權是否受到真正保障，乃是檢驗該國是否符合民主的最高指標。凡是歐美日等民主先進國家，無論是憲法或是有關法律中皆對法官的獨立性予以明文的保障，而法官必須超越黨派以外獨立審判，不受任何干涉。美國所謂的「司法最高至上之信念」（Doctrine of judicial supremacy），亦就是法官必須超越黨派之外獨立審判的最佳說明，此一堅守自由民主法治人權的精神，確實值得我們參考。

6. 日本能，台灣當然能
——為邁向更為公平正義的現代化司法革新再奮進

　　日本司法體系甚為健全，其執法人員之公平、公正與清廉的良好形象，不但能贏得國人的信賴與敬重，且享譽萬國歷久不衰，殊值有意從事司法改革者取法借鏡之。

　　日本這種高尚的司法風範，一路傳承下來，亦大大有效地改進日本的社會良好的守法風氣。筆者願藉此謹舉例說明，日本司法風氣之所以能成功的原因：日本民法權威學者川島武宜教授自東京大學退休後，旋獲聘為三井公司之法律顧問，當時我國有幾位法政學者正前往日本考察訪問，特地前往拜訪川島武宜氏，並請教他有關日本自明治維新以來，迄今其司法為什麼百年來都能維持公正、公平之關鍵性原因何在？

　　川島教授回答說：他一輩子終其一生之黃金歲月均在東京大學擔任法學教授，因此目前在日本法院無論是上、中、下階層之法官、檢察官，約有 60％ 以上都是他曾經教過的學生，對其甚為敬重。但自從他從東大退休轉任公司之法律顧問後，這些過去他在東大教書期間，經常來向他請教、討論問題，而現仍在法政界服務，擔任法官與檢察官的昔日門生，立即與之劃清界限，斷絕往來。尤其當他有事要與那些學生討論商量時，無論是公事或私事，大伙兒止於問候，均能避重就輕，有時在公共場所見面時，亦僅以目視示意，故作招呼樣，盡量能避免交談就避免之，然而，就此一師生間之互動情景看來，似

乎有一點不近情理，但就司法審判必須符合公平正義的角度來看，其不應將情理或私誼滲入，甚至影響其審判，在維護律法之精神而言本來就不可有所偏私，法官不僅不能將意識型態滲入審判，亦不可受任何個人之好惡影響，在川島武宜認為這是對的，而內心充滿欣慰與驕傲，甚至所到之處，都引以為榮。這則小故事正可以說明日本司法體系之所以歷百年來而不衰，且能維持公平公正的優良傳統，這就是日本公正審判的精神內涵與優良傳承。

日本東京大學對培育優質的高級法律人才素有一系列的良好傳統，而川島武宜乃是繼承名法學家我妻榮的名法學權威學者。Pranger 說：「一個國家的優良公職人員，尤其於司法體系服務的人員，必須具有良好的品操與品德，義務是要具有決定政策與執行的能力，這些政策的決定與執行同時能保護自己並考驗他的廉潔與道德心」。筆者常年投入法政學術領域之教學研究工作，向來關心我國的司法與警政革新工作，但總覺得誠如禮記學記篇所云：「學然後知不足，教然後知困。」而時感誠惶誠恐，不足為後學典範。

國家處在這個急遽變遷、資訊科技發達的 e 化時代，任何學者尤其是從事警政教育工作者，不但要因應社會變遷，不斷地自我充實學術專業，更應該發揮學術報國的使命感與責任感，不時地將自己所研究一得之愚，提供給執法實務單位參考，配合國家司法與警政革新工作，共同為我國的司法改革與治安執法工作，再創一個更為優質之新境界，然而他山之石可以攻錯，日本能，台灣當然能，此乃筆者值此「新年頭、舊年尾」之際，撰寫本文的初衷與宏願，願藉此向諸位敬愛的前輩先進及讀者朋友們 -- 恭賀新年快樂，雞年行大運。

7. 從憲法法理評議死刑執行的爭議

　　近日來國內對於死刑執行的爭議引發不少的討論。事實上，此一看似單純的問題卻涉及了憲法上包括法治國原則、民主多數決原則、公益原則、依法行政，與基本人權保障等重要原理原則的爭議。另一方面，我國自去（民國九十八）年三月三十一日立法院甫完成兩項重要國際人權公約的審議，並且通過《公民與政治權利國際公約及經濟社會文化權利國際公約施行法》的立法程序；總統並且於同年五月十四日正式簽署該項公約，頒布全國正式施行。此舉對內的意義在於將國際人權公約轉為內國法的一部分，具有法律效力；而對外的意義在於奠定我國與國際社會人權保障接軌的里程碑。

　　筆者以多年來從事憲法學教育與大學校務行政工作者的身分，值此國內因死刑執而引發憲法上爭議的重要時刻，特就此一國人關切的議題，從憲法學理相關的原理、原則著墨撰文並加以評議，祈望法學先進不吝斧正。

一、依法行政原則

　　首先就依法行政的立場來說，依法行政乃是法治原則（Rule of Law, Etat de droit）的具體表現。我國行政程序法第四條規定「行政行為應受法律與一般法律原則之拘束」，同法第六條復規定「行政行為非有正當理由不得為差別待遇」。按國內憲法學界的通說均認為，依法行政原則在適用的層次上尚可區分為消極的依法行政（法律優位原則）與積極的依法行政（法律保留原則）。換句話說，現行法律的規定乃是國家公權

力行使的界限。如果再從權力分立的角度來分析，行政機關通常被界定為國家權力中的執行權；基於傳統國民主權之原理，國會透過法律的制定，所表現出代表全體國民的國家意志，自然具有優先於其他國家意思表示的地位，行政機關自應受其拘束。

姑且不論死刑存廢所牽涉的生命權爭議，單就死刑的執行層面來說，司法行政機關除遇有依刑事訴訟法中再審或非常上訴的事由，斷無准駁與否的裁量餘地。而公務員依法令的行為符合刑事責任上阻卻違法事由，亦殊無刑法上殺人罪責可言。

二、民主公益原則

一般來說，所謂公益原則在現代國家乃是以維持和平的社會秩序，保障人性尊嚴與人民基本權利為其內容。民主政治就是民意政治、法治政治，而經過讀會程序與多黨辯證所形成的法律，即為民意的具體化表現。如果從法律的內涵在於實現多數人的公共利益與國民福祉的角度觀察，我們也可以說，在以民主法治為基礎的現代化國家，憲法及法律之內涵本身即為實現公共利益的具體化做法。因此，執行政府公權力的公務員若能忠誠地執行憲法與法律，才是符合最大多數人的民意，也是實現公共利益的最直接表現。

三、國際人權公約

按一九七六年三月二十三日生效的《公民與政治權利國際公約》第六條第一項規定：「人人皆有天賦生存權利。此種權利應受法律保障。任何人的生命不得無理剝奪」。同條第二項復規定：「凡未廢除死刑之國家，非犯情節最重大之罪，且依照犯罪時有效並與本公約規定及防止及懲治殘害人群罪公約不牴觸之法律，不得科處死刑」。因此，若就此一條文規範意義

的反面解釋來說，對於違犯情節最重大之罪，在符合法律保留原則的前提之下，仍允許有科處死刑與執行死刑的必要。

　　總而言之，廢除死刑固然是國際人權法未來的趨勢，但我國國情與歷史背景畢竟不同於歐美，現今國外廢除死刑的立法例或許值得我國參考，甚至成為未來修法的努力方向，但未必適合於此時此刻的國民情感與社會氛圍。然而值得正視的是，在日趨重視人權保障的世界潮流中，當前我國的刑事政策與修法方向或許可在僅有的相對死刑條文中，凝聚國人共識，思考如何更加嚴謹地看待死刑宣判的構成要件與訴訟程序；同時更應從犯罪心理學、法律道德等深度層面思考合宜的配套措施；如此一方面不致流於對加害者報復性的情緒，另一方面也可能兼顧對受害人傷痛的衡平，透過理性的思辯民主過程而實現憲法的最終價值。

8. 見證新世紀法學論著問世的心路歷程
——讀黃炎東教授新著《新世紀刑法釋要》與《新世紀刑事訴訟法釋要》

陳恩典　撰

　　崇右技術學院副校長兼財經法律系主任黃炎東教授最新的兩部法學論著《新世紀刑法釋要》與《新世紀刑事訴訟法釋要》已於日前相繼由中央警察大學出版社正式出版問世。這兩本深具新世紀意義的法學新作，乃是黃教授從事多年法學教學與研究的心得力作，內容深入淺出、難易適中，深獲讀者之喜愛與歡迎，並引起各界高度的關注與熱烈的迴響。

　　黃副校長乃是在法律學術與實務工作合一的知名學者，自民國 73 年獲得國家法學博士後，先後在國立臺灣大學、中央警察大學、國立中山大學、崇右技術學院擔任法學教授長達二十六年，教過的學生分布於法界、警界、企業、媒體、中央及地方民意代表等層面。由於長年投入法律學術之教學與研究工作並兼任行政一級主管，誠懇待人，且有一顆關懷弱勢的情懷，因此不時地運用其豐富的法學素養，在教學研究與行政管理工作之餘，仍不辭辛勞地投入公益服務工作幫助需要幫助的人，尤其是處於弱勢的朋友們更是黃副校長樂於自動自發予以協助的對象；必要時，並以其健鍊之文筆撰著專文發表於有關的報章雜誌而且深得廣大讀者之歡迎。因此，黃副校長的朋友可說包含各階層人士，無論是任何階層背景的人士只要是有緣相聚，總是有黃副校長的身影與喜悅之笑聲。

　　黃副校長由於自幼生長於臺灣最南端的海角—恆春車城鄉

海口小漁村，因此深深地感受到庶民生活的疾苦與心聲，尤其是基層民眾最缺乏的法學知識，所以黃副校長認為唯有基層民眾法學知識的灌輸與提昇，才能有效的保障他們的權益，此乃是黃副校長心中念茲在茲最為關切之課題。因此，如何讓全民—尤其是那些身處社會最基層的人士—具備最基本的法學知識，亦即刑法學最基本知識的理解與運用。這也是激起黃副校長在其多年法學教學與研究生涯中總是希望能編著出乙本淺顯易懂、難度適中的刑法書籍，期待為刑法初學者—尤其是最需要法學知識的基層朋友—提供一部生活化的刑法知識，以有效地維護他們的權益之最大心願與驅力。

而今黃副校長之《新世紀刑法釋要》與《新世紀刑事訴訟法釋要》兩本書已正式出版，亦可說是其多年來施展法學專業奉獻基層庶民大眾的最大心願之具體實踐，黃副校長談及這本書的特色時，直指這兩部新著乃是最能貼近民眾庶民期待的法律書籍。由於黃教授多年來一路走來始終如一，默默奉獻法律教學與研究工作的精神，因而深得司法院院長賴浩敏先生、臺灣基隆地方法院院長蔡崇義先生及母校國立臺灣大學法律學院院長蔡明誠先生等法學先進的肯定與支持，為黃炎東教授出版的兩本新作提序，令黃教授感激萬分。

誠如為新書提序的司法院院長賴浩敏先生所指出的：「刑法與刑事訴訟法同為國家刑事體系之基本大法，國家之刑罰權端賴二者之相輔相成、交互運用，始克具體實現，進而達成維持社會秩序之目的……黃副校長炎東耕耘法學教育已經二十六載，作育英才無數，學養經驗豐富，與學生互動良好，乃能體察法律學子之困擾，深知學習刑事訴訟法之肯綮，首在深入淺出，化難懂為易學，消除法律學子主觀上之畏懼心理，始克有成。此外，隨著工商社會之變遷，與民主法治之實踐，更為完善的人權保障已蔚為當前之主流法律思潮……黃副校長，體察上情，繼其大作《新世紀刑法釋要》後，再度編著《新世紀刑事訴訟法釋要》一書……與前著《新世紀刑法釋要》相互呼應，兩相對照，更有助於實體法與程序法之融會貫通，相信對於刑事法律之初學者，必極具助益。」

臺灣基隆地方法院院長蔡崇義先生亦指出:「黃博士學養豐碩,待人誠摯,有濃厚回饋社會的使命感。鑑於『刑事法』與國民權益息息相關,乃竭耗精力,費心編撰。除目前完成《新世紀刑法釋要》,並付梓推廣,深獲各界好評外,並有感於刑事程序之重大變革,國民均應知悉並明瞭其運作,乃接力完成《新世紀刑事訴訟法釋要》。本書除詳盡收錄較為重要之實務見解外,並就重要法條舉出淺顯的『示例』,將深奧的法律語言,用淺顯易懂的文句加以闡明,確實能讓一般民眾,甚至習法者一窺刑事程序之堂奧,進而嫻熟活用,其用心殊屬難得。」

國立臺灣大學法律學院院長蔡明誠教授亦指出:「本書如其書名一般,刑事訴訟法是規範國家對犯罪之追訴及處罰之根本大法,其適用原則及規範內容需要與時俱進,符合『新世紀』之要求。另法律參考書因適用對象、閱讀查考便利與作者之專業及撰寫風格等因素下,可能有各種不同呈現方式。本書以『釋要』稱之,可見其強調該書之簡明及實用性,並將刑事訴訟法法規、立法說明、司法解釋及最高法院判例等之常用且重要之實務資料,詳盡收錄,以期便利查考、研習及應用。」

誠哉斯言,而以上三位法學先進對黃副校長這兩部法學新著的觀點更加印證了黃副校長多年來在法律學術潛研用力之深與堅定不移之心志。黃副校長曾歷任中央及地方政府各有關政府機關及學校與民間公益團體的法律顧問,考試院司法人員考試典試委員、公務人員升等考試之典試委員兼分組召集人,榮獲 99 年內政部頒發警察一等獎章、中央警察大學校務評鑑組第一名,並先後在《臺灣法學雜誌》、《司法周刊》、《法學通訊》等法學有關之權威期刊發表法學論文,深得讀者的喜愛與熱烈的迴響,從黃副校長所發表的文章中,可知其對我國司法改革熱切的關注與期盼,由此更可應印證其對法學之研究與施展所學奉獻國家社會之心志,真可說是一路走來始終如一,相信此兩部法學論著必能為廣大讀者帶來法律乃是真正為廣大庶民服務,以伸張公理與維護人權的重大意義。

(本文刊載於國家圖書館《全國新書資訊月刊》,2011 年 5 月號,第 64-66 頁。)

第五部
開創全球化醫學與
人文融合新境界

1. 台灣之光　淑世之福
——從恩師郭萬祐教授獲頒美國神經放射線醫學會榮譽院士談起

李達彬醫師 撰

　　身為一位放射科醫師，　筆者時常思忖競競業業之餘，　如何能貢獻所長，　讓世界看見台灣，　對於這方面，　恩師郭萬祐教授下了最好的註解。

台灣第一

　　教授是台灣放射線醫學界的導師人物，更是台灣醫學界的一位「台灣第一」。

　　二〇一四年五月，時任台北榮總放射線部神經放射科主任，教授獲得了美國神經放射線醫學會所頒發的「榮譽院士」；他是台灣第一位、華人第二位獲此殊榮的神經放射科醫師。這是一項來之不易的榮譽，　而教授即於受獎感言中，表示：「為了拿到這張出席受獎的邀請函，我以三十多年的努力，除了平日忙於醫療服務與照顧病人，也挪用許多假日及應陪伴家人的時間，投入研究與教學工作。對一個來自亞洲國家的放射科醫師而言，能受到美國神經放射線學界的肯定，十分感動與感謝……但我也要藉這個難得的機會告訴各位，每年來自世界各地的醫師，遠渡重洋，到美國發表研究成果與學術論文，吸收醫學新知，會後並將最先進的醫學知識帶回國家，造福各地病人。美國神經放射線醫學會不只是美國人的醫學會……更是全

世界的醫學會！」一番深刻感性的言語，感動所有台下的學者專家，與會人士莫不報以認同及熱烈掌聲，當下站在世界舞台的中心，教授的心理是踏實的，因為他深知，得來不易的成就，無非根植於長年耕耘。

一步一腳印 耕耘不輟

　　早年於台北榮總服務期間，幸獲長官張遵教授的支持，毅然前往瑞典留學深造，教授的博士論文就是加馬刀放射手術的研究。一九九三年，台北榮總啟用加馬刀時，他正好取得醫學博士學位，學成歸國。教授把當時瑞典已發展超過二十年的加馬刀放射手術經驗，應用在台灣，爾後鑽研並加以發揚超過二十載。台北榮總加馬刀團隊醫治過來自世界各地的病人，經驗豐富，治療成績斐然，傲視全球。

放眼國際 展露頭角

　　在風霜霧露的北國求學，教授有感於台灣和國際間的互動向來貧乏，於是利用課餘致力參與歐美國際會議，藉由發表論文和國際大師的互動，拓展國際視野，由此奠下日後加入世界性醫學會議的基礎。細數過去的足跡，一路走來，篳路藍縷，從瑞典、歐洲，到北美神經放射醫學會，應東京慈惠醫科大學、中國上海醫科大學華山醫院之邀擔任客座教授，應加拿大多倫多病童醫院之邀擔任該院訪問學者，到獲選擔任世界神經放射醫學會聯盟不分區理事，及獲頒美國倫琴學會榮譽會員。在國內的學術組織方面，教授曾任中華民國神經放射線醫學會創會秘書長及第六屆理事長（2010/04-2013/04）及中華民國放射線醫學會第二十八屆理事長（2016/04-2016/04）。在兩任醫學會理事長任內，教授以書生報國、推動學術外交為己任。先後與多個國家的放射線醫學會簽訂姐妹會學術交流備忘錄（美

國倫琴學會、日本介入性放射線醫學會、韓國放射線醫學會、印尼放射線醫學會、哥倫比亞放射線醫學會及阿根廷放射線醫學聯盟等），並推動台、日、韓三國放射線界的定期交流活動及輪流主辦年度三國聯席放射線醫學會議。教授並多年於北美放射線醫學會在美國本土開會期間，舉辦『臺灣日』(Taiwan Day)的活動，站在國民外交的第一線，直接爭取推廣我與多國學界間的互動與交流，在推動醫療外交的同時，也奠定了國際間的專家同好支持我國於 2018 年在台北主辦世界神經放射線醫學會議的契機與因緣。教授於 2014 年創立世界華人青年放射線醫學專家論壇 (World Forum of Young Chinese Radiologists，WFYCR，簡稱華青論壇) 擔任創會會長，並於 2014、2015 兩年於台中及台北舉辦兩屆華青論壇。華青論壇強調培養華人年輕放射線醫學專家及建構全球華人放射科醫師互動的平台。此論壇宗旨深獲同儕專家的認同與支持，緣此，第三屆 WFYCR 已於 2016 年 10 月 12-14 日在中國蘇州由中國的中華醫學會放射線分會主辦就是有力的佐證。林林總總訪問、遊學、開會、交流足跡踏遍五大洲，在在如教授所言，走出去才有機會。藉由國際關係的推廣與結盟，和世界接軌。而這番信念，終究開花結果，把台灣推向世界舞台的中心。

爭取全球性學術會議 邁向世界舞台

2010 年十月，在第十九屆 SNR 於義大利波隆納舉辦的會議中，在多國候選人競爭下，經三十四個會員國投票，由教授率領的台灣團隊史無前例成功地爭取到了 2018 年第 21 屆世界神經放射線醫學會議 (XXI Symposium Neuroradiologicum，SNR) 的主辦權。這也是 SNR 會議首次由華人世界主辦，屆時有多達七、八十個國家，超過兩千位全球頂尖的放射科醫師及學者到台北參與盛會。誠如教授所言「爭取主辦世界性醫學會議，是要讓全世界了解台灣，並將最先進的醫學新知引進台

灣，也讓台灣和全世界無縫接軌。」尤有甚者，2012年七月，教授更成功的再次爭取到在 2018 年第 12 屆亞洋神經放射線醫學會議的主辦權 更加拓展台灣的國際視野。

　　台灣人才濟濟，在眾多領域皆獨步全球。然身處世界村，唯有深化國際交流， 進而增加影響力，才是生存之道 。郭教授長年精進醫療本業 ，更不忘引領台灣醫界， 讓台灣在國際舞臺發光發熱， 是我們最景仰的典範。

（本文作者李達彬，曾任台北榮總放射線部住院醫師及總醫師，現為苗栗為恭醫院放射科專任醫師）

2. 追求全球化一流頂尖的醫學專業與醫療體系之管理

　　近幾年隨著慢性病的發展，健康檢查日漸重要。日前，中央警察大學前校長謝銀黨先生特邀請長庚紀念醫院林口總院院長陳敏夫先生蒞校演講，其對應邀到警大來演講深覺甚具意義，並盛讚警大擁有一流的師資陣容與優質的教學研究環境，培育無數優秀高級警政幹部，對我國治安貢獻厥偉，目前的警大已成為青年學子最為嚮往的學府之一。其以「因應變遷中的醫療環境 -- 我的觀察、理念、做法」為題，為全校師生作專題講演，由於內容新穎且深具啟發性，深獲與會師生熱烈迴響與歡迎。尤其陳院長豐富卓越的醫學專業與充滿人道主義之醫者風範，早已贏得各界人士的高度肯定與支持。

　　陳院長在演講中開宗明義指出 2000 年世界衛生組織（WHO）的三大指標：即較好的健康（Better health）、公平的財務分配（Fairness in financial contribution）、因應人民的期待（Responding to people's expectations）及世界醫療體系改革之趨勢，乃是在確保醫療品質與增進成本效率並注意疾病大環境之變化，以最公平且有效率的方式因應各種變遷，來為病患提供最佳的服務。當中他再三強調的「照顧弱勢及貧窮民眾或是滿足民眾更多的需求」更是令人深深感到，其不但具有前瞻、務實、創新、現代化與全球化的宏觀醫療觀念，亦是一位具有崇高醫學倫理與充滿愛心醫療體系的經營者。誠如陳院長所引述的西方競爭策略大師麥可‧波特（Michael E. Porter）所指出的「醫療照護的核心議題是：如何提供對病患有價值的醫療服

務、醫療體系的設計與改革，而醫療品質的改善才是降低醫療成本的根本之道，而這種從根本紮實之醫療服務架構，才可大幅增加病患之價值。207」誠哉斯言！像這種一切以病患之福祉為前提之醫療觀念，在追求醫療服務品質與效率中，更能充分把握住醫療服務之核心價值，亦就是不斷地提昇醫療體系的設計與提供最有價值的醫療服務，這是一種多麼具有宏觀前瞻的改革理念，而這一先進之理念，亦是推動現代化與全球化醫療服務之最大動力。筆者亦深感陳院長所引用麥克波特之醫療競爭價值之原則：諸如以病人之價值為核心，並不是只注重成本之降低，而競爭必須以建構全方位完善的醫療條件，融合醫療專業技術，且兼顧病人的價值之現代化醫療經營方式，皆是符合專業、公平、正義、人權的完善醫療理念與實踐方式，殊值吾人肯定與效法。當中更強調當前健保所面臨之最大問題即是保費收入不敷支出，又受限無法調高保費，故提議以修改健保法以重整組織與卸除政府之財政負擔。這個關係全民健保之問題，亦是我們政府與全民必須嚴肅面對的重大課題，吾人認為必須政府與全民通力合作才能做最好的修法加以實施，以提供民眾健康最有力的保障。

　　從陳院長這一席講演之內涵及其所提出的醫療理念與為病人所提供的服務方式，使我深深地感到長庚醫院在此急遽變遷且又處處講求競爭力的大時代中，其所以能不斷地增進醫療服務品質與效率，且能日益提昇高度的競爭力，而為國內外人士所高度肯定，這與陳院長所秉持的宏觀醫療理念及有效的結合所有工作團隊，實在有很大的關係。筆者對台灣經營之神王永慶先生，能以感恩疼惜台灣人民的崇高情懷，創辦長庚醫院與長庚醫學大學來嘉惠國人一向深感敬佩，尤其對陳敏夫院長能以滿懷熱誠及高度的使命感，多年投入長庚醫院的經營管理，使長庚醫院不但擁有現代化的一流醫療服務品質，且不斷更新醫療設備，引進之醫師及護理人員皆是國內外醫學界之翹楚，

讓人深感在長庚醫院或長庚大學服務，乃是一件肩負崇高使命感且深具願景的神聖志業。

按一所醫院之管理是否成功，主要在於其對短期病患之照護品質、醫療安全之提高、醫生與護理人員之合作與掌握病患之資訊以及其家屬滿意之程度。若以這一個標準來評估長庚醫院，在陳院長所主持的醫護團隊，其管理之品質是頗為上乘的，殊值吾人敬佩。

遙想當年富有人道主義的西方名醫史懷哲，為了實現理想，深入當時仍是非常落後的非洲大陸，為該地人民做現代化醫療奉獻之歷程，到處充滿荊棘，且困厄危險重重。當他剛踏入非洲時，那些非洲土著即以鼓聲傳遞說：「那個白人的巫醫（帶有鄙視輕蔑的口氣）已經來了」，但史懷哲並沒有因為那些土著朋友的輕蔑鄙視而退縮，照樣秉持高度的熱忱與愛心，施展其高明的醫術，披荊斬棘、篳路藍縷的一路走來始終如一，無怨無悔充分發揮人道主義，全心全力的為非洲人民之醫療志業做出最佳的奉獻，其偉大事蹟大大地感動了當地的土著，獲得他們忠心的愛戴與推崇，其崇高的精神，永為杏林之典範。

的確，史懷哲的故事曾帶給筆者莫大的啟示，因此筆者認為一位傑出的醫護人員，除了本身當具備有精湛的醫術之外，更須兼備高尚的道德情操，方可不負上天所賦予他們的恩賜，對世上那些患病痛苦的眾生施以仁心仁術，以悲天憫人的慈悲心，解救那些不幸罹病痛苦之黎民蒼生。

多年前，筆者曾在陳敏夫院長盛情邀請下，特應聘擔任長庚醫院醫學倫理委員會委員，共同參與長庚醫院為提昇醫療服務品質與效率提供諮詢意見，且應長庚大學醫學系之邀請就「醫師、病人、社會」為範疇作專題演講，針對如何增進醫病和諧關係與提升社會服務之效率加以剖析論述，深獲學生們的

熱烈迴響。自此之後，筆者即與長庚醫院結下了彌足珍貴之善緣，這一切皆是受陳院長崇高的醫道倫理精神所感動所致。由陳院長這次如此成功的演講，亦使筆者深深感覺處在當前地球村科技日新月異、知識經濟發展甚為神速之大時代中，無論是個人或團體，若要提昇其企業之競爭力，有效地提昇其一流的服務品質與效率之要訣，首先必須掌握其個人或團體所從事的機關團體之核心價值，除了充實其本身應具有的專業技能外，更應注重其企業之倫理意識，正如長庚醫院所提出的「平民化的醫療服務、確保病患最高權益、堅持醫療服務本質、完成醫療傳承使命、履行社會所賦責任」之崇高堅定信念，諺云：「良相治國，良醫治病」，相信這一信念的堅持與實踐，當能使長庚醫院帶來美麗的新願景，為我國的醫療服務事業作出更佳的貢獻。

3. 為提昇更具人道關懷醫學教育而奮進
──對中國醫藥大學【重返史懷哲之路】醫學情境教育之感言

　　日前報章報導中國醫藥大學為提昇醫學教育品質，以精進醫學技術與培養高尚之醫德，由校長黃榮村博士帶領 17 名學生前往非洲，進行 13 天之情境教學，尋訪以前史懷哲行醫的足跡與舊址，使學生能實地見賢思齊，激勵醫學生之人道關懷的情操與使命感。

　　按此次該校「重返史懷哲之路」，係由黃校長帶領學生參訪史懷哲當年在非洲加彭蘭巴倫創立的【史懷哲醫院】舊址，並見習我國駐聖多美普林西比的台灣醫療團，可說真正體驗了一趟非洲醫療學習之旅，其對學生之醫學情境教育效果、砥礪醫學品德助益甚大，誠如黃榮村校長所指出：「史懷哲的精神不是要求每個人都到【蘭巴倫】行醫，而是希望每一個醫學院學生都能建構屬於自己心中的【蘭巴倫】」，透過潛移默化方式，使學生能體會醫者仁心、關懷弱勢的大愛精神，這是大學醫學教育重要之一環，希望能讓新世代的醫學生，感受服務奉獻的精神。誠哉斯言，由這次黃校長所帶領深具醫學品德教育意義之旅，的確可印證黃校長已深入地掌握當前我國醫學教育的核心價值，不但注重醫學專業的灌輸，更能強化醫學人高尚品德之培養，如此才能培育出真正具備專業的醫學技術與高尚的醫學品德之醫學人，真正達到聞聲救苦、仁心濟世之醫學教育崇高指標。教育部長吳清基博士亦指出：教育除「言教」、

「身教」、「制教」之外，還可推動「境教」，因此不但高度地肯定中國醫藥大學「重返史懷哲之路」卓越之教學績效外，更希望其他 11 所醫學大學亦能跟進推動「情境教學」，甚至亦鼓勵包括教育、商業、理工等領域學系，也應該培養職場倫理道德，不只在課堂講授學理，更應讓學生到窮鄉僻壤體驗學習，培養關懷弱勢的人道精神。吳部長亦倡導終身學習 331 運動 -- 每日運動 30 分鐘、自我學習成長或閱讀 30 分鐘、日行一善，若能落實這項運動，就能成為術德兼備的醫生。

遙想當年富有人道主義的西方名醫史懷哲，為了實現理想，深入當時仍是非常落後的非洲大陸，為當地人民做現代化醫療奉獻之歷程，到處充滿荊棘，且困厄危險重重。當他剛踏入非洲時，那些非洲土著即以鼓聲傳遞說：「那個白人的巫醫（帶有鄙視輕蔑的口氣）已經來了」，但史懷哲並沒有因為那些土著朋友的輕蔑鄙視而退縮，照樣秉持高度的熱忱與愛心，施展其高明的醫術，披荊斬棘、篳路藍縷的一路走來始終如一，無怨無悔充分發揮人道主義，全心全力地為非洲人民之醫療志業做出最佳的奉獻，其偉大事蹟大大地感動了當地的土著，獲得他們忠心的愛戴與推崇，其崇高的精神，永為杏林之典範。

的確，史懷哲的故事曾帶給筆者莫大的啟示，因此筆者認為，一位傑出的醫護人員，除了本身當具有精湛的醫術之外，更須兼備高尚的道德情操，方可不負上天所賦予他們的恩賜，對世上那些患病痛苦的眾生施以仁心仁術，以悲天憫人的慈悲心，解救那些不幸罹病痛苦之黎民蒼生。

筆者亦認為目前台灣的醫學技術已達相當水準，但我們的大學醫學教育或是各種醫院之經營，在醫學品德層面實有加以提昇之必要，因此史懷哲的精神對一個醫學院的學生或是未來懸壺濟世之醫護人員而言都是值得效法學習的。

按多年來台灣有許多從事公益活動的組織已經在全世界名列前茅，以世界展望會及家庭扶助中心為例，這兩個單位在過去幾十年來一直都在從事貧童認養的工作。不僅在台灣認領貧童，在台灣以外的世界各國，已認養了 23 萬名貧童。在海地大地震發生後，世界展望會已經決定至少要認養八千名兒童。其實台灣已經在很早以前就從一個「愛心的輸入國變成了一個愛心的輸出國」。誠如古人所云：「人飢己飢，人溺己溺」。因此，我們可以說當年史懷哲之所以能不畏一切荊棘而深入黑暗落後的非洲行醫，其愛心輸入非洲醫治需要幫助的人，其情懷殊值感人，當會為世人永遠感念與效法；我們可以很堅定的說，就以上我們所舉例的幾個公益團體，及常年在國內前往海外從事志工人員服務之善行義舉，與當年史懷哲所從事志業之精神是若合符節的，而台灣這種軟實力的發揮，不但能激勵青年學子敦品勵行的學習精神，更能贏得國際人士之肯定與支持。

教育乃是國家百年之大計，亦為國家永續發展的最大原動力，而教育的最佳方式乃是愛與榜樣，尤其是關係未來國民身心健康與生活品質問題至為重大的大學醫學教育，其言教與身教當合一，不但要著重醫學專業能力之培養，更應當強化醫學院學生之倫理品德教育，如此我們教育出來的醫學人才，才能施展其專業知能，且更能發揮高度的愛心，為提昇國家的醫療品質與人民的幸福生活作出更佳奉獻。

（本文刊載於臺灣時報第 7 版，民國 99 年 7 月 23 日）

第六部 組織與管理

1. 組織衝突、危機管理與企業經營管理策略

一、前言

　　身為現代化地球村的各有關企業、政府或任何組織團體成員，建立正確的危機處理觀念，並有效預做各項突然發生之訓練能力，使機關團體或個人因革新進步所帶來的衝突化解於無形，並進而組織再凝聚力量，至少使不可抗拒的衝突所帶來的危機，得以穩健立即有效的減至最低程度，並開創組織再發展的新機運，此乃目前無論是政府軍公教機關或企業界必須加以重視的課題，尤其是身為一個領導校務推展的一校之長責無旁貸之要務[1]。

二、衝突的定義與因素

　　有關衝突意義之界說中西學者看法多義，互有仁智之見，如張金鑑教授為衝突下了一個定義即：「兩個或兩個以上的角色（包括個人的和團體的）或兩個以上的人格（包含自然人和法人）因意識、目標、利益的不一致所引起的思想矛盾，語文攻訐、權利爭奪及行為鬥爭，謂之衝突」[2]。江明生、朱斌妤在其合著的《衝突管理》一書中指出：衝突乃是指兩個以上相關的主體，因互動行為所導致不和諧的狀態，而衝突之所以發生可能是利害關係人（Shareholder）對若干議題的認知、

1　黃炎東，〈組織衝突與危機管理〉，《第 100 期國小校長儲訓班研習課程手冊》，國立教育研究院籌備處，2004 年 4 月，47 頁。
2　張金鑑，《行政學典範》，台北：中國行政學會，1992 年，294 頁。

看法不同、需要、利益不同或是基本道德觀、宗教信仰不同所致[3]。

　　林欽榮教授在其《組織理論與管理》著作中則指出：「衝突是指一方欲實現其利益，但卻相對於另一方的利益，以致顯現出對立狀態或行為而言；當一方認知已經或即將遭遇挫折，則衝突就此開始，這種現象發生的對象包括個人、團體、企業組織、甚至於國家[4]。」而我國社會學家龍冠海教授則認為：「衝突是指兩個或兩個以上的人或者團體之直接的與公開的鬥爭，彼此表現敵對的態度。」此定義是強調直接和公開的鬥爭；不過，實際上，有些衝突卻是間接和隱含的，可能外表是看不出來的[5]。

　　此外，雷尼（Austin Ranney）對衝突界定為：「人類為了達成不同的目標與滿足相對的利益，所形成的某種形式之鬥爭[6]。」而李特勒（Joseph A. Litterer）提出之定義是：「衝突是指在某種特定情況下，某人或群體知覺到與他人或其他群體交互行為的過程中，會有相當損失的結果發生，從而相互對峙或爭執的一種交互行為[7]。」此外，史密斯（Clagett G. Smith）對衝突解釋為：「在本質上，衝突乃指參與者在不同的條件下，實作或目標不相容的一種狀況。」

　　柯瑟（Lewis A. Coser）是從社會層面的觀點來談：「社會衝突意指對稀少的身分、地位、權力與資源的要求，以及對價值的爭奪。在要求和爭奪當中，敵對者的目的是為了解除、傷害或消滅其對手。」換句話說，此處的定義是強調：在一般活動中，成員或群體之間無法協調一致地工作一種分裂的狀

3　江明生、朱斌妤，《衝突管理》，台北：五南，1999 年 5 月，4 頁。
4　林欽榮，《組織理論與管理》，台北:揚智文化事業股份有限公司，2004 年 9 月，350 頁。
5　同前註，351 頁。
6　同前註，350 頁。
7　同前註，350 頁。

態 [8]。

還有，雷茲（H. Joseph Reitz）的看法是：「衝突是兩個人或群體無法一起工作，於是妨礙或干擾了正常的活動」之過程 [9]。至於，西方學者德塞勒（Dessler，1976）認為：衝突乃是組織中兩個以上的個人或團體由於不同目標、利益、期望或是價值，而產生不同的意見結果 [10]。

由此可知，衝突乃是一種人性之自然反映，當人類在組織活動中因彼此的人格特性，價值目標或利益取向在認知與實踐過程中，若有所不同必然發生之對立現象，而這一衝突現象雖有其負面作用，但如因調適得宜，亦會為組織帶來新機、活力與發展。因為人類乃是過著群體生活的動物，他不是生存在地球上的單一個體之生物，而是營運社會共同生活的社會性動物，而人類的共同生活組成（包含政治、經濟、文化、社等組織團體）及其彼此之互動生活內容所構成之複雜性與精緻性，亦非其它任何生物所可比擬。因為人類一方面長期的接受自然之進化，而另一方面也在調適與改造創造其獨特的社會環境。如家庭、學校、公司行號、區域社會、國家等。在我們創造環境之同時，也深受環境之影響，亦在其影響之下決定或改變自己之行為。人類一如在生物學上，受遺傳因子影響，在社會學上，亦受社會環境之影響 [11]。而人在組織生活中又為何會有衝突之發生呢？因為人雖自認為理性的動物，但因人有生物性與社會性之本能與特性，人有七情六慾，有理性的一面，亦有感性的面，無論是個人與組織之間，或組織與另一組織之間，往往會因為對組織目標之認同或其中派系利益等之糾葛，無法獲得和諧圓滿解決致而難免會發生大小之衝突，甚而因衝突之一

8　同前註，351 頁。
9　同前註，351 頁。
10　林鎮坤、陳秋瑾，《教育行政衝突理論之研究》，臺北縣：雙溪國中，1992 年，8 頁。
　　轉引自柯進雄，《衝突理論與學校領導》，臺北市：台聯，1994 年，3 頁。
11　謝瑞智，《犯罪與刑事政策》，臺北市：正中，2000 年臺初版，79 頁。

時無法化解，造成難以預估之危機。

正如社會解體論（Social disorganization）的倡導者約里奧特與馬里露（M. A. Elliott & F. E. Merrill）、華利斯（R. E. L. Faris）、托馬斯（W. I. Thomas）等認為社會組成的元素有四個：1.目標、需求；2.資源；3.角色；4.行為模式。如果社會受到良好的管制而組成時，上述要素之間，就不致有脫軌或缺陷存在，而能順利的調整運作，這種過程稱為社會的組織化。惟在實際上，構成社會之各要素間，常有不適應狀況發生，使社會組織發生障礙而無法發揮其功能。如家庭間、夫婦、兄弟、姊妹之間因失業、感情、青少年犯罪等問題所帶來之家庭不和，甚而導致家庭解組。而當家庭有衝突甚而影響組織趨勢時，其家庭的每一份子當會盡力使家庭能恢復控制其成員之功能，及進行所謂再組織化的過程，化除一切不和的因素，緩和緊張情勢，不但勿使家庭有再解組的危機，反而力挽狂瀾，化危機為轉機，使整個家庭重回正軌的組織生活。而社會集團、機關團體、區域社會之社會化過程與以上所述之狀況是一樣的[12]。

自人類社會之思想上而言，自古以來合意論（Concensus）與衝突論（Conflict）就成為對立性的兩種見解。合意論認為社會係於各個成員在價值觀之合意的基礎上而成立者。而國家是為維護一般大眾之利益而組織成立者。社會如有對立的價值觀或利害關係之團體存在，國家就應代表社會團體之價值觀或利益，就這些對立負起調停之責任，以尋找共識。至於衝突論者則認為社會是由價值觀或利益之對應的團體而組成者，因此，組成之國家並非社會全體之價值觀或利益之代表，而是支配國家作用並擁有統治權柄的團體之價值觀與利益之代表。而提出犯罪之衝突現場者其主要代表者，有謝麟（Sellin， 1938）提出的文化衝突論，柯布麟（Kobrin， 1922）的價值衝突論，

12　同前註，80-82 頁。

及波魯克（George B. Vold）於 1958 年提出的集團衝突理論。所謂集團衝突理論乃是從人性出發，認為人類在基本上是生活在團體之中，因每一個人都有尋求共同利益之慾望，如果能採取共同的行動當更容易達成目標，於是組成了團體。因此，個人乃是團體行為之一部份，如有新的利益產生，將會形成新的團體；而原有團體如已達成任務，力量將被削弱或被遺棄，而被新的團體所取代。在一個複雜之社會中，必有各種不同的團體所指標之利益或目的相互重疊，相互競合。團體之間將進入衝突之狀態，乃有強化團體成員對所屬的團體負有忠誠義務之傾向。乃要求團體之成員為了達成共同策定之目標，必須盡最大之忠誠，提供最大能量貢獻給組織團體[13]。

根據林欽榮教授在其《組織理論與管理》一書中指出：在企業組織或機關團體中，引發衝突的原因實在是非常之多，有的是因人為因素造成，有的可能是因為組織結構而形成的，也有一些則是因為工作性質引起的[14]。茲將其針對衝突來源所提出的重點歸納如下：

（一）活動的互依性：當兩個人或團體之活動具有相互依賴性的時候，則容易造成衝突，或者不同的個人或團體需要依賴相同的對象，或者必須達成共識的情況下，都有可能會造成彼此間的緊張或產生一些時間壓力的衝突等。此外，如果彼此為了爭奪有限的資源，例如：金錢、人力與設備等，因為資源有限，難免就會發生衝突。

（二）資源的有限性：在共同資源的分配下，個人或團體為了爭奪資源，包括人力資源或物質資源，而這些資源又是很有限的話，勢必會引起彼此

13　同註 1，49 頁。
14　林欽榮，《組織理論與管理》，台北：揚智文化事業股份有限公司，2004 年 9 月，352-354 頁。

間的衝突。

（三）目標的差異性：這是指目標不同的個人或團體之間，因為有交互行為的關係，也有可能發生衝突。而其原因包括：共同依賴有限的資源、競爭性的獎勵制度、對整體目標的主觀解釋等。

（四）知覺的分歧性：由於組織分工專業化的趨勢，各自發展不同的溝通系統，導致個人或團體往往會有一套屬於自己的消息來源，而其對消息的知覺和看法並不一樣，因此就會引發衝突。除此之外，目標差異也是知覺分歧的原因之一；人會因工作性質和職位的不同而產生對時間的知覺相異，這些都是引爆衝突的可能因素。

（五）專業的間隔性：所謂「隔行如隔山」，由於各個專業在其領域內鑽研的結果，往往會發展出自己的一套行為準則和行為規範，自然不易被別人了解。再者，因為不同的工作性質和專業化的結果，反而容易造成溝通上的障礙，以至於在組織中埋下了衝突的引爆點。

（六）地位的層次性：一個組織的管理階層對於不同性質的單位，例如技術單位、生產單位或行銷單位等，難免可能有倚重倚輕的現象，容易形成地位不調和，進而出現在個人或團體交互行為所產生的壓力當中，所以很可能會引發不必要的紛擾和衝突。

由此可知，組織或企業之管理者應該清楚組織衝突的來源或原因，以便採取妥當的防範措施或處理機制，來預防衝突的發生或懂得如何管理與解決衝突的問題。

　　從社會心理學的觀點來看，社會就是由對立的各種團體之利害關係與努力下，保持其動力上的平衡狀態，使這些團體都在共存的情形下集合而成[15]。美國學者如（Creighton， 1980; Moore， 1982; Amy， 1987; Bisno， 1989）研究歸納衝突的原因約有四大根本原因：即 1.程序衝突（Procedural Conflict）；2.資料或資訊衝突（Data or information conflict）； 3.價值衝突（Value conflict）； 4.關係衝突（Relationship conflict）；5.情緒衝突（Emotional conflict）[16]。因此，我們可推理出任何一個組織成員間或與其它組織之間的衝突，其主要之原因乃是起因於人性之慾望之追求，當中因其對問題之認知不同或價值觀之差異與利益等之競合，未能達到平衡狀況而致發生。尤其值此科技與資訊之發達一日千里，且國家無論是政治、經濟社會、文化教育正處於急遽變遷的知識經濟 e 時代，無論是國家與國家之間或個人與所屬之團體之間之距離更為縮短，彼此互動之關係更為頻繁，而在追求團體之目標或個人之價值與理想之間，難免會有所衝突。為使這種衝突能即早予以預防，即或使在突然狀況下發生，亦能加以有效處理，使衝突減至最低度，並使組織之間或個人與組織之間很快恢復正軌之互動，化危機為轉機，乃是任何現代化國民所必須具備的認知與必須加以防範之要務。尤其是身負主持學校行政工作，領導全校師生員工推動校務的教育主管，更是他們有待加以探討與實踐的重要課題。

三、衝突的種類

　　由於國際衝突的形式是多樣化的，根據《國家安全理論與實際》一書作者趙明義先生所言，他認為如果由內容或領域的觀點來區別的話，衝突可分為政治、經濟軍事種族宗教和文明

15　同註 11，88 頁。
16　江明生、朱斌妤，《衝突管理》，台北：五南，1999 年，4-6 頁。

等；但如果是由範圍與性質來區別的話，則可分為全面和局部衝突、根本次要暴力非控制不可分為全面和局部衝突、結構性和個別顯隱等。

　　其中，經濟衝突乃是起源於歐洲十七、八世紀 的重商主義時代。而現今經濟衝突的例子充斥於國際現實環境當中，譬如：商業競爭、資源掌握市場佔有金融衝突以及知識經濟的爭奪等[17]。

四、衝突之型態

　　趙明義先生依照強度的不同，將國際衝突區分為：低強度、中強度以及高強度三種型態[18]。而柯進雄先生在《衝突理論與學校領導》一書中指出，組織衝突以不同的標準來區分則會有各種不同的類型：1. 以衝突的影響為標準可分為：正功能性衝突與反功能性衝突；2. 以人員多寡可分為個人衝突、人際衝突、群內衝突或群間衝突；3. 以組成結構可分為垂直性衝突、水平性衝突、斜向式衝突或正式組織與非正式組織之衝突[19]。

　　周談輝教授則將組織之衝突分為四種型態，即 1. 垂直衝突；2. 水平衝突；3. 直線與幕僚人員彼此之衝突；4. 組織內派系之間的衝突。這四種組織內之衝突有可能單獨發生，亦有可能以交錯方式存在或可能因其中一種衝突而引發其他種之衝突發生[20]。雖然說衝突對組織有其負面之功能，但亦可因適當的衝突而產生正面的功能，為組織帶來一片蓬勃的生機。因此，對於組織衝突發生之原因必須一一加以找出，並分析其造成衝突的主要因素，當機立斷的一一予以防範或導引，使組織

17　趙明義，《國家安全的理論與實際》，時英出版社，2008 年 06 月 01 日，204-205 頁。
18　同前註，212-215 頁。
19　柯進雄，《衝突理論與學校領導》，臺北市：台聯，1994 年，14-16 頁。
20　周談輝，〈組織衝突與危機處理〉，《技術及職業教育雙月刊》，1996 年 10 月出版，35 卷，2 頁。

之互動趨於正軌，以強化組織成員對組織目標之認同，加強團體間或團體與其成員間之溝通與協調，使團體間不但能消除歧見且更能建立共生共榮的生命共同體理念，同時亦使團體中的每一份子能在明確的工作目標下，增強對組織之向心力，以提昇組織之凝聚力，共同為達成組織之宗旨而努力打拼[21]。

五、衝突問題的因應與管理

衝突是在所難免的，而衝突既是資產也是負債，端賴管理者如何面對它而定。一般學者或管理者都主張要解決衝突，林欽榮教授在其《組織理論與管理》一書中則認為：與其使用「解決」二字，倒不如改用「管理」一詞來得更貼切，因為並非要消除衝突，而是要處理它。

因此，管理者要處理衝突的話，可以從以下三方面來著手：

（一）首先應該先研判衝突問題是否有必要解決，確認它對組織是否會發生不良作用再做決定。換言之，如果某項衝突並不具破壞性的話，自然就沒有解決的必要。然而，如果它是具有破壞性的衝突，則當然就一定要設法解決才行。所謂的解決，包括：消滅衝突、減少衝突或改造衝突使其變成想達成的目標。其方式則包括：尋求問題解決、採用勸誠說服、進行諮商協議以及強行政治解決等。

（二）應該將可能產生的不良後果降至最低。衝突乃是人類與社會的一種自然現象，管理者在無法完全解決衝突的情況下，只能把它所造成的不良影響儘量降低，以免擴大。可採用的措施包括：樹立共同敵人、設置更高目標、設法思想交流、實施

21　同註1，50-51頁。

教育訓練以及實施角色扮演等。

（三）盡可能預防衝突行為的發生。由於衝突既然存在，
　　　而且又不容易解決，因此在管理上，應當要尋求
　　　防患於未然的治本之道。採行的步驟包括：確立
　　　清晰目標、強調整體效率、避免輸贏情境、實施
　　　輪調制度以及培養組織意識等。

　　俗話說，有人的地方就會有問題，雖說衝突未必都是有害
的，然而畢竟大部分的衝突會造成組織的困擾，所以，管理者
應該更加了解與認識衝突，進而設法在組織內部建立單位與個
人之間的合作關係，期能使組織有正常的運作，營造和諧的工
作環境和氣氛，藉以提高工作績效和組織效能[22]。

六、危機處理（Crisis Management）

（一）危機處理的主要概念：

　　危機管理已是現代組織運作與發展必須加以重視之課題，
其主要內涵包括危機辨識、危機管理計畫、危機管理策略及
危機善後後處理等[23]。而任何的危機情境皆有其處理的架構、
概念及工具，而面對各種危機情境時，最主要的考量之問題
是以一種邏輯性，有條理的面對危機的發生[24]。摩根（Careth
Morgan）在其所著的《組織印象》（Images of organization）乙
書中提到一個組織管理人在面對衝突時，常會以五種模式予以
回應，即（1）迴避（2）妥協（3）競爭（4）迎合（5）合作，
以探求衝突之化解[25]。首先我們就以下四個原則來區別危機的

22　同註 14，361-366 頁。
23　林鎮坤，<學校公共關係 >，載於吳清基，《學校行政新論》，臺北市：師大書苑，
　　2001 年，492-493 頁。
24　Mitroff, L. I. & Pearson, C. M. 著，吳宜蓁、徐詠絮譯，《危機管理診斷手冊》，台北：
　　五南，2007 年 4 月 1 版 5 刷，3-5 頁。
25　同註 16，9-10 頁。

主要概念：（1）危機是什麼（What）；（2）危機何時發生（When）；（3）危機發生之原因（Why）；（4）誰受到危機的影響（Who）。而一個良好的危機管理計劃或程序必須具備以下幾個特性：（1）先前的危機導致現在的危機，同樣地如果現在的危機沒有妥善地處理，也可能導致其它危機的產生。（2）早期存在的危機警訊是可以預防的。（3）可以導致危機的因素，包括技術、人為及組織內部的因素。（4）可能影響危機或被危機影響的當事人。任何的危機計劃或程序必須將上述特性列入考量，以提昇因應危機之效率，並防止導致更多的傷害。危機管理策略則必須包括以下之幾個步驟：（1）對各種範圍的危機做好準備；（2）注意危機管理的五個階段，即訊號偵測期、準備及預防期、損害抑制期、復原期及經驗學習期；（3）注意到文化、人為、企業及技術之因素；（4）納入各種關係人[26]。亦即評估及處理所有的相關變數，考量到所有之要素，並相互加以整合，才能妥善的做好危機管理。

（二）危機的主要原因及變數：

　　A. 類型（Types）：潛在的危機變數在數量上相當多，即便是經費充裕的企業也不可能對所有的危機做好完美無缺的準備。即使想要準備，企業也必須知道為何種危機而做好準備。

　　B. 階級（Phases）：所有的危機是不是都透過特定的階級來進行？如果是，包括那些階段？每個階段應該如何處理？

　　C. 系統（System）：我們在研究危機事件時，發現一些次要變數，在危機的起因或起源上扮演了重要之角色，如技術、組織、文化等，而這些變數的內容為何？相互間如何互動？是否能正確的處理危機。

　　D. 利益關係人（Shareholders）：那些團體（個人、組織、

26　同註24，，5-6頁。

機構）可能影響危機管理或受到危機管理的影響？是否能有系統地分析這些關係人在危機過程參與的程度 [27]？

（三） 危機的因應與處理：

　　管理者在危機潛伏期，應該先增強組織的抵抗力，並且對於處理的措施應做好萬全的準備，譬如要設置高階危機處理小組懂得如何做好因應措施。在面對危機時，更要因不同情況而採取適當的因應策略，務使危機造成的傷害能減至最低的程度。根據李茂雄教授在其《管理與自我實現》一書中，提出以下因應與處理危機之道：辨認危機訊號、預測可能危機、遏止危機爆發、危機應變計畫、危機調查數據、適時見機行事、隔絕危機蔓延、依序對症下藥、面對傳播媒體以及善後吸取教訓等。

　　既然危機的潛藏與發生是無法避免的，因此，管理者需要有足夠的智慧，能使危機化為轉機，並且更要記取教訓，將危機變成一種自我激勵與警惕的試金石 [28]。

七、議題管理（或事件管理）（Issue Management）

　　在七〇年代所謂議題管理早已成為危機處理的主要研究領域，而在教育行政工作領域中，公共議題（public issues），往往因學校行政主管缺乏體認與危機意識，諸如對校園暴力事件、性騷擾、兩性平等問題，校長或教師行為脫序或是家長與學校、老師之間因對學生管教理念不同所引發之抗爭事件等，若未能加以早期預防或於事件發生後妥善處理，致而釀成莫大的傷害。依史丹來（Stanley， 1985）的歸類將公共議題分為：1. 全體議題；2. 個案議題；3. 企業議題；4. 利益團體議題等。因此，學校行政人員必須充份掌握以上四個議題，針對

27　同前註，17-18 頁。
28　李茂雄，《管理與自我實現》，國立成功大學，2006 年，165-171 頁。

議題之種類，予以規劃並加以有效管理，並於議題發生時能以諸如「攻擊團體」（attack group）、「陰損團體」（undermine group）、緩和議題（defusing issue）、模糊議題（blurring issue）等直接或間接之方式予以消弭[29]。

八、校園危機

　　學校乃是社會的縮影，而每一位負責教育工作的主管人員或教師，與企業管理人員一樣，必須具備危機處理的認知與策略方法，才能有效的化解各種危機，使學校之行政或教學研究工作不但能順利推展，而且更能發揮其高品質的效率與功能。而所謂校園之危機，就校務之性質的，有教務工作的危機，如大學部或研究所入學考試所發生的弊端，致而發生的學校危機。而就學生訓導或輔導工作引發的危機，如學生自殺事件、體罰事件、性騷擾事件、校園暴力或是因學校建築倒塌，或是公務人員未能依照採購法執行舞弊事件或是其它諸如心態不正常的教師對學生所造成之危機或是如大學生下載 MP3 侵犯版權事件等[30]。而依照侯世昌與蔡文杰所著的「校園危機急轉彎」乙書中所提出的案例總計有十四種，即 1. 暴力衝突；2. 吸毒事件；3. 工地意外事件；4. 縱火事件；5. 受虐兒事件；6. 食物中毒事件；7. 酒精爆裂事件；8. 恐嚇勒索事件；9. 性騷擾事件；10. 綁架事件；11. 遊戲器材意外事件；12. 校外教學意外事件；13. 自傷事件；14. 家長陳情抗議事件[31]。以上所列舉之危機事件，乃是校園教職員工互動中經常難免發生之危機，為了塑造一個安全快樂的教育學習環境，有關單位必須加以正視並培養因應危機之能力，且有規劃的訂定校園危機之對策與辦法，所謂「凡事豫則立，不豫則廢」，尤其是身為一個負責推動校務行政主管或教職員，應建立維護學校安全人人

29　同註 23，405-407 頁。
30　黃坤錦主編，《校園危機與師資培育》，台北：五南，2000 年，89-94 頁。
31　侯世昌、蔡文杰，《校園危機急轉彎》，臺北市：幼獅，1998 年，5-12 頁。

有責之生命共同之共識，培養正確的危機意識。

提昇學校危機處理之能力之對策約有以下幾點之努力方向：

（一）培養正確的危機意識，隨時做好危機處理之準備工作，身為教育主管應有維護學校安全的強烈使命感並具備現代化的危機管理知能。

（二）應以坦然積極的態度因應面對各種危機，如公開舉行記者會，以減少在危機中所引發之不實傳言。

（三）以冷靜、理智、客觀的心情作出明智之決定，迅速有效的發現危機並加以有效之處理[32]。

（四）成立校園危機處理小組，訂定危機處理計畫及處理程序，並且善用危機發展過程：其組成人員應包含學校教務、學生事務、總務及各有關單位主管、具有各種專長的教師、學生家長，最好也包括法律、企業管理、犯罪預防、公共關係、媒體、行政管理、心理諮商、危機管理之專業人員。

而在訂定危機處理程序中必須注意危機預定系統之通報，於危機發生時立即召集相關人員了解事件之始末、確定危機公關對象、分析危機影響層面、決定危機處理方式、商定對外發言內容與時機方式、分配危機處理人員之負責工作、執行危機處理回饋系統等，同時密切注意危機處理的生命週期：出生、成長、成熟、衰退各階段之發展，使危機事件之處理一切皆能在穩健的過程中，直至妥適處理完成[33]。

32　同註 30，89-105 頁。
33　同註 23，402-404 頁。

九、結論

當前全世界正面臨恐怖主義的嚴厲挑戰及經濟嚴重衰退，金融危機、失業率不斷攀升的嚴厲挑戰，且正如之前 SARS、禽流感 H7N9 等疫情爆發時的情景，更使我們深深感受到我們在平時就必須建立一套危機處理機制，以真正有效地確保國家的安全以及民眾生命和財產的安全。所謂危機預防之內涵乃包括國家安全、天災、輿情反應等，而政府有關部門皆必須以國家安全與人民的福祉為前提，就各項可能發生的危機預作因應處理。

值此資訊科技發達、社會急遽變遷，一切崇尚知識經濟、知識管理的 e 時代，組織衝突乃是任何企業組織或機關團體中不可避免的現象，而危機處理的認知以及所需具備的管理策略，更是任何現代化的國民或者組織管理者，尤其是身負教育重任的一校之長，所不可忽略的。任何企業組織或機關團體不僅需具備處理危機的知識與能力，更應該有防範危機的計畫和處理危機的方法與步驟，最近發生有關釣魚臺主權之爭議及菲律賓公務船擊斃我國漁民等事件之處理，更使我們不得不重視有關這方面問題之處理要訣。

危機處理更應注意事前之周全準備與防範，所謂「凡事豫則立，不豫則廢」，又「人無遠慮必有近憂」，對於反恐怖活動必須事前採取事前周全的犯範措施，才能更有效地因應各種突來的危機事件。誠如知名的企業管理及財金傑出學者，前崇右技術學院校長（現任開南大學校長）梁榮輝教授所指出的「最新管理學思潮主要注重的核心價值理念，乃是要充分地掌握管理的目標與效果」，即是尊榮（Majesty）＋效率（Efficiency）＋ 全球（Global） ＋ 豐收（Abundance），強調管理的效果，要求利潤極大化，擴大市場佔有率及員工福利極大化，如此才能

有效的發揮管理既是藝術又是技術之統合功能。誠哉斯言[34]！

　　筆者認為在校園危機事件當中，青少年問題之預防與處理，應當是目前我們有關教育部門必須面對，並且應予以有效解決之校園危機的重要課題之一。雖然組織衝突有其正負面功能性的存在，但為了組織的永續生存與發展，我們當然希望其能化危機為轉機，使組織之活動得以順利推展，而個人亦更能充份地、有自信地因應各項危機，實現個人的理想目標。身為領導校務推展的一校之長，對最新管理學之思潮與趨勢，尤其對危機處理之意識與方法更應有深切的體認，並事先採取預防危機的措施，以確保全校師生的安全，共同營造一個具備真善美勝聖的優質校園環境。

34　梁榮輝：最新管理學思潮。民國 102 年 5 月 1 日對國立海洋大學航運管理研究所博士班學生講授「管理哲學與管理策略」課程文獻。

2. 從管理哲學之觀點論國家政府機關 或企業組織拔擢運用人才之道

壹、管理哲學與管理策略之運用得法關係企業經營之成敗

一個組織的管理，無論是國家機關或私人企業團體，其管理者必須具有良好的哲學思維，如此才能在人員的任用或制度的建立以及組織的運作上得以順暢，以凝聚組織成員之共識，提高工作之效率與品質，並強化其競爭力。而管理哲學之運用，若有卓越的管理策略之配合，則必能充分發揮企業經營的能量，為企業提供最佳的永續發展方向。

記得筆者早年求學時代就常聽到一首親切且具有本土味的廣告歌：「大同大同國貨好……」，聽了令人對「MIT」之產品價值更增添了無比的信心。大同公司自創立以來，無論在公司的規模體制和經營策略及產業品質研發之提昇，皆能以前瞻、宏觀、務實、創新之理念，順應國內政經及世界發展潮流趨勢，在各種產品之研發不斷創新，精進品質，並有效提昇國際競爭力。尤其在人才之進用，更能引進國內外高品質的專業人才，有計畫的加以培植，以強化大同企業集團永續發展與提昇企業產值之高品質能量，依據 2015 年 7 月出刊的遠見雜誌報導指出：大同集團旗下的子公司—拓志光電，所研發出的「可橈曲薄膜電池，具有低耗能、薄型化、輕量化優質功能，他可隨智慧聯網而普及於每一項穿戴式裝置中。此項創新技術的確頗能符合智慧消費、智慧聯網、智慧包裝的三大潮流趨勢，讓產品之運用與拓展之能量無限擴大，啟動了大同集團之新商

機。由此我們更可深切的體會到經營將達百年的大同集團不但人才濟濟，而且其企業經營領導階層能充分掌握企業經營管理哲學之核心價值及與時俱新的策略管理。隨著國內外產業結構與消費者之需求，以創新思維突破瓶頸，領先推出薄膜電池之創新技術，必能再創「新台灣之光」之新願景是指日可待的，殊值國人予以高度肯定。大凡一個國際的企業與經濟之永續發展除了企業經營要有不斷自我研發創新的科學管理藍本的策略管理，其中最重要的動力根源乃在於其國家政府重視對企業輔助的良善政策引導，更需要國人能深切體會對國內企業透過高度信賴與購買力的原則，因為一個國家的國民對內的購買力乃是強化國家未來經濟發展的前提，如在日本生產的 TOYOTA、Subaru、NISSAN、HONDA 在其國內的銷售量約占 80%，而日本人所購買的電視，大約 90% 為日產。韓國其生產的車子 KIA、Hyundai、其生產的電視 LG，韓國人均購買率皆在九成以上。看看韓國、日本再來看看我們，對國產的汽車或國產的大同電鍋、電視、電冰箱、冷氣機之購買力就有待加強了，尤其處在這一個全球化、國際貿易急遽變化的大時代中，我們一定要買自己國家製造的產品，因為不用國貨，未來對國家經濟的永續發展是很不利的。因此值此主權在民自由民主開放又有多元開放的知識經濟的大時代中，人人都說「我愛台灣」，惟筆者堅信要說真愛台灣當從愛台灣製造（MIT）的產品做起才是最實在的！

　　管理哲學與管理策略，這兩個因素對整個企業之經營成功與否關係至深且鉅。其實，無論是任何公私立機關團體，其經營者之管理哲學素養與策略之運用，乃是公司經營成敗之核心問題，而企業之管理不外是人才之選拔與任用、產品的生產與市場行銷、組織制度之建立與運作、組織衝突與危機處理、經營策略的擬定與執行以及調整、人際關係之建立與人力資源之開發與運用等。而當中企業管理哲學乃是企業管理者掌握整

個企業經營之靈魂，而企業管理哲學與管理策略－新世紀全球化管理思維之實踐管理策略乃是企業在市場競爭成敗之關鍵因素。所謂「運籌策帷帳之中，決勝於千里之外」，研究企業管理的學者或實際從事企業管理者不能不加以研討或力行實踐之重要課題。

按古今中外國家政治、經濟、教育、文化等之推動與現代企業管理經營之策略與原則是相同的，而國家乃是一個大公司，經營國政者無論是國家元首、部會首長或地方政府首長，都要將政治、經濟、教育、文化等工作做好。無論其專業背景為何，皆必須具有管理哲學之素養與懂得管理策略之運用；無論內政、外交、經濟等，皆需運用得體。尤其在這個企業發展關係互動頻繁之全球化時代，如果沒有通權達變之哲學思維以及為因應政經時勢變遷之需要而加以調整經營策略之能力，則將很難達成國政或企業發展之預期指標。

貳、從歷史案例論述管理哲學與管理策略之運作要訣

謹就以下分成幾個重點並舉古今中外歷史的案例來加以解說之：

一、管理者必須懂得知人善任並具有領導統御之藝術與才能

楚漢之爭，漢勝楚敗之主要原因在於：一個懂得任用人才；而另一個則不懂得任用人才。楚漢相爭，西楚霸王項羽力拔山河氣蓋世，驍勇善戰，能為萬人敵，然而最終仍是敗於他一向看不起與其競逐天下之對手劉邦，其原因當然不止一端，但其中最大的因素乃是劉邦了解：自己的才能在領軍作戰方面是比不上韓信的；在「運籌策帷帳之中，決勝於千里之外」之能力，亦不如張子房（張良）；而在安邦定國、運糧供應前線將士、使劉邦能安心在外征戰方面，蕭何的能力是頗為上乘的。劉邦能了解他們的能力並加以重用，使他們施展長才，發揮堅定團

隊的精神，最後在垓下一戰打敗了項羽，逼使西楚霸王無顏回江東見父老，自刎於烏江而敗亡。

項羽之所以在與劉邦約一百零三次的戰役中，每戰皆捷，唯獨垓下一戰才輸給劉邦，其最大的因素乃是他有一個重要的謀臣范增，甚而中了劉邦的反間計，最終離項羽而去，種下了項羽失敗最大的禍因。

史記高祖本紀曾提到，有一天，劉邦在洛陽南宮擺設酒宴時，希望他的列席酒宴之臣子要說實話，問臣子們：他之所以能打敗項羽，取得天下之真正原因為何？當中有高起、王陵回答說：「陛下雖然待人傲慢且喜歡欺侮人，但能與有戰功的人同享利益，而項羽妒賢嫉能，對有功之人就予以加害，不給有功之人好處，此乃項羽失去天下的管理哲學與管理策略－新世紀全球化管理思維之實踐最大原因。」

漢高祖劉邦則指出：此乃其中之一部分原因，其之所以能戰勝項羽而取得天下，乃是因為他能知人善任重用蕭何、韓信、張良等人才。由此可知，經營任何企業，要想獲得成功，其中最重要的就是選拔任用真正的人才。國家之大事如此，企業組織之經營又何嘗不是呢？尤其是千軍易得，一將難求呀[1]！

二、不計前嫌，唯才是用：唯才是用才能成其大事

（一）齊桓公重用其仇人管仲，終於稱霸諸侯

孔子對管仲管理國家之才能甚為讚許，曾經說：「微管仲，吾其被髮左衽矣！」也就是說，若沒有管仲，我們將變成蠻夷之邦的不文明人了。我們大家都知道，春秋戰國時代有燕韓魏趙齊楚秦七國，彼此交互征戰。當中，齊桓公之所以能稱霸諸侯之最大原因，就是他能不計前嫌，重用其仇人管仲為其效命

1　司馬遷，《史記》，卷八，高祖本紀第八。（參閱附錄一）

所致。在歷史上，春秋戰國時代有名的「管鮑之交」是眾所周知的故事。管仲和鮑叔牙乃是知己至交，管仲出身寒微，而鮑叔牙家境富裕，兩人做生意，鮑叔牙雖然出錢與管仲合夥經營，但分帳時，管仲拿的總是比較多。但是鮑叔牙卻不以為意，對管仲維護有加。

在春秋時代，齊襄公死了之後，其兩個兒子即公子糾與公子小白（也就是後來的齊桓公）相互爭奪王位。管仲乃輔佐公子糾，甚至在相互作戰中，管仲還對公子小白射了一箭，剛好射中其帶鉤，差點將公子小白殺死。等到小白當上國君即齊桓公後，不但殺了公子糾，還要捉拿管仲治罪，管仲因此而逃至魯國避難。鮑叔牙後來向齊桓公舉薦任用管仲為相，但齊桓公一聽到要進用管仲時，就向鮑叔牙說：「管仲是我最可恨的敵人，我正要報其射我的一箭之仇呢！」鮑叔牙說：「若您只想好好治理一個齊國之地，當然不一定要找管仲，但您若要富國強兵，那就有任用管仲的需要了。」齊桓公果然聽信了鮑叔牙之建言，迎回管仲，並禮遇他、重用他為齊國宰相。

由於管仲有謀國經世之治理長才，因此不但將齊國治理得井然有序，國富民強，而且能九合諸侯，一匡天下，成就了齊桓公之霸業。由此可知，身為一個國家或企業組織之領導人，千萬不可小裡小氣、氣度狹小，所謂「宰相肚裡能撐船」，就是這個用人的道理[2]。

（二）劉邦不計前嫌封賞雍齒為什方侯

漢高祖劉邦得天下後，封張良、蕭何等大功臣，其他未受封賞之功臣心中頗為忿怒不平，紛爭迭起。劉邦後採張良之議，封賞其最憎恨之功臣雍齒，群臣見連最受皇上所不喜歡的人都能得到封賞，那些尚未受到封賞之功臣自然就心安，堅信

2　南懷瑾，《漫談中國文化─企管、國學、金融》，臺北市：老古文化事業公司，2008年12月，27-30頁。

自己必能得到封賞，更別論要去謀反了[3]。

（三）唐太宗李世民重用魏徵

　　魏徵自幼胸懷大志，深諳奇謀深策之術，曾歸附於太子建成門下，深受器重，為太子洗馬。魏徵看到時任秦王的李世民聲勢日漸擴大，暗中建議太子建成能早日設法剷除李世民。待玄武門事變後，李世民將魏徵找去責問：「你離間挑撥我們兄弟之感情，該當何罪？」魏徵非常鎮定地回覆李世民說：「太子建成若能依吾之計進行，就不會落到今日失敗慘死之境地了。」李世民有感於魏徵忠於其故主，他的坦率與卓越之才能深得李世民之賞識，因而任命他為諫議大夫，而且派他到各地去安撫建成、元吉逃亡至民間之黨徒，自此魏徵深得李世民之重用。李世民對魏徵信任有加，可謂，言必聽，計必從」，君臣共同開創了中國歷史上有名的貞觀之治。

　　唐太宗李世民在魏徵死後，有一天在上朝時，對群臣嘆息說：「以銅為鏡可正衣冠；以古為鏡可知興替；以人為鏡，可明得失。」「現在失去了魏徵，無異失去了一面鏡子。」同時，李世民又提到，「他派人到魏徵的家裡，得到了一份他遺留下來的稿子，其中提到一段話：『天下之事有善亦有惡，任用善人，國家就安全；任用惡人，國家就會衰亡。對於國家大臣，在感情上有喜歡的、有厭惡的，如果對喜歡的人能夠了解他的缺點、對厭惡的人又能夠知道他的優點，國家就可以興盛了。』希望大臣們能深切記得魏徵的這幾句話，隨時指出我在用人方面的缺失。」誠哉斯言，李世民不計前嫌，重用有才能的人才，讓魏徵毫無保留地貢獻其經驗智慧，君臣彼此推心置腹，為國家開創了中國歷史上輝煌聖君賢相之史頁[4]。而美國林肯總統

3　司馬遷，《史記》，卷五十五，留侯世家第二十五。（參閱附錄二）

4　馮建國，《唐太宗的用人藝術》，台北：知青頻道出版有限公司，1994 年 2 月 10 日初版，61-67 頁。《全唐文》卷十《金鏡》。轉引自馮建國，《唐太宗的用人藝術》，台北：知青頻道出版有限公司，1994 年 2 月 10 日初版，49 頁。

能任用其兩位政敵之良好風範，殊值吾人敬佩。

三、取用人才之方法

所謂知人難，用人亦難，因為人心不同，而用人之所以難，係在於必須能用其所長，使其能充分發揮其長才，為國家或企業體之永續發展作最佳之奉獻。李世民深諳用人之道，廣開才路，網羅天下英才為國家所用，且能取精用宏，捨短取長，知人亦要兼明善惡。

唐太宗李世民對於用人之道表示：「用人之道，尤為未易。己之所謂賢，未必盡善；眾之所謂毀，未必全惡。知能不舉，則為失材；知惡不黜，則為禍始。又人才有長短，不必兼通。是以公綽優於大國之老，子產善為小邦之相。絳侯木訥卒安劉氏之宗，嗇夫利口不任上林之令。捨短取長，然後為美。吖這段話充分地顯現唐太宗能知人善任，因而才能締造了唐朝「貞觀之治」，有唐朝盛世之政局。

唐太宗取才用人之道是有其識別人才之標準。魏徵曾為唐太宗擬定 12 條選拔人才之標準，此 12 條標準即漢代劉向《說苑》卷一中所提出的所謂「六正」與「六邪」。

所謂「六正」：一曰萌芽未動，形兆未見，昭然獨見存亡之機，得失之要，預禁乎未然之前，使主超然立乎顯榮之處，如此者，聖臣也。二曰虛心盡意，日進善道，勉主以禮義，諭主以長策，將順其美，匡救其惡，如此者，良臣也。三曰夙興夜寐，進賢不懈，數稱往古之事，以屬主意，如此者，忠臣也。四曰明察成敗，早防而救之，塞其間，絕其源，轉禍為福，使君終以無憂，如此者，智臣也。五曰奉文守法，任官職事，不受贈遺，辭祿讓賜，飲食節儉，如此者，貞臣也。六曰家國昏亂，所為不諛，敢犯主之嚴顏，面言主之過失，如此者，直臣也。在這裡提出了所謂聖臣、良臣、忠臣、智臣、貞臣、直臣，

就是選用人才必須才德兼顧、重用正直廉能之士。

　　所謂「六邪」：一曰安官貪祿，不務公事，與世浮沈，左右觀望，如此者，具臣也。二曰主所言者皆曰善，主所為者皆曰可，隱而求主之所好而進之，以快主之耳目，偷合苟容，與主為樂，不顧減其後害，如此者，諛臣也。三曰內實險詖，外貌小謹，巧言令色，妒善嫉賢，所欲進，則明其美、隱其惡；所欲退，則明其過，匿其美，使主賞罰不當，號令不行，如此者，奸臣也。四曰智足以飾非，辯足以行說，內離骨肉之親，外構朝廷之亂，如此者，讒臣也。五曰專權擅勢，以輕為重，私門成黨，以富其家，擅矯主命，以自貴顯，如此者，賊臣也。六曰諂主以佞邪，陷主於不義，朋黨比周，以蔽主明，使黑白無別，是非無間，使主惡布於境內，聞於四鄰，如此者，亡國之臣也。

　　以上所指陳的具臣、諛臣、奸臣、讒臣、賊臣、亡國之臣等六種奸邪之臣皆是奸邪無德之人。

　　同時，魏徵亦提出觀察人的六種方法，即一、「貴觀其所舉」。二、「富則觀其所養」。三、「居則觀其所好」。四、「習則觀其所言」。五、「窮則觀言」。五、「窮則觀其所不受」。六、「賤則觀其所不為」。透過這六種觀人術則要辨別所謂的「六正」與「六邪」之良臣與奸臣，就能比較容易分辨出來。

四、國家或企業組織分工職責必須各司其職、分層負責

　　建立良好制度，分層負責，使組織成員皆能明白做好自己份內的事，以發揮組織管理之效能，提昇工作效率與品質，增加競爭力。身為組織管理者，不必事必躬親，只要能做好決策，使每位員工皆能堅守崗位，各盡其職，自然就能達到組織經營的預期目標。

孝文帝即位初期，以絳侯周勃為右丞相，陳平為左丞相，曾召見右丞相周勃，問其全國一年中之判決案件有多少？一年中之錢糧有多少？周勃皆回答不知道，深感惶恐，慚愧無比。孝文帝又問左丞相陳平相同的問題，陳平回答說：「問主管的人即可得到正確的答案」，孝文帝甚感疑惑說：「既然皆各自有主管的人，那你們做丞相的人又所司何事呢？」陳平回答說：「丞相之職責乃是輔佐天子理陰陽，協和萬邦，內親附百姓，使卿大夫各盡其職，為朝廷效命。」孝文帝聽了很高興，認為陳平答得很得體[5]。

這亦正如宋朝司馬溫公所指出的：「夫為國家者任官以才，立政以禮，懷民以仁，交鄰以信，是以官得其人，政得其節，百姓懷其德，四鄰親其義，夫如是，則國家安如磐石⋯。」[6]誠哉斯言，按國政之推展乃上自國家領導人，下至各級百官，只要各司其職，竭智盡忠，把自己份內的事做好，則國家政務之治理自然得宜，自然能達到國泰民安，四時順暢，四方歸附，才能發揮組織運作與人力資源充分利用之功能。

五、將相和、共赴國事、堅忍圖成

為了國家大事或企業組織營運順利成功，尤其是處於危難之際，更應您凝 聚組織成員之團結力量，如此才能化危機為轉機。歷史上有名的將相和，廉頗 與藺相如相忍為國的故事，至今仍是膾炙人口，傳為美談。

春秋戰國時代，廉頗乃是趙國之良將，頗為成功，拜為上卿，但一向對同朝的藺相如甚為瞧不起。即便藺相如完成了「完璧歸趙」與「澠池會」兩件大智大勇之偉大功績，也就是以超越卓群之智慧為國家保持了利益與尊嚴，但是廉頗對藺相如仍是傲慢無禮有加。而藺相如深諳為了國家之利益就必須忍

5　司馬遷，《史記》，卷五十六，陳丞相世家第二十六。（參閱附錄三）
6　司馬光，《資治通鑑》，卷七秦紀二。

受個人所受屈辱之道理，因為戰國七雄之間互相征戰，唯利是圖，唯有安內才能確保國家的生存發展。如果他與廉頗不和，則必為一向對趙國虎視眈眈的秦國所乘，則國家的災禍必隨之而來矣。

藺相如這種相忍為國之苦心終於感動了廉頗，讓廉頗肉袒負荊請罪。兩人自此結為刎頸之交，將相和共為國是效命[7]。

六、帶人要帶心

與部屬同甘共苦，堅定部屬的信心，則任何之分化離間自然無效。楚漢之爭，漢之所以能最終擊敗楚，其中最大的因素乃是劉邦能與部屬同心同德，且劉邦對功臣亦盡能言必聽計必用，且能毫不吝嗇地封賞有功之功臣。如對韓信之重用其為大將軍，韓信要求封〔假齊王〕即改封為〔真齊王〕。

因此，楚漢在滎陽一地相持不下約三年多，項羽屢派諸如武涉、蒯通等人相繼地前往遊說韓信歸順楚，但他並不為所動，一心一意擁護支持劉邦。以當時韓信之實力，他若幫項羽，則勝利必歸楚，他若歸漢，勝利必歸劉邦。這其中最主要的因素乃是項羽未能知人善任，且又不知帶兵必須帶心之道，使人心悅誠服、生死與共也[8]。

七、通權達變、因應時代新變局

西方思想家培根曾云：「讀歷史使人聰明，讀法律使人思維精細」。的確，無論古今中外，任何人若想順利達成目標的話，不但需具有豐富的學識，更重要的是必須懂得通權達變以因應時代的新變局。尤其是值此世局多變，隨時皆需面臨危機或挑戰，無論是國家或企業的管理者更需具備此種憂患意識與因應危機之知能。

7　司馬遷，《史記》，卷八十一，廉頗藺相如列傳第二十一。（參閱附錄四）
8　司馬遷，《史記》，卷九十二，淮陰侯列傳第三十二。（參閱附錄五）

史記太史公司馬遷稱讚戰國時代楚國的愛國詩人屈原曰其：「學問淵博，明政治之得失，長於外交辭令，志遠大行正直。」按戰國時代有燕韓趙魏齊楚秦七國，秦國為了遂其強行統一兼併其他六國，採取所謂「遠交近攻、分化離間」之策略，分化、滲透、離間敵人內部，以圖謀直至消滅對手為止。凡是熟讀兵法的人都會了解只要犯了戰略錯誤，即使戰術是多麼高明，也是很難贏得整個戰爭的最終勝利。

在戰國時代秦國與六國之間的戰爭策略運作中，秦國運用連橫策略，而六國運用合縱策略，其實如果六國合縱之策略能有效運用，則齊六國之力，秦國是很難達成其進行鯨吞蠶食強行兼併統一之野心的。而六國之所以最終被秦國各個擊破其中最大的原因，乃是秦國對六國間及六國內部君臣間滲透分化離間之陰謀得逞，遂使六國之間無法管理哲學與管理策略－新世紀全球化管理思維之實踐齊心一致對抗暴秦，且各國內部亦遭到秦國所派之間諜，暗中與所欲分化的國家之奸臣裡應外合，致使六國被秦國一一擊破，最終招致滅亡之命運。當時屈原本為楚國三閭大夫，一心一意本著對國家與楚王的滿腔赤忱而效命，並為抵抗報秦而竭智盡忠，不計一切全力以赴，以確保國家的安全與百姓之幸福生活。可惜楚國當局卻深中秦國分化離間之計，聽信奸臣讒言，將屈原加以放逐貶抑，真令志士寒心、忠臣卻不，此亦種下了後來楚國步上衰敗之途，終致為秦國所併之禍果，臣民皆淪入為暴秦鐵蹄所奴役之悲慘命運矣！

太史公司馬遷稱讚屈原博學多才之評語是頗為中肯的。但筆者卻認為既然屈原「能志遠大行正直，明政治之得失」，就應該深體唯有生存才有永續發展之希望，以當時之楚國的政治生態環境，屈原應該不要因此懷憂喪志，雖然當時的楚王貶抑他至長沙一帶，只要他能苦撐待變，堅定己志，並透過各種管道將敵人離間分化滲透之陰謀向有關當局作有效的反應，以破

敵國分化離間之策略，並使陷害其之孽臣諸如上官大夫之流，將其陷害忠良之惡言惡行加以公諸於世，讓其無所遁形，則屈原之冤屈不但得以洗刷平反，再次獲得當局的信任與得到國人永遠之敬愛，繼續留著皓潔高尚無比的有用之身以效命國家與人民。則其在內可為安邦定國之棟樑，對外可與各國共同奮力抵抗暴秦之侵略，這正所謂「君子居易以俟命」之為人處世之權變之道也。尤其是身為一個國家或機關團體的重要幹部，更應該體會政治與行政等工作乃是無比複雜、繁鉅的任務。因此從事這種工作時，更應該深切體悟到「小不忍則亂大謀」之哲理，否則一朝慎而忘其身，又何足以為國家負起各項重責大任呢？但無論如何筆者對屈原愛國憂時的高尚情操是深為敬仰的，而我們紀念屈原更應該發揚他那種對國家忠貞高超志節與廉潔自持的崇高精神[9]。

當前我國無論在政治、經濟、外交、兩岸關係皆面臨嚴峻無比的挑戰與考驗，尤其是國際金融風暴所帶來的衝擊更是我們必須要加以審慎因應的重大問題，但筆者堅信只要我們能共體時艱，深切體認我們兩千三百萬同胞皆已坐在同一條船上，當無分朝野全民，精誠團結一致，一切以國家安全與人民之福祉為前提，堅持民主憲政之核心價值，則我們當能化解一切險阻，並為國家的安全與台灣兩千三百萬同胞自由、民主、人權之幸福生活，開創更有希望的美麗新願景[10]。

八、用人唯才、有容乃大

泰山不讓土壤故能成其大，河海不擇細流故能就其深。戰國時代李斯為秦國重要客卿，竭智盡忠，為秦國效命，惟後因秦王聽信離間君臣之言，誣指在秦國效命之客卿皆為自己謀而不為秦國謀，因此必須加以驅逐，而李斯亦列為罷黜之列，

---

9 司馬遷，《史記》，卷八十四，屈原賈生列傳第二十四。
10 黃炎東，《田庄囝仔到法學博士──愛的教育與民主人權之實踐》，台北市，2009年6月，239-241頁。

李斯因而上書秦王諫逐客卿之不當與不利之處，致而感動了秦王而取消了逐客令。李斯在其諫逐客書中云：「臣聞地廣者粟多，國大者人眾，兵彊者則士勇。是以秦山不讓土壤，故能成其大，河海不擇細流，故能就其深；王者不卻眾庶，故能明其德。是以地無四方，民無異國，四時充美，鬼神降福，此五帝三王之所以無敵也」。亦就是向秦王陳明秦國之所以強盛乃是歷代君王皆能重用客卿，唯才是用，不分國籍只要是人才且能忠心耿耿效命於秦國者皆加以重用，因此秦國才能稱霸於諸侯，一匡天下。

大凡古今中外任何統治者統御天下之道皆應堅守原則是非，千萬不可因為他原本不是秦國人或是其它國籍就不起用，而做客卿就一律驅逐，那會使志士寒心，忠臣更為卻步。如此反其道而行而冀望富國強兵那無異是緣木求魚矣！因此李斯又云：「夫物不產於秦，可寶者多；士不產於秦，願忠者眾。今逐客以資敵國，損民以益讎，內自虛而外樹怨於諸侯，求國無危，不可得也。」再三印證了秦國歷代君王都是依靠了客卿而致強大富強，成就了帝王之基業。

筆者近期間重溫李斯諫逐客書之內容，深感自然宇宙之理及中外朝代興衰之道，更加體會出無論是國家或任何一個團體的興衰與主政者對人才之起用與培育，是否能秉著唯才是用不因個人之好惡而劃地自限的原則有著很大的關係。據報章披露日前印尼總統瓦希德自稱是有華人血統的華裔，試問印尼若繼續實施其以往的排華政策，今日能成其世界第四個民主大國的基業嗎？而美國自開國以來即是實施其民族大熔爐之政策，無論是獨立宣言或憲法皆強調種族平等與種族融合之精神，故造就了今日美國強盛的局面，前美國國務卿歐爾布萊特乃是東歐國家的後裔，美國政府亦不會因其原先國籍而不加以重用而現任美國總統歐巴馬乃是非裔的美國人亦能獲得美國人民擁護當

選美國總統，經國先生亦曾經說：「我也是台灣人」，因為經國先生他認同台灣斯土斯民。而台灣是一個移民社會，除了早期的原住民同胞，大多是歷代從中國大陸遷移，而來台的先後雖然有別，但生於斯、長於斯，這塊土地已灌溉著幾代人共同的汗水和心血，才有今天的枝繁葉茂，欣欣向榮，熔鑄成血肉相連的生命依存關係。

台灣能有今日政治文化的卓越成就乃是原住民與先後來台的漢民族及外國移民來的新移民共同的成果，就是大凡一個國家或任何團體的成員，只要能真正認同這一個國家或團體立國精神與憲法原則及其成立之宗旨目標，並不計一切的奉獻心力，皆應受到接納且一律平等待之，如此這個團體才能彰顯出有容乃大的風範與功能。

記得筆者早年就讀屏東師範當時就有平地班與山地班（原住民班）的編班，但皆能受到學校當局一視同仁地加以尊重與培植。在師資的引進方面無論是師範畢業或其它大學畢業者若能獲聘來校任教者，無論是就職或升遷皆受到平等的待遇，屏師在培育人才方面能在國內有傑出的表現亦就是這種有容乃大的木瓜園精神的發揮所致。

而筆者就讀於台大社科院國家發展研究所法律組時，更加感受到台大在百年樹人的神聖志業上更彰顯其愛國愛人的校訓精神，在學生的招收皆能完全摒棄門戶之見，尤其是師資之聘任更為兼容並蓄取精用宏，無論是本校畢業或取得國內外相關學位者在一定的資格與學術水準及可能的機會下皆能為台大所晉用，發揮所長，為學校奉獻心力，而台大之所以能執國內學術之牛耳亦皆得力於這種包容吸納各種人才的優良傳統並加以發揚光大也！

因此，筆者認為政府機構無論是行政或學術單位，我們在人才之進用與拔擢以適才適所為原則，千萬不可存有過份狹窄

之觀念，否則阻擋人才的任用，這對該團體的生存發展是有所妨礙的。值此國家無論在政治、經濟等方面皆面臨嚴厲挑戰，兩岸關係亦處於詭譎多變之秋，凡是真正熱愛台灣斯土斯民無分朝野應謹記我們兩千三百萬同胞皆是坐在這一條船上的生命共同體，當深切體認「有容乃大」，而「河海不擇細流，故能就其深」之哲理，以更為宏觀之視野與包容之胸懷共同為台灣的民主化與現代化努力打拚[11]。

11　同註 55，248-251 頁。

第七部
釣魚臺列嶼與南海主權
歸屬問題探討

1. 釣魚臺列嶼主權歸屬問題之研究
——從歷史與法理層面分析

壹、探討釣魚臺主權歸屬問題之核心價值與時代意義

目前我國、中國大陸、日本對釣魚臺列嶼（Diaoyutai Islands）之主權（Sovereignty）皆各自有其主張與論述，但真理與事實卻只有一個。從歷史事實、如自然地質、生活地理、國際法等層面而言，釣魚臺列嶼之主權當然是屬於中華民國的領土。而日本所主張的其係依據國際法上，「無主地」之「先占」及法律「時效」等論述皆是無法站得住腳，儘管目前日本暫且取得「事實佔領」（De Facto Occupation）的狀態，但亦無法否認釣魚臺主權是歸屬於我國的事實，而凡是真正熱愛臺灣斯土斯民的同胞，更應該勇敢的站出來，告訴日方，其一意孤行侵略別人領土之野心，是無法獲得認同，亦有失其東亞民主大國之風範，實為智者所不取，因為歷史是永遠站在公理這邊。

主權是國家最高的統治權，對內對外具有神聖不可侵犯性。2002 年 4 月，日本宣佈租借釣魚嶼、南小島和北小島。2011 年 9 月 10 日，日本政府正式宣佈決定將釣魚臺國有化，並於 9 月 11 日正式與島主簽訂購島合約[1]；日本的這一系列的從租借釣魚臺到國有化的行動立即遭到中華民國政府與人民嚴重的關切，激發更為強烈的反彈。中國大陸亦於 9 月 16 日

1　參閱黎蝸藤著，《釣魚臺是誰的？—釣魚臺的歷史與法理》，臺北：五南書局，2014 年 9 月初版一刷，頁 481-488。

向聯合國大陸棚界線委員會提交了東海二百海里外大陸棚之劃界方案，將中國大陸棚主張延伸到沖繩槽，包含了釣魚臺[2]。按無論是日本政府一系列的對釣魚臺之租地或國有化的計畫行動，其主要目的乃是企圖強化其對釣魚臺主權更為法制化之基礎，因為依據 1982 年「聯合國海洋法公約」，各締約國在批准或加入該公約 10 年之內，要向聯合國大陸架外部界線委員會，提出該國大陸架外部超出二百海里處的精確位置，以利該委員會審查。如果該國所提出之外部界線合乎聯合國海洋法公約第 76 條之規定，委員會將在審查通過之後，公布該國的大陸架外部界線，據此確認該國主張的合法性[3]。因此日本政府向民間以租用釣魚臺列嶼方式或是將其國有化的行動，其另外一個主要目標，乃是企圖為準備將來打國際官司預先做好鋪陳工作。按聯合國自 1986 年在德國漢堡已成立了「海洋法國際法庭」（ITLOS）。1982 年之聯合國海洋法公約乃是一部規範海洋秩序之多邊條約[4]，雖然我國不是締約國，但依我國憲法第 141 條規定，中華民國外交當尊重國際條約，誠如我國目前雖非聯合國組織會員，但我們仍會遵守聯合國維持世界和平之聯合國憲章規定，何況我國乃是以海洋興國的國家，因而對 1982 年之聯合國海洋法公約，我們是應加以重視才對。從歷史或國際法之層面而言，釣魚臺列嶼自古以來即屬於臺灣的屬島，中華民國政府與人民對於維護釣魚臺之主權當然責無旁貸。

雖然釣魚臺列嶼可能系屬聯合國海洋法公約第 121 條所歸規定的「不能維持人類居住或其本身生活」之「岩礁」，但若為日本所竊占之事實一直存在，日本不但提出對其最有利的「既存法律秩序」之主張，更有可能成為「岩礁」直線基線的

2　參閱黎蝸藤著，同前書，頁 489。
3　參閱傅崑成著，《海洋管理的法律問題》，臺北：文笙書局，1993 年出版，頁 535。
4　參閱陳純一，〈1982 年海洋公約在我國國內法之地位〉，刊載於《超國界法律論集陳長文教授六秩華誕祝壽論文集》，臺北：三民書局，2004 年，頁 69。

基點問題，以及在兩國重疊大陸海域畫界時之地位。倘若釣魚臺列嶼被劃做日本領海直線基線的基點，則日本可以將其200海里專屬經濟區的外界線，劃到更為接近臺灣之外海，致而臺灣本身的經濟海域大為縮小。那麼臺灣在這個海域所喪失之石油天然氣及漁業或其他海洋資源之損失價值是無以估計的[5]。從這個觀點而言，我們研究釣魚臺列嶼主權之歸屬問題深具國家安全戰略地位之價值與時代意義。

貳、國際法上領土主權之獲得與其爭端之解決

依據《奧本海國際法》，一個國家對於領土主權獲得之來源約有五種情況：（1）先占〈Occupation〉、（2）時效〈Prescription〉、（3）割讓〈Cession〉、（4）征服〈Conquest〉及（5）添附〈Accretion〉[6]。自十九及二十世紀以來，世界各國之間有關領土之爭執事件，大致就以下幾種方式解決之，第一，訴諸戰爭方式，如英國與阿根廷之間，福克蘭群島之爭引發的戰爭；第二，尋求國際條約協定解決；第三尋求國際輿論之支持；第四，訴諸國際法庭之仲裁，如美國跟荷蘭之間的帕爾馬斯島〈Island of Palmas〉之爭[7]。

叄、釣魚臺列嶼主權歸屬於我國之歷史證據

一、從自然地質上說

釣魚臺列嶼位於臺灣東北方，處於東海大陸礁層邊緣，是臺灣北部大屯山、觀音山脈延伸入海底的凸出部分，與臺灣東

5　參閱傅崐成著，《海洋管理的法律問題》，臺北：文笙書局，1993年出版，頁536-538。

6　Lassa Francis Lawrence Oppenheim, International Law, 8th Edition, 1955。轉引自黎蝸藤著，《釣魚臺是誰的？—釣魚臺的歷史與法理》，臺北：五南圖書，2014年，頁409-410。

7　Lassa Francis Lawrence Oppenheim, International Law, 8th Edition, 1955。轉引自黎蝸藤著，《釣魚臺是誰的？—釣魚臺的歷史與法理》，臺北：五南圖書，2014年，頁415-428。

北方三小島花瓶嶼、棉花嶼、彭佳嶼在地質上一脈相承，由五個無人島（釣魚臺、黃尾嶼、南小島、北小島、赤尾嶼）與三個岩礁組成，總面積約 6.1636 平方公里，最大島即稱釣魚臺，面積 4.3838 平方公里。該列嶼散布在北緯 25 度 40 分到 26 度及東經 123 度到 124 度 34 分之間，南距基隆 102 海里，北距沖繩首府那霸 230 海里，距最近的中華民國和日本領土（含無人島）則各為 90 海里。釣魚臺列嶼，全部海床水深在 200 公尺內。釣魚臺以南約 10 海里處，水深則突達 1000 公尺以上，最深處可達 2717 公尺，地質學上稱為「沖繩海槽」（史稱「黑水溝」），形成中琉之間天然疆界。並且沖繩海槽地質構造為「海洋板塊」，釣魚臺地質構造為「大陸板塊」，兩者間有顯著差異。因此釣魚臺列嶼屬於臺灣大陸礁層板塊之自然延伸，並非琉球群島板塊的自然延伸，在地質上與琉球並不銜接[8]。

二、從生活地理上說

釣魚臺列嶼位於臺灣東北方，南距基隆 102 海里，北距日本沖繩首府那霸 230 海里。恰位於黑潮向北流經之處，與臺灣屬同一季風走廊，從臺灣北部來此，順風又順流，從琉球反向來此，則大為不便，因此自明清以來成為臺灣東北部漁民

8　馬英九，〈釣魚臺當然是中華民國領土〉，《中國時報》，第 12 版，2015 年 8 月 3 日。
外交部條約法律司，〈釣魚臺列嶼是中華民國的固有領土〉，2012 年 4 月 3 日。
http://www.mofa.gov.tw/News_Content.aspx?n=AA60A1A7FEC4086B&sms=60ECE8A8F0DB165D&s=26CF6ADBA824644B
公眾外交協調會，〈釣魚臺列嶼爭議簡析〉，2012 年 8 月 16 日。
http://www.mofa.gov.tw/cp.aspx?n=6EB65C17DD7B1B6C
外交部條約法律司，〈中華民國對釣魚臺列嶼的主權主張與東海和平倡議〉，2013 年 8 月 6 日。http://www.mofa.gov.tw/News_Content.aspx?n=AA60A1A7FEC4086B&sms=60ECE8A8F0DB165D&s=018D05F1FE46A114
鄭海麟著，《論釣魚臺列嶼主權歸屬》，海峽學術出版社，2011 年 9 月，頁 120、135、147。

傳統捕魚區。日據時期 1920 年（大正 9 年），日本總督府更指定釣魚臺列嶼海域為臺灣之鰹魚漁場。1926 年，臺灣總督府均將釣魚臺漁場劃歸臺北州，當時曾以總督府公報正式對外公布。漁民為避風及修補漁船漁具，曾長期使用該列嶼；我國藥師曾赴該島採藥，工程公司曾雇用工人在該島附近海域打撈沉船，並在島上拆船。我國人民對該列嶼的使用，在過去數百年間，是司空見慣之事[9]。

三、從歷史歸屬上說

（一）屬於我國固有領土

釣魚臺列嶼在西元 1403 年（明永樂元年）《順風相送》一書中首先提到釣魚臺列嶼，顯示該列嶼係中國人最早發現、命名及使用[10]。1534 年（明嘉靖 13 年），陳侃的《使琉球錄》載明釣魚臺列嶼的地理位置與跟琉球接界的關係，成為中琉航道上重要的地標。1556 年（嘉靖 35 年），奉使日本的鄭舜功在《日本一鑑》一書中，更附地圖註明「釣魚嶼，小東（臺灣）小嶼也」，顯示釣魚嶼自古就是臺灣屬島[11]。1561 年（嘉靖 40 年）鄭若曾的《萬里海防圖》將釣魚臺列嶼列入。1562 年（嘉靖 41 年），明朝抗倭最高統帥兵部尚書胡宗憲將釣魚臺列入《籌海圖編》的「沿海山沙圖」，納入我國東南海防體系，抵抗倭寇入侵之東南海防系統。1579 年（萬曆 7 年）明朝冊封使蕭崇業所著《使琉球錄》中的「琉球過海圖」、1629 年（崇禎 2 年）茅瑞徵撰寫的《皇明象胥錄》中亦有記載。1683 年（康熙 22 年）釣魚臺隨臺灣納入清朝版圖。1722 年（康熙 61 年）巡視臺灣的御史黃叔璥所著《臺海使

9　丘宏達著，陳純一編。〈深度剖析釣魚臺紛爭—不容歪曲的歷史鐵證〉《書生論政（丘宏達教授法政論文集》，臺北，三民書局，2011 年 10 月，頁 355-356。

10　黎蝸藤著，《釣魚臺是誰的？—釣魚臺的歷史與法理》，臺北：五南圖書，2014 年 9 月（一刷），頁 6-8。

11　同註 7、10；同註 11，頁 16-24、43-47。

槎錄》卷二《武備》列出臺灣府水師船艇的巡邏航線，並稱「山后大洋，北有山名釣魚臺，可泊大船十餘」。1747 年（乾隆12 年）范成《重修臺灣府志》及 1764 年（乾隆 29 年）余文儀《續修臺灣府志》均全文轉錄黃叔璥的記載。1767 年（清乾隆 32 年）繪製的《坤輿全圖》，亦已納入。1812 年（嘉慶 17 年）劃入噶瑪蘭廳。1863 年（同治 2 年）官修鑄版的《皇朝中外一統輿圖》，也將釣魚臺列嶼列入中國版圖中。

　　1871 年（同治 10 年）陳壽祺《重纂福建通志》的記載不僅顯示釣魚嶼於清代納入海防巡邏據點，更將釣魚嶼明載於「卷八十六‧海防‧各縣衝要」，並列入噶瑪蘭廳（今宜蘭縣）。咸豐 2 年（1852）陳淑均的《噶瑪蘭廳志》與同治 11年（1872）臺灣知府兼任臺灣兵備道周懋琦的《全臺圖說》中，也均有「山後大洋有嶼名釣魚臺，可泊巨舟十餘艘」的記載 [12]。因此釣魚臺列嶼早已是臺灣之屬島，並不屬於琉球之一部分。

　　綜上所述，明清兩朝赴琉球國多位冊封使所撰「使琉球錄」，均記錄由福建出海，途經釣魚臺，再經黑水溝（沖繩海槽），即達宮古島而入琉球國界，黑水溝作為「中外之界」史不絕書。百餘年間多種方誌之記載，更有列為交通要衝者，顯然我漁民經常使用，絕非日本所稱「無主地」（Terra Nullius）[13]，日本又何有所謂「先占」之說呢 [14]?

（二）非為日本固有領土

　　1785 年（乾隆 50 年，日本天明五年）日本人林子平刊行的《三國通覽圖說‧琉球三省并三十六島之圖》，將釣魚臺

12　外交部條約法律司，〈中華民國對釣魚臺列嶼的主權主張與東海和平倡議〉，2013 年 8 月 6 日。（http://www.mofa.gov.tw/News_Content.aspx?n=AA60A1A7FEC4086B&sms=60ECE8A8F0DB165D&s=018D05F1FE46A114）

13　同註 9。

14　丘宏達著，《關於中國領土的國際法問題論集》，臺北:臺灣商務印書股份有限公司，2004 年

列嶼與中國同繪為紅色，而與琉球 36 島的淡黃色及日本的淺綠色完全不同，顯然認為釣魚臺列嶼乃中國之領土；林氏自稱「此數國之圖，小子非敢杜撰之」，而是依據 1719 年（康熙 58 年）中國冊封副使徐葆光所著的《中山傳信錄》及附圖；該書是古代著名的信史，歷代為中、日、琉三國學者所推崇，該圖將釣魚臺列在琉球 36 島之外，並與中國大陸繪成同色，意指釣魚臺為中國領土的一部分。1702 年（元祿十五年）日本幕府撰，《元祿國繪圖之琉球國先島群島圖》。1719 年新井白石撰《南島志》所繪《琉球國全圖》。1854 年（嘉永七年），樗園長山貫繪製的《唐土與地全圖》（即中國領地圖之意，將臺灣及彭佳嶼、黃尾嶼、赤尾嶼等附屬島嶼劃入中國本土）。1873 年大規文彥撰《琉球新志》附《琉球諸島全圖》[15]，均將釣魚臺列嶼載入清朝版圖。又在琉球國的《中山世譜》中，琉球共有 36 個島嶼，其中，並沒有釣魚臺。1879 年（光緒 5 年），日本併琉球，廢藩為沖繩縣前夕，琉球紫金大夫向德宏在覆日本外務卿寺島函中，確認琉球為 36 島，而久米島與福州之間「相綿亙」的島嶼為中國所有；1880 年（光緒 6 年）日本駐華公使向清朝總理衙門提出之「兩分琉球」擬案中，證明中、琉之間並無「無主地」存在[16]。而在其《沖繩要覽》、《沖繩縣館內地圖》、《沖繩志》及《琉球統計》等書中都沒有釣魚臺列嶼[17]。再反觀富有正義感之日本歷史學者井上清曾於 1972 年在日本《歷史研究雜誌》第 382 號發表一篇名為〈釣魚臺即日人所稱的尖閣列島的歷史與歸屬問題〉一文中指出，歷史上早有關釣魚臺的紀錄，是明嘉靖 11 年（1532 年），

---

15 外交部條約法律司，〈關於我政府對日本外務省網站有關釣魚臺列嶼十六題問與答逐題駁斥全文〉問題六。http://www.mofa.gov.tw/cp.aspx?n=FBFB7416EA72736F

16 同註 10。

17 丘宏達著，《關於中國領土的國際法問題論集》，臺北：臺灣商務印書館（修訂版，第一次印刷），2004 年 11 月，頁 52-53；李理、趙國輝編著，《日本各界人士對日本尖閣列島主張的反駁》，臺北：海峽學術出版社，2013 年，頁 18-19。

陳侃所寫的《使琉球錄》，明確地自知釣魚臺為我國領土，並不屬於琉球國或日本國之領土[18]。因此，如日本欲擁有，只好用武力「強奪」，或暗中「竊占」，但自然不可能構成「先占」。

（三）西方各國地圖歸列為我國固有領土

事實上，在 1895 年前，西方地圖均以中文名稱記載釣魚臺列嶼，例如 1809 年法人皮耶・拉比等所繪之《東中國海沿岸各國圖》（Pierre Lapie and others, The Map of East China Sea Littoral States）將釣魚嶼、黃尾嶼、赤尾嶼繪成與臺灣島相同的顏色；1811 年英國出版的《最新中國地圖》（A New Map of China）、1859 年美國出版的《柯頓的中國》（Colton's China）、1877 年英國海軍編制的《中國東海沿海自香港至遼東灣海圖》（A Map of China's East Coast: Hongkong to Gulf of Liao-Tung）等地圖，都以中文名稱記載釣魚臺列嶼。又如 1722 年駐華的法國傳教士宋君榮（Antoine Gaubil）根據中國冊封使徐葆光的《中山傳信錄》，以及與駐京琉球使節的談話，寫了回憶錄，於 1758 年刊登在《耶穌會傳教士書簡集》。書簡集中附上「自臺灣雞龍山至琉球那霸港針路圖」（Chinois de la Forteresse de Kilongchan ... Napakiang），圖中釣魚嶼、黃尾嶼、赤尾嶼分別以其中文名稱譯成法文[19]。因此我們更可以印證西方各國「承認」釣魚臺列嶼為我國固有領土。

肆、日本之主張在國際法上自始無效

依上所述，釣魚臺列嶼從地質上是臺灣的附屬島嶼，從生活上是我國固有領域，日本不敢承認釣魚臺列嶼為其固有領土，亦不敢承認釣魚臺列嶼為我國所有，故只能依國際法宣稱「無主地先占」與「時效取得」。換言之，無異說明釣魚臺列

18　李理、趙國輝編著，《日本各界人士對日本尖閣列島主張的反駁》，臺北：海峽學術出版社，2013 年，頁 4。

19　同註 16。

嶼本來不是日本所有。

　　先占（occupation）是一個國家有意識地占取當無不再他國主權之下的土地主權，其要件為：1.先戰之主體為國家，2.先占之客體為不屬於任何國家之「無主地」，3.國家必須公開表示對該地有佔領之意圖，即「公示」原則，4.國家必須是有效佔領，即建立機構標是主權，實際採取行政、立法、司法之措施。時效（prescription）則是在一足夠長時間內，對一塊土地連續和不受干擾地醒使主權，以致在歷史發展的影響下，造成一種一般信念，認為事務現狀是符合國際秩序的，從而取得該土地之主權，因此該土地不必是無主地[20]。

　　日本對於釣魚臺列嶼是否能以「無主地先占」與「時效取得」而擁有其主權，自應就其「歷史事實」加以稽考：

一、甲午戰前，日本之竊占

（一） 1879 年併吞琉球國

　　1879 年（光緒 5 年）日本併琉球國，廢琉球藩為沖繩縣前夕，琉球紫金大夫向德宏在覆日本外務卿寺島函中，確認琉球為 36 島，而久米島與福州之間「相綿互」的島嶼為中國所有；1880 年（光緒 6 年）日本駐華公使宍戶璣向清朝總理衙門提出之「兩分琉球」擬案中，證明中、琉之間並無「無主地」存在[21]。

　　1879 年，日本正式併吞琉球後，即積極擴張領土。根據現存於日本外務省外交史料館、國立公文館、以及防衛省防衛研究所附屬圖書館的相關文件可知：自 1885 年（明治 18 年）起，日本明治政府即開始圖謀侵佔釣魚臺列嶼。

20　黎蝸藤著，《釣魚臺是誰的？──釣魚臺的歷史與法理》，臺北：五南圖書，2014 年　9 月（一刷）， 頁 410-411。
21　同註 9。

（二）1885 年即擬於釣魚臺設立國標

　　依日本官方文件證實，其僅在 1885 年 10 月間對釣魚臺列嶼進行一次實地調查：內務大臣山縣有朋（Aritomo Yamagata）原要求沖繩縣令西村捨三（Sutezo Nishimura）勘查該島後即設立國標。但西村捨三勘查後回報：此列嶼早經中國發現、命名、載之史冊，此時建立國標，恐非妥善，建議暫緩。內務大臣乃再秘密諮商外務大臣井上馨（Kaoru Inoue）。10 月 20 日，井上馨以極密函件《親展三十八號》回覆內務大臣「清國對各島已有命名」「近時，中國報紙報導我國欲佔據臺灣近傍清國所屬島嶼，因此建立國標之事，俟他日為宜，以避免招致清國之猜疑」，並要求勘查之事「均不必在官報及報紙刊登」。按此中國報紙乃上海《申報》，於 1885 年 9 月 6 日的一則報導〈臺島警信〉，稱「文匯報登有高麗傳來消息，為臺灣東北邊之海島，近有日本人懸日旗於其上，大有佔據之勢」。11 月間，沖繩縣令西村捨三也在公文中證實：「此事與清國不無關係，倘生意外，將不知如何應對，殷盼指示」。明治政府設立國標之事，到此暫時作罷[22]。

（三）1895 年乘甲午戰利而竊占釣魚臺

　　1894 年夏，甲午戰起，日軍擊敗北洋艦隊；10 月，跨越鴨綠江，11 月，佔領旅順。12 月，日本內務省認為兼併釣魚臺計畫時機已告成熟，稱兼併案「涉及與清國交涉…，但今昔情況已殊」[23]。遂於 1895 年 1 月 14 日正式完成「竊占」。

　　依前述，在 1895 年以前是清朝領土，雖無人居住，但並

22　同註 9。外交部條約法律司，《關於我政府對日本外務省網站有關釣魚臺列嶼十六題問與答逐題駁斥全文》問題二。http://www.mofa.gov.tw/cp.aspx?n=FBFB7416EA72736F 丘宏達著，陳純一編。〈深度剖析釣魚臺紛爭－不容歪曲的歷史鐵證〉《書生論政（丘宏達教授法政論文集》，臺北，三民書局，2011 年 10 月，頁 354-355。

23　公眾外交協調會，〈釣魚臺列嶼案答客問〉四，2013 年 6 月 14 日。http://www.mofa.gov.tw/cp.aspx?n=6AA59E4253B4FFCA

非「無主地」。日本外務省在 1971 年所提出的「我國關於尖閣諸島領有權的基本見解」，聲明「自 1885 年以來，日本政府通過沖繩當局等途徑再三在尖閣諸島進行實地調查，慎重確認尖閣諸島不僅為無人島，而且沒有受清朝統治的痕跡。在此基礎上，於 1895 年 1 月 14 日，在內閣會議上決定在島上建立標樁，以正式列入我國領土之內。」但日本外務省這一聲明是與事實不符的，這從現有的 1885 至 1895 年的明治時代之官方文件可以得到印證：在 1892 年 1 月 27 日沖繩縣知事丸岡莞爾致函海軍大臣樺山資紀，鑒於釣魚臺列嶼為「踏查不充分」之島嶼，要求海軍派遣「海門艦」前往釣魚臺列嶼實地調查，但海軍省並未派艦前往調查；1894 年 5 月 12 日，沖繩縣知事奈良原繁致函內務省謂「自明治 18 年（1885 年），由本縣屬警部派出的調查以來，期間未再進行實地調查，故難有確實事項回報」，由此一文件正可反駁日本政府所宣稱「對尖閣諸島進行再三徹底調查」說法之謬，亦可證明當時的日本明治政府乃是藉中日甲午之戰勝利，乘機「竊占」釣魚臺列嶼。且此 1895 年 1 月 14 日的決議，不但沒對外公布，亦未依其慣例納入 1896 年日本天皇敕令第十三號〈劃定沖繩縣範圍〉，其乃內部意思形成而已，對外並無「公示」之國際法效力可言，不符合「先占」之要件。因此，日本主張對釣魚臺列嶼「先占」的說法，在國際法上是無效的 [24]。

二、甲午戰後，清廷之割讓

（一）1895 年馬關條約割讓臺灣及其屬島

甲午之戰，清廷大敗，次年之 1895 年 4 月 17 日，雙方簽訂《馬關條約》，其第 2 條規定「中國把遼東半島、臺灣、澎湖群島之權，即英國格林尼次東經 119 度起至 120 度止、

24　中華民國外交部條約法律司，〈中華民國對釣魚臺列嶼主權的立場與主張〉，2014 年 2 月 5 日。

北緯 23 度起至 24 度之間諸島嶼。該地城壘、兵器製造所及國有物永久割讓給日本。」並自 1895 年（明治 28 年）5 月 8 日（光緒 21 年 4 月 14 日）生效。5 月 8 日雙方移交，臺灣（包括釣魚臺列嶼）乃正式成為日本領土。因此，日本取得釣魚臺列嶼主權的依據，也因違反國際法的「先占」之自始無效，反而被不違反當時國際法的「割讓」所取代，成為合法擁有[25]。

（二）1930 年日本竊自更名為尖閣諸島

遲至 1930 年日本已統治臺灣 35 年後，帝國陸地測量部測繪之《吐噶喇（トカラ）及尖閣諸島圖》，始將釣魚臺列嶼冠以沖繩縣教師黑岩恆於 1900 年所指稱之「尖閣諸島」名稱[26]，以掩飾「竊占」我固有領土釣魚臺之事實。

三、二次戰爭，宣言與降書

（一）1941 年我國對日宣戰並廢止兩國一切條約

1937 年 7 月 7 日，蘆溝橋事變，我對日抗戰。但直到 1941 年 12 月 8 日，日軍偷襲珍珠港，爆發太平洋戰爭，9 日，我國才正式對日宣戰，明白宣示「涉及中日關係所締結的一切條約、協定、合同一律廢止」。

（二）1943 年開羅宣言促日本歸還所竊取之中國領土

1943 年 12 月 1 日中華民國、美國、與英國共同發布的《開羅宣言》（Cairo Declaration）中，亦明定盟國召開開羅會議的目的「在使日本所竊取於中國之領土，例如東北四省、臺灣、澎湖群島等，歸還中華民國，其他日本以武力或貪慾所攫取之土地，亦務將日本驅逐出境」。

（三）1945 年波茨坦公告促實施開羅宣言之條件

25　同註 13。
26　同註 16。

　　1945 年 7 月 26 日中華民國、美國、英國、與蘇聯等同盟國共同發布的《波茨坦公告》（Potsdam Proclamation）第 8 條復明定「《開羅宣言》之條件，必須實施。而日本之主權必將限於本州、北海道、九州、四國及吾人所決定其他小島之內」。

（四）1945 年日本簽署降書接受波茨坦公告

　　1945 年 8 月 6 日、9 日美國兩顆原子彈分別投於廣島、長崎，14 日日本正式宣布無條件投降。9 月 2 日，日本在美國海軍密蘇里號艦上向盟軍簽署《日本降書》（Japanese Instrument of Surrender），我國派徐永昌將軍參加，該《日本降書》中除再重申「無條件投降」外，更明白記載「茲接受美、中、英三國政府首領於 1945 年 7 月 26 日在波茨坦所發表，其後又經蘇維埃社會主義共和國聯邦所加入之公告所列舉之條款」「擔任忠實執行波茨坦公告之各項條款，並發布及採取經盟邦統帥或其他經指定之盟邦代表，為實施宣言之目的，而所需之任何命令及任何行動」。

（五）1945 年日本向我國簽署《降書》

　　1945 年 9 月 9 日，日本陸軍大將岡村寧次在南京向我國蔣委員長之代表何應欽將軍呈遞所簽署的《降書》，其第 2 條為「聯合國最高統帥第一號命令規定（在中華民國東三省除外）臺灣與越南北緯 16 度以北地區內之日本全部海陸空軍隊輔助部隊應向蔣委員長投降」。10 月 25 日，臺灣總督安藤利吉在今臺北中山堂，向我國臺灣省行政長官陳儀呈遞所簽署的降書，受降後陳儀廣播表示：「從今天起，臺灣、澎湖已正式重入中國版圖，置於中華民國主權之下」[27]。此乃依《波茨坦公告》：「臺灣、澎湖群島等，歸還中華民國」。而我政府亦在臺灣進行「有效統治（徵兵、徵稅）」。

27　國立故宮博物院，《百年傳承，走出活路》（中民國外交史料特展）〈台灣光復〉。
　　http://www.npm.gov.tw/exh100/diplomatic/page_ch04.html

（六）日本降書具有國際法上之拘束力

事實上，《日本降書》接受了《波茨坦公告》，《波茨坦公告》又規定《開羅宣言》的條件必須實施，顯然《日本降書》已將三項文件結合在一起。這三項文件都收錄在美國國務院 1969 年所出版的《美國 1776-1949 條約及國際協定彙編》第 3 冊，而《日本降書》還收錄在 1946 年《美國法規大全》第 59 冊與 1952 年《聯合國條約集》第 139 冊中，對日本、美國與我國都具有國際法上的拘束力 [28]。

四、二次戰後，國際之處置

（一）1951 年舊金山和約

二次大戰，雖因日本之投降而結束，但戰爭之善後，世界各國遲至 1951 年 9 月 8 日在美國舊金山簽署《對日和平條約》，即俗稱之《（舊）金山和約（Treaty of Peace with Japan）》，有 46 國參加簽署，但遺憾的是「中國華民國（或大陸）」卻未參加。該合約第 2 條明白規定「日本放棄（renounces）對臺灣、澎湖等島嶼的一切權利、權利名義與要求」。相對照第 1 條之「聯盟國承認日本與其領海之日本國民之完全主權」與《波茨坦公告》第 8 條「《開羅宣言》之條件，必須實施。而日本之主權必將限於本州、北海道、九州、四國及吾人所決定其他小島之內」之規定以觀，事實上，訂約當時日本之領土早已限縮在其「本州、北海道、九州、四國及吾人所決定其他小島之內」，琉球、釣魚臺列嶼早已在美軍「託管」中，為美國事實佔領（De Facto Occupation），自當然非其領土。並早已將「臺灣、澎湖等島嶼」交還我國，如同所有權之移轉，一得一失，自非日本之領土；又釣魚臺列嶼原既不屬於琉球，又不屬於日本，而係屬於我國固有之「臺灣、澎湖等島嶼」，自然應於第 1 條承認非日本之領土，因此，所稱之「放棄」，

28　同註 13。

應解為：「恢復原狀」以「不得主張一切權利、權利名義與要求」；即便是日本「放棄」臺灣、澎湖，已成「無主地」，為我國所接收，做「事實佔領」，亦應符合國際法上的「先占」。至今「有效統治」70 年，也符合「時效取得」！何況日本係公開向我國投降，將臺灣、澎湖移交我國，符合「歸還」之旨。

（二）美國受託管琉球等各島

但更令人遺憾的是該和約第 3 條規定：「日本同意美國對北緯 29 度以南之西南群島（含琉球群島與大東群島）、孀婦岩南方之南方各島（含小笠原群島、西之與火山群島），和沖之鳥島以及南鳥島等地送交聯合國之信託統治制度提議。在此提案獲得通過之前，美國對上述地區、所屬居民與所屬海域得擁有實施行政、立法、司法之權利」，其中交付美國「託管」者，並不含釣魚臺列嶼[29]。誠如富有正義感的日本知名歷史學者井上清所指出的「日美之間是以中華民國領土為交易，所以是無效的，所謂的尖閣列島或是赤尾嶼，應立即無條件認為是中華民國領土」[30]。

五、中日和約 釣魚臺爭議

（一）1952 年我國與日本簽訂和約

依《舊金山和約》第 7 條規定：「各聯盟國於本條約在個別聯盟國與日本生效 1 年期限內，得通告日本就其戰前與日本簽定之雙邊條約或協約是否持續有效或重新生效」，因此，我國與日本就在 1952 年 4 月 28 日，亦即在《舊金山和約》正式生效前 7 小時，在臺北簽訂《中日和約（Treaty of Peace between the Republic of China and Japan）》。茲僅就其第 2、4、10 內容以觀：

---

29 鄭海麟著，《論釣魚臺列嶼主權歸屬》，海峽學術出版社，2011 年 9 月，頁 123。
30 同註 19，頁 79-84。

1. 第 2 條「茲承認依照公曆 1951 年 9 月 8 日在美利堅合眾國金山市簽訂之對日和平條約（以下簡稱金山和約）第 2 條，日本國業已放棄對於臺灣及澎湖群島以及南沙群島及西沙群島之一切權利、權利名義與要求」之規定，顯然承續《舊金山和約》《波茨坦公告》、《開羅宣言》，並呼應我國對日宣戰之宣示。

2. 第 4 條「茲承認中國與日本國間在中華民國 30 年即公曆 1941 年 12 月 9 日以前所締結之一切條約、專約及協定，均因戰爭結果而歸無效」之規定，亦完全無條件接受我國對日宣戰之宣示，廢棄《馬關條約》，「恢復原狀」，「臺灣、澎湖等島嶼」當然回歸我國，並公開向我國投降辦理移交，此亦當然要包含「釣魚臺列嶼」，當然亦有追溯「承認」「事實佔領」之意旨。

3. 第 10 條「就本約而言，中華民國國民應認為包括依照中華民國在臺灣及澎湖所已施行、或將來可能施行之法律規章，而具有中國國籍之一切臺灣及澎湖居民及前屬臺灣及澎湖之居民及其後裔」之規定，臺灣、澎湖群島等，已早於 1945 年歸還我國，居於其上之人民自然要恢復我國國籍。

事實上，1945 年（民國 34 年）10 月 25 日，中華民國政府依據《日本降書》等戰時三個重要協議與承諾，在臺灣接受日本投降，恢復對臺灣行使主權。在那一天以前，臺灣主權屬於日本，從那一天開始，臺灣主權回歸中華民國。因此，臺灣地位從無不確定問題[31]。《中日和約》只是將過去作出正式且具有法律效力的協議，以條約形式再正式確認一次而已[32]。

31　公眾外交協調會，《「中日和約」答客問（中文版）》七，2012 年 8 月 16 日。http://www.mofa.gov.tw/News_Content.aspx?n=53CFB45A329E6B01&sms=8BFD8EF69DF69F75&s=6AF7BADE42537535

32　公眾外交協調會，《「中日和約」答客問（中文版）》五，2012 年 8 月 16 日。http://www.mofa.gov.tw/News_Content.aspx?n=53CFB45A329E6B01&sms=8BFD8EF69DF69F75&s=6AF7BADE42537535

（二）1953 年我國對美國處置琉球表示意見

1953 年 8 月，也就是《中日和約》的第二年，美國決定將琉球群島北部的奄美大島交還日本，我外交部在同年 11 月 24 日曾向美國駐華大使遞交備忘錄，表示對於琉球的最後處置，中華民國有發表其意見之權利與責任[33]。

（三）1961 年後日本之本國地圖已無釣魚臺

依據 1951 年《舊金山和約》，日本須放棄包括釣魚臺列嶼在內的臺灣全境。因此，日本國土地理院 1961 年 4 月 4 日第 878 號文書審訂之《日本地理》（日本の地理）〈九州編附錄〉所載「九州地方」及「南西諸島」圖中，即未出現已放棄之「尖閣諸島」（即釣魚臺列嶼）。此非特例，1963 年 11 月 20 日，帝國書院出版之《日本地圖集》及 1969 年 4 月 1 日，日人鈴木泰二編，日本圖書館協會選定發行之《（學研）學習百科大事典》第二卷《日本地理》（日本の地理）中的「南西諸島」圖等，亦均未見「尖閣諸島」。其實，二次戰後直至 1970 年之前，日本出版的地圖所繪之「南西諸島」，原則上均未見諸釣魚臺列嶼。以上在在說明日本在 1970 年之前，未敢染指中華民國所屬之釣魚臺列嶼[34]。

（四）1969 年日本設立國標界碑再度竊占

1968 年聯合國「亞洲與遠東經濟委員會」（ECAFE）報告指出，東海大陸礁層可能蘊藏豐富的石油及天然氣後，日本始萌生貪念，主張釣魚臺列嶼為南西諸島之一部[35]。1969 年 5

33　公眾外交協調會，《釣魚臺列嶼案答客問》十，2013 年 6 月 14 日。http://www.mofa.gov.tw/cp.aspx?n=6AA59E4253B4FFCA

34　外交部條約法律司，《關於我政府對日本外務省網站有關釣魚臺列嶼十六題問與答逐題駁斥全文》問題六。http://www.mofa.gov.tw/cp.aspx?n=FBFB7416EA72736F

35　外交部條約法律司，《關於我政府對日本外務省網站有關釣魚臺列嶼十六題問與答逐題駁斥全文》問題十三。http://www.mofa.gov.tw/cp.aspx?n=FBFB7416EA72736F 公眾外交協調會，《釣魚臺列嶼案答客問》十一，2013 年 6 月 14 日。http://www.mofa.gov.tw/cp.aspx?n=6AA59E4253B4FFCA

月，才在釣魚臺上設立界碑[36]。按 1945 年至 1971 年，釣魚臺列嶼係置於美國「託管」之下，而非日本管轄之下[37]，日本在釣魚臺上設立界碑之行為，無異於再度「竊占」。

（五）1971 年抗議美國擬將琉球歸還日本

1972 年 6 月 17 日，美國、日本訂定《日本與美國關於琉球群島及大東群島的協定》（簡稱《歸還沖繩協定》）（Okinawa Reversion Treaty），決議將琉球群島連同釣魚臺列嶼之行政管轄權交予日本。我駐美大使周書楷曾先於 1971 年 3 月 15 日致函美國務卿，堅決主張我國擁有釣魚臺列嶼主權之立場。美國國務院嗣於 1971 年 5 月 26 日以外交節略回復我方表示，「…關於中華民國與日本政府之間，對於釣魚臺列嶼主權歸屬問題所產生之爭議一事，美國政府業已知悉。美國之堅定政策為在該項是非爭議中不擬採取任何立場…（…The United States Government is aware that a dispute exists between the Governments of the Republic of China and Japan regarding sovereignty over these islands. It is the firm policy of the United States to take no position on the merits of this dispute …）」「…美國相信將其原自日本取得之行政權利交還日本一事，毫未損害中華民國之有關主權主張，美國不能對日本在轉讓該列嶼行政權予美國以前原所持用之法律權利予以增添，亦不能因交還其原自日本所獲取者，而減少中華民國之權利（…The United States believes that a return of administrative rights to the party from which those rights were received can in no way prejudice the underlying claims of the Republic of China. The United States cannot add to the legal rights Japan possessed before

---

36　外交部條約法律司，《關於我政府對日本外務省網站有關釣魚臺列嶼十六題問與答逐題駁斥全文》問題四。http://www.mofa.gov.tw/cp.aspx?n=FBFB7416EA72736F 公眾外交協調會，《釣魚臺列嶼案答客問》十一，2013 年 6 月 14 日。http://www.mofa.gov.tw/cp.aspx?n=6AA59E4253B4FFCA

37　同註 27。

it transferred administration of the islands to the United States, nor can the United States by giving back what it received diminish the rights of the Republic of China.）」[38]。美國參議院後來附加說明：表示僅將行政權交還日本，對主權問題持中立立場，認為應由中日雙方協商解決[39]。由這些外交文件來看，美國移交行政權並不等於確認日本擁有主權，而後也一再如此重申此論。

自美國與日本開始洽商《沖繩歸還協定》以來，我政府為維護釣魚臺列嶼主權，曾針對美、日兩國之錯誤舉動，多次發表聲明並提出嚴正交涉；例如[40]：

1. 1971 年 4 月 9 日美國國務院聲明，釣魚臺列嶼之行政權將於 1972 年隨琉球歸還日本；同年 6 月 11 日我外交部發表嚴正聲明，表示釣魚臺列嶼附屬臺灣省，基於地理位置、地質構造、歷史聯繫及臺灣省居民長期繼續使用等理由，毫無疑問為中華民國領土之一部分，故我國絕不接受美國將該列嶼之行政權與琉球一併交予日本，並切盼關係國家尊重我對該列嶼之主權，應即採取合理合法之措置，以免導致亞太地區嚴重之後果；同時各方蘊釀「保釣運動」。

2. 同年 6 月 17 日美、日簽署《沖繩歸還條約》，國內民眾及海外華人均發起保釣運動表達強烈的抗議；同年 12 月 2 日我政府將釣魚臺列嶼劃歸臺灣省宜蘭縣頭城鎮大溪里管轄[41]。

3. 1972 年 5 月 9 日我外交部針對美國擬於當年 5 月 15 日將琉球群島連同釣魚臺列嶼交付日本乙事發表聲明稱：中華

38　公眾外交協調會，《釣魚臺列嶼案答客問》十、二十，2013 年 6 月 14 日。http://www.mofa.gov.tw/cp.aspx?n=6AA59E4253B4FFCA

39　外交部條約法律司，《關於我政府對日本外務省網站有關釣魚臺列嶼十六題問與答逐題駁斥全文》問題三。http://www.mofa.gov.tw/cp.aspx?n=FBFB7416EA72736F

40　同註 39。

41　丘宏達著、陳純一編，〈深度剖析釣魚臺紛爭─不容歪曲的歷史鐵證〉《書生論政（丘宏達教授法政論文集》，臺北，三民書局，2011 年 10 月，頁 357-358。

民國政府堅決反對美國將釣魚臺列嶼與琉球之行政權「交還」日本；中華民國政府本其維護領土完整之神聖職責，絕不放棄對釣魚臺列嶼之領土主權。

類此有關釣魚臺列嶼主權問題之聲明，自 1971 年 6 月 11 日起，至 2012 年 8 月 21 日止，41 年間至少有 74 次之多[42]，尤以近年為甚。

（六）1972 年日本片面廢約我即與其斷交

1971 年 10 月 25 日，我退出聯合國。日本在 1972 年 9 月 29 日片面宣布廢止《中日和約》，與「大陸」建交，我政府即宣布與日本斷交，但不因此而影響原「中日和約」所承認我對臺灣、澎湖等島之主權[43]。12 月，中華民國成立亞東關係協會與日本以民間團體名義設立的財團法人交流協會共同簽署《互設駐外辦事處協議書》。根據此協議，中華民國與日本互設辦事處與事務所，維持實質之友好關係。

（七）日本時常干擾我國漁船作業

雖然我國與日本關係基本友好，但在釣魚臺歸屬問題上有著相當大的歧見。該島現由日本實際管轄，但臺灣漁民認為當地海域屬臺灣傳統漁場，導致臺灣漁民、海巡署與日本海上保安廳時有衝突事件傳出，如：2008 年 6 月的聯合號海釣船事件，我國召回當時的駐日代表許世楷以示嚴正抗議，最後日本政府同意道歉並賠償相關損失。我們認為兩國間之爭議，都應透過和平方式解決，並已要求日方重開有關漁業問題之談

42　外交部條約法律司，〈外交部歷年來就釣魚臺主權問題之聲明一覽表〉，2012 年 8 月 22 日。http://www.mofa.gov.tw/News_Content.aspx?n=AA60A1A7FEC4086B&sms=60ECE8A8F0DB165D&s=F2FA00BAE6D1EBD5

43　公眾外交協調會，〈「中日和約」與臺灣的國際法地位〉，2012 年 8 月 16 日。http://www.mofa.gov.tw/cp.aspx?n=7BD74A5B2E450071

判[44]。

（八）2012 年我國提出東海和平倡議

2012 年 8 月 5 日上午，馬英九總統出席外交部與國史館在臺北賓館共同舉辦的「中日和約生效 60 週年紀念特展暨座談會」，致詞時表示：近來釣魚臺列嶼緊張情勢日益升高，令人深感憂心，為緩和此一情勢，特提出「東海和平倡議（the East China Sea Peace Initiative）」，呼籲相關各方自我克制，擱置爭議，以和平方式處理爭端，並尋求共識、研訂東海行為準則及建立機制共同開發東海資源，以確保東海之和平[45]。其內容為：

1. 應自我克制，不升高對立行動。

2. 應擱置爭議，不放棄對話溝通。

3. 應遵守國際法，以和平方式處理爭端。

4. 應尋求共識，研訂「東海行為準則」。

5. 應建立機制，合作開發東海資源。

（九）2013 年我國與日本訂立漁業協議

2012 年 9 月 25 日，宜蘭蘇澳 50 多艘漁船為抗議日本將釣魚臺國有化和爭取漁業權，前往釣魚臺附近海域陳情抗議，並在海巡署艦艇護衛下和日本日本海上保安廳船隻對峙。事後在外相玄夜光一郎呼籲下，同年 11 月雙方重啟中斷三年的漁業權問題談判。

44　外交部條約法律司，〈外交部歷年來就釣魚臺主權問題之聲明一覽表〉14，2012年 8 月 22 日。http://www.mofa.gov.tw/News_Content.aspx?n=AA60A1A7FEC4086B&sms=60ECE8A8F0DB165D&s=F2FA00BAE6D1EBD5

45　公眾外交協調會，〈馬總統提出「東海和平倡議」，呼籲相關各方和平處理釣魚臺列嶼爭議〉，　2012 年 8 月 15 日。http://www.mofa.gov.tw/News_Content.aspx?n=00458A2511A437EF&sms=1E28C1D10E3B53DF&s=C6A795A82C17519E

2013 年 4 月 10 日，中日兩國在臺北正式簽署《臺日漁業協議》，就雙方重疊專屬經濟海域的漁權與漁船作業安排達成共識，共享釣魚臺列與 12 海里外海域的漁業資源。日本首相安倍晉三於 12 日表示：臺灣是重要夥伴，臺日簽署漁業協議對雙方都很好 [46]。

伍、結語

綜上所述釣魚臺列嶼，從歷史事實，在自然地質上、在生活地理上、在歷史歸屬上，均屬我國固有領土，而自始即非日本領土。

就近代而言，在國際法上，1885 年時，是臺灣之屬島，為我國之領土，非日本之領土。1895 年 1 月日本私自併吞，並未對外「公示」，是為「竊占」，而非「先占」；該年之因《馬關條約》隨臺灣割讓給日本。1941 年我國對日宣戰，明白表示廢止之前與日本所定之一切條約等；1943 年之《開羅宣言》，亦表明應將臺灣及所屬島嶼歸還我國；1945 年之《波茨坦公告》亦表明《開羅宣言》之條件必須實現；1945 年日本戰敗無條件投降，將臺灣交還我國，釣魚臺列嶼卻仍為美國所「託管」。1951 年《舊金山和約》，未邀我國參加，即訂日本「放棄」臺灣、澎湖等島。1952 年《中日和約》，雙方明訂「1941 年 12 月 9 日以前所締結之一切條約、專約、協定均因戰爭結果而歸於無效」。1969 年日本因釣魚臺列嶼蘊藏資源，再度私自立標「竊占」。1971 年美國將釣魚臺之「行政權」隨所託管之流球移交給日本，各方抗議，引起「保釣運動」，日本更不能以之為「無主地先占」與「時效取得」而主張為其領土。

46　自由時報，〈台日簽署漁業協議 安倍稱台是重要夥伴〉，2013 年 4 月 13 日。
　　http://news.ltn.com.tw/news/politics/paper/670182

2012 年，我提「東海和平倡議」，幸為日本之覺醒，與我重啟談判，2013 年與我簽署《臺日漁業協議》。

睽諸近代，國際爭端之節解決方式之一為「尋求國際條約協定」，誠如 1972 年美國參議院之附加說明：表示僅將行政權交還日本，對主權問題持中立立場，認為應由中日雙方協商解決[47]。《臺日漁業協議》應是一個好的開始。

回顧 1972 年美國將琉球行政權移給日本，並未將釣魚臺的主權移給日本，就國際法而言行政權與主權是有所區別，釣魚臺本屬於我國領土，雖然日本與美國曾有承諾，又怎能影響我國對釣魚臺之主權呢？而美國與日本任何約定，當不能以損害第三國為目的，否則此契約當無法成立而失其效力。一國主權就是其國家的最高統治權，誠如一人之所有權，不容侵犯。正如甲乙雙方約定將丙方之財產移交于甲方之契約有效嗎？目前日本與蘇俄有北方四小島（齒舞、色丹、國後和擇提）歸屬之爭，及與韓國有獨島（竹島）主權歸屬之爭，相信日本自己亦有與他國爭奪領土的切膚之痛，因此筆者呼籲日本當局當深悟「己所不欲，勿施於人」[48]之道理，誠如富有正義感的日本知名歷史學者井上清所指出的「日美之間是以中華民國領土為交易，所以是無效的，所謂的尖閣列島或是赤尾嶼，應立即無條件認為是中華民國領土」[49]。據中央社台北 2017 年 2 月 5 日電，美國國防部長馬提斯表示，釣魚臺適用美日安保條約；我國外交部即於 6 日發出四點聲明指出釣魚臺列嶼是中華國固有國土，無可置疑，將向美方持續說明中華民國對釣魚臺的立場。誠如外交部所指出，釣魚臺列嶼是台灣的附屬島嶼，行政管轄隸屬台灣省宜蘭縣頭城鎮大溪

47　同註 39。

48　黃炎東著，〈理性展示釣魚臺主權之歸屬乃是獲得國際支持之最佳策略〉，《人權、主權、法治、與國家發展》，臺北：三民書局總經銷，2009 年 10 月，頁 53-56。

49　李理、趙國輝編著，《日本各界人士對日本尖閣列島主張的反駁》，臺北：海峽學術出版社，2013 年 5 月，頁 5-97。

里，不論從歷史、地理、實用與國際法而言，釣魚臺列嶼都是中華民國固有的領土。中華民國政府一向主張並呼籲相關各方依據聯合國憲章與國際法以和平方式解決，對於東海及南海問題，應擱置爭議共同開發（參閱臺灣日報 2017 年 2 月 6 日第五版）。吾人更希望日方在處理釣魚臺的問題，當以更宏觀的歷史眼光審慎妥善處理之。

由以上歷史、憲法與國際法等層面之論述，身為中華民國國民的我們有實質的證據，以證明釣魚臺乃是千真萬確屬於中華民國的領土。自第二次世界大戰日本戰敗後乃得幸於我國以德報怨之政策，及美國之協助，方得以於一片廢墟中重建自己的國家。但是日本昔日軍國主義侵略的陰影，至今仍在曾受其侵略、蹂躪的國家與民眾的腦海中盤旋不已，久久揮之不去。就連最近，日本有識之士如憲法學者小林節、三重縣松坂市長山中光茂等對其首相安倍晉三所主張通過之新安保法案擴張軍力表達強烈反彈，他們認為新安保法違反日本憲法第 9 條之非戰精神[50]。記得前不久，日本在發生福島核災重大危機之際，我國人民充分發揮了人飢己飢、人溺己溺之人道精神，向日本人民伸出溫暖的援手，以救助日本災民於困頓之境。因此，依筆者之觀點，日本現已是一民主泱泱大國，日本朝野有志之士當記取「公理必勝強權」，而「前事不忘，後事之師」之哲理，值此當可為亞太及世界人類之和平做出更佳之貢獻。值此東海、南海區域衝突升溫之際，凡是真正熱愛斯土斯民的我國人民當無分朝野，全民發揮「捍衛國家領土，人人有責」之高尚情操，共同確保國家安全與民眾安和樂利之幸福生活。

---

50 日本国憲法第二章戰爭の放棄—第九條，參閱藏敏則發行，「写楽」編集部編輯，《日本国憲法》，東京：株式會社小學館，2013 年 8 月 3 日第二版第四刷，頁 23-26；小林幸夫・吉田直正編著，《日本国憲法入門》，東京：玉川大學出版部，2013 年 2 月 25 日初版第 1 刷，頁 47-60。

（釣魚臺空照圖，日本國土交通省資料圖片）

（時任總統馬英九登彭佳嶼揭東海和平倡議新碑，並呼籲新總統蔡英文勿改變對釣魚臺一貫政策。20160416，自由電子報新聞照片，記者涂鉅旻攝）

2. 南海主權到底是屬於誰的？
——從歷史與法理層面探討南海主權之歸屬

壹、前言

　　隨著美國與中共在南海問題的針鋒相對，以及南海周邊國家紛紛主張擁有南海主權，加上設於荷蘭海牙的聯合國常設仲裁法院宣布受理菲律賓提出的南海爭議案，有關南海諸島爭議最近再度成為各方關注的焦點。不過，不論是從歷史地理、憲法、國際法，或者國家利益的觀點來看，南海的南沙群島、西沙群島、中沙群島和東沙群島及其周遭海域的確均屬於中華民國的領土及海域。

　　南海即是所謂的南中國海。海中散佈數以萬計的島（island）、小島（islet）、岩礁（rock）及珊瑚礁（coral reef），自古以來即是豐富的漁場。南海盆區東西距離約 850 浬，南北距離約 1500 浬，涵蓋的海域面積為 350 萬平方公里。南海諸島即位於這個由台灣島、海南島、中南半島、蘇門答臘島、爪哇島、婆羅洲、菲律賓群島之間所圍成的盆區內。南海諸島包括四個主要島群：東沙群島（Prates Islands）、中沙群島（Macelesfield Islands）、西沙群島（Paracels Islands）、南沙群島（Spratly Islands）。早在二次世界大戰之前，南海諸島就因其戰略價值及豐富的磷礦，而引起中、法、日三國的爭奪，戰後更因據稱蘊藏豐富的原油，造成鄰近國家的覬覦[1]。

1　李明峻，〈「台灣」的領土紛爭問題—在假設性前提下的探討〉，《台灣國際法刊》，第一卷第二期，2004 年 4 月，頁 81-82。

　　南海諸島嶼及其附近海域自古以來即為我國版圖。二次世界大戰時，日軍曾揮軍南洋，佔領南海諸島，戰後，根據舊金山和約、中日和約、波茨坦宣言等，南海諸島歸還中華民國。民國 35 年，中華民國派遣軍艦到南海立碑，而各國均未提出異議，由此可知，南海諸島及其鄰近海域的確屬於中華民國。

　　由於南海因蘊藏原油，海洋資源豐富，且是往來印度洋及太平洋的航空、航海必經要道，戰略地位重要。國際法知名學者丘宏達曾表示，這些島嶼本身可以有領海並且可以主張沿島的大陸礁層，在將來可以探勘其大陸礁層下的資源[2]。因而，不僅中共在其所佔島礁積極進行填海造陸的工程，越南及菲律賓也聲稱擁有南海的主權。最近情勢發展，菲律賓在 2013 年 1 月把與中國在南海的主權爭端提交聯合國常設仲裁法院，希望通過《聯合國海洋法公約》尋求解決。2014年 3 月 30 日菲國進一步以電子檔向聯合國常設仲裁法院遞交長達 4000 頁的分析和證據資料，批駁中國在南海提出的主權要求，正式把中菲南海爭議提交國際仲裁。雖然菲律賓正式向國際法院提出仲裁，但中共提出反對，不承認仲裁[3]。儘管如此，聯合國常設仲裁法院於當地時間 2015 年 10 月 29日宣布，菲律賓 2013 年針對中國提出的南海爭議仲裁案，法院擁有管轄權，將受理此案[4]。

　　在南海主權爭議事件中，其實，中華民國本就是當事人之一，我國必須要在南海主權問題上表達堅定的立場，同時積極爭取國際話語權，以免因默不作聲而被其他國家邊緣化，遭到不利結果，損及國家利益。

　　本文根據中華民國一直以來就非常重視南海諸島及其海域

2　李明峻，〈「台灣」的領土紛爭問題──在假設性前提下的探討〉，《台灣國際法刊》，第一卷第二期，2004 年 4 月，頁 81-82。

3　兀樂義，〈南海主權法律大戰中國拒絕國際仲裁〉，《風傳媒》，2014 年 6 月 5 日，http://www.storm.mg/article/31930。

4　顧佳欣，〈南海爭議國際仲裁法院管定了〉，《自由時報》，2015 年 10 月 31 日，A15 版，

主權的事實，以下分從歷史、中華民國憲法、國際法及國家利益等四個觀點論述中華民國擁有南海諸島及其海域的主權。

貳、從歷史觀點論中華民國擁有南海諸島及其海域的主權

我國因地緣關係，最先發現南海諸島，自漢、唐以來皆可在古籍中發現南海群島的相關記錄。相關記錄顯示，唐太宗貞觀五年（公元 627 年），南海諸島正式劃歸崖州府（今海南島）管轄。依現代國際法規定，最先發現南海諸島的中國，應已取得諸島的初步主權。歷來中國東南沿海漁民至南海海域捕魚，往來其間，或到南海諸島避風雨，漁民並在島上建土地廟。中國大陸廣東省考古隊於1976 年前往西南沙群島發掘大批唐宋文物，並在西沙群島中的甘泉島向內傾斜的坡地上，地高避風，適宜居住，發現宋代居民遺址。依國際法規，南海諸島應為我國的「歷史海域」。清光緒九年（公元 1883 年），德意志帝國派艦測量南沙群島，經清政府抗議後撤走。1899 年，法國向清廷建議在西沙群島建一燈塔，認為該群島屬於中國[5]。1907 年，東沙島被日本人強占；清兩廣總督張人駿與日本代表交涉東沙島歸還時，本書之記載為證明東沙島主權歸中國所有之重要文獻[6]。根據丘宏達的研究，到 1930 年代為止，中國人一直在西沙南沙活動，當作是自己的國土，並沒有國家提出異議[7]。

南海諸群島就史實而言歸屬於我國，世界各國其實早已都承認，並在其出版的圖籍中標明，如英國海軍部第 94 號地圖（British Admiralty Chart 94）在該圖第一條附註尾，即註明「西沙於 1909 年併入中國版圖」。英國和美國測量局 1923 年出

5　沈克勤，《南海諸島主權爭議述評》，同上，頁 58。
6　王冠雄等檔案選輯，《中華民國南疆史料選輯》，同上，頁 38。
7　丘宏達，《關於中國領土的國際法問題論集》，同上，頁 231。

版之《中國航海指南》（The China Sea Pilot Vol. III , Page 60 d The Asiatic Pilot Vol. IV , P119）兩書皆謂西沙經中國政府，於 1909 年併入中國版圖[8]。最新的事證是，美國國防部長卡特在 2015 年 12 月 22 日致函參議院軍事委員會主席馬侃的信中表示，2015 年 10 月 27 日，美國海軍驅逐艦「拉森號」分別在南海有關各國於南沙群島所控制的 5 個島礁 12 浬處進行「自由巡航」，「中國大陸、台灣、越南、菲律賓均對此一海域及島礁宣稱擁有主權」，但這些聲索國不會改變美國合乎《國際法》所進行的例行性行動。儘管台灣一向主張南沙及其周遭水域屬中華民國固有領土及水域，但上述「拉森號」進行自由巡航的 5 個島礁都並非由我方所控制，而卡特卻在信上稱「此一海域，中國、台灣、越南、菲律賓均宣稱擁有主權」，且「拉森號」並未於台灣在南沙行使主權的太平島進行自由巡航，顯示美國承認台灣在南海為主要聲索國的地位[9]。

依上所述，就歷史而言，中華民國很早就擁有南海諸島及其鄰近海域，不僅日常生活與之息息相關，更是經常出入其間，甚至將南海諸島及其附近海域納為疆土，並設治管理，這些歷史的點點滴滴無疑都是強而有力的憑證，並獲得美國、英國等的承認。

參、就中華民國憲法觀點論中華民國擁有南海諸島及其海域的主權

《中華民國憲法》制定於 1946 年，並於次年開始施行。彼時，南海諸島已盡行收復。因此屬我「固有疆域」殆無疑義。且依當時國際法概念，包括南海諸島在內的 U 形線，為我國的劃界線，完全符合當時國際法。且 1947 年我國《憲法》公布施行時，對該一國界線，東南亞沒有任何一個國家提出過任

8 沈克勤，《南海諸島主權爭議述評》，同上，頁 77。
9 張國威，〈美公開承認台為南海聲索國〉，《旺報》，2016 年 1 月 9 日，A2 版。

何異議。因此，我國當時即已擁有 U 形線內水域與相關島嶼，事屬當然。1949 年內戰時，中華民國政府雖撤退來台，唯迄今《中華民國憲法》在領土主權上，並無任何修訂更改。因此就我《憲法》法理言，U 形線內的海南諸島（礁），主權的相關權利，仍屬我國[10]。

　　時至今日，南海議問題愈演愈烈，美國與中共在南海問題上角力不斷，對於當事國之一的我國而言，最好的辦法，就是堅持主張《中華民國憲法》的立場。1947 年，《中華民國憲法》公布施行時，我們的主張是什麼就是什麼。在《中華民國憲法》實施時，U 形線已然公布；且依當時國際法原則及慣例（1945 年，即民國 34 年的杜魯門宣言），U 形線的主張是有效的。我國憲法就此一主張一直有效迄今[11]。俞寬賜研究我國南海 U 形線的法律地位時指出，我國內政部於 1947 年以 U 形線標示南海四群島之歸屬，應係順理成章。可在四群島分別適用「直線基線法」，即以直線聯接每一群島最外緣諸島礁之最突出點，構成領海基線。至於「直線基線法」不僅為國際海洋法所承認，而且每條直線之長在法律上亦無限制[12]。

　　「南海諸島位置圖」中的「U 形線」有三層法律意義：一為「島嶼歸屬線」，囊括我在南海主張領土主權的島礁海上地物；二、基此領土主權而主張海洋法「容許」沿岸國主張的海域。36 年時的海洋法僅允許沿岸國主張領海主權，1994 年 UNCLOS 生效，又可主張 200 浬專屬經濟海域（EEZ）及大陸礁層的主權權利和管轄權。三、我可主張超過海洋法容許的海域，經他國默認取得主張的「合法性」。杜魯門總統 1945 年兩個海域宣言，突破海洋法的領海限制，被多國仿效，終能被

10　旺報社論，〈捍衛南海主權我需積極作為〉，《旺報》，2015 年 12 月 15 日，D5 版。

11　中國時報社論，〈中美南海角力台灣應堅持憲法立場〉，《中國時報》，2015 年 10 月 28 日，A 17 版。

12　俞寬賜，〈從「歷史性水域」制度論我國南海 U 型線之法律地位〉，《理論與政策》，第八卷，第一期，1993 年 11 月，頁 96-97。

UNCLOS 成文化為 EEZ。U 形線亦復如此，馬英九前總統 2014 年 9 月 1 日演講論及杜魯門宣言，指我以美為師。而此法律內涵另展現在 1993 年我國公布的「南海政策綱領」，所謂「南海歷史性水域界線內之海域為我國管轄之海域，我國擁有一切權益」，顯見 U 形線乃是「歷史性水域外部界線」。行政院 1999 年公告我「第一批領海基線、領海及鄰接區外部界線」，以「在我國傳統 U 形線內之南沙群島全部島礁均為我國領土」，對南沙群島重申領土主張，以「固有疆域界線」稱呼 U 形線，連結憲法第四條[13]。

事實上，依《中華民國憲法》第四條：「中華民國領土，依其固有之疆域，非經國民大會之決議，不得變更之。」此外，《中華民國憲法》增修條文第四條內容有提到：「中華民國領土，依其固有疆域，非經全體立法委員四分之一之提議，全體立法委員四分之三之出席，及出席委員四分之三之決議，提出領土變更案，並於公告半年後，經中華民國自由地區選舉人投票複決，有效同意票過選舉人總額之半數，不得變更之。」因此，就《中華民國憲法》而言，自始即擁有南海諸島及其鄰近水域的主權，而我國至今沒有通過任何領土有關決議。

即便 1971 年，中華民國退出聯合國後，聯合國始就海洋法召開相關會議，於 1982 年第三屆國際海洋法會議簽署了《聯合國海洋法公約》（UNCLOS），始就海洋權利的相關主張，進行新的相關規定。唯就《維也納條約法公約》的相關規定，「法律不溯及既往原則」，UNCLOS 挑戰我國傳統 U 形線的主張，大有疑義[14]。因而，我國自始擁有南海的主權是歷史既定的事實。

中華民國前總統馬英九 2015 年 4 月 8 日赴「台灣外籍記

13　高聖惕、王冠雄，〈放棄南海？人民進黨瘋了嗎〉，《中時電子報》，2015 年 5 月 22 日，< http://www.chinatimes.com/newspapers/20150522001650-260109>。

14　旺報社論，〈捍衛南海主權我需積極作為〉，《旺報》，2015 年 12 月 15 日，D5 版。

者聯誼會（TFCC）」演講，並與會員座談，針對外媒提問時曾明確表示，南海是中華民國憲法上的領土，應透過和平方式解決爭端，而不是用放棄領土的方式避免爭端，政府絕對不會放棄領土[15]。

就中華民國憲法的相關條文規定，南海諸島及其鄰近水域有其歷史傳承的疆域，憲法是一國的根本大法，憲法所規定的內容，在沒有經過法定的程序做任何的變更之前，每一位國民均有責任遵守憲法的規定，並捍衛憲法的內容，絕不容任意的改變或放棄既有的疆域領土。

肆、從國際法觀點論中華民國擁有南海諸島及其海域的主權

傳統上，依《奧本海國際法》（Oppenheim's International Law）之分類，國際法上領土取得和變更的方式主要有五種，即「先占」、「割讓」、「添附」、「征服」及「時效」等五種。割讓是附屬於領土的轉承取得方式（derivative mode of acquistion），受讓國的權利來自承讓國的權利其他四種則為原始取得方式（original mode of acquistion）[16]。傅崑成認為，以南海諸島所涉及之事實情況視之，這些小島並未經任「割讓」，亦無人曾對之用兵予以「征服」，更無人工營造或自然成長而形成「添附」；因此，值得深入討論，僅有「先占」及「時效」。主張「時效原則」也可適用於國際法的學者，往往提出美國的先例以及 1928 年帕瑪斯島仲裁案（Island of Palmas Case）。而國際法對先占取得國家領域主權，有相當嚴格的限制，即必須被先占之領土確為「無主地」（terra nullius）。至於「先占」與「所謂之時效」兩者間的關連性，「先占」本身若只具有「發現」的內涵，欠缺「長期持續和平的占有」，並不足以對抗另

---

15 黃名璽,〈總統:南海是憲法領土不會放棄〉,《中央通訊社新聞稿》,2015 年 4 月 8 日。
16 劉千綺,《兩岸有關南海爭議島嶼主權主張之作為—以國際法中有效統治原則之探討為核心》,台北:致知學術出版社,2013 年,頁 62-63。

一個國家「長期持續和平占有」所創造出來的權利。因而,「長期和平展現國家權力」原則乃「所謂之時效」原則,其效力可以超越「只有發現,而沒有實質有效占領」之先占[17]。

　　此外,聯合國《海洋法公約》於 1994 年 11 月 16 日生效,在序言中說明:海洋是人類共同財產,規定海洋中島嶼領土爭議應和平公允解決,並規定島嶼所屬國家有權開發其自然資源,對島嶼主權及資源的爭議訂有解決機制[18]。中華民國政府歷年來,不斷由政府外交部發言人重申中華民國對西沙、南沙群島(東沙群島無爭議,中沙群「礁」亦無爭議)之主權主張。這些對外聲明均收在歷年外交部依年度出之「外交部聲明及公報彙編」[19]。基本上,中國對南海諸島先占取得領域主權之證據可分為:一、「發現」之證據,二、「有效占領」的證據。前者例如前述的中華民國自秦漢以來即擁有南海諸島及其海域主權的史實。後者例如我國漁民長期使用諸島的證據,以及派遣水師巡視海疆。

　　早在北宋時期,由宋仁宗親作「御序」的專門記載宋朝軍事制度和國防大事的《武經總要》一書,就記載了中國水師巡視西沙群島的歷史事實。不僅如此,更將南海諸島列入版圖,載入官方地方志書,且進行天文測量。20 世紀之後,中國並對南海諸島礁進行各種經營措施。1945 年 8 月 26 日,日本向盟國投降。盟軍最高司令官下令:凡位於北緯 16 度以上的越南境內之日軍,應向中國投降。此舉使越南北部被置入中國軍事佔領之下[20]。中國即派軍佔據、接收。日軍並撤出西沙、南沙。1952 年,中日和約,日本放棄對南沙群島、西沙群島之一切權利、權利名義與要求。這個和約由中華民國前外交部長葉公超和日本代表河田烈在臺北賓館簽署,中日和約第二條

17　傅崐成研究主持、行政院研究發展考核委員會編,同上,頁 24。
18　沈克勤,《南海諸島主權爭議述評》,同上,頁 11。
19　傅崐成研究主持、行政院研究發展考核委員會編,同上,頁 37。
20　傅崐成研究主持、行政院研究發展考核委員會編,同上,頁 84。

載明依據在舊金山簽署之對日和平條約第二條，日本放棄對臺灣、澎湖群島及南沙群島、西沙群島之一切權利、權利名義與要求[21]。

對南海問題有深入研究的學陳鴻瑜說，中華民國從 1945 年 12 月起即陸續完成對西沙群島和南沙群島這兩個群島的占領及行政管轄，並派官治理。1951 年 9 月 8 日《舊金山和約》簽署到 1952 年 4 月 28 日生效，在這一段時間中華民國擁有這兩個群島的主權一直有效存在，在舊金山和議時關於中華人民共和國和越南擁有這兩個群島的提案都遭到反對或不予討論。從《舊金山和約》和《中日和約》生效日起，中華民國是第一個繼續保持占有及先占該兩個被放棄的領土[22]。馬英九前總統 2014 年 9 月 1 日出席「中華民國南疆史料特展」開幕典禮時曾表示，我國在 1947 年（民國 36 年）宣布「南海諸島位置圖」，當時除領海外，尚未有其他海域主張與概念，因此各方在探討如何引用《國際法》解決南海爭議時仍有不同意見。事實上，類似問題也出現在釣魚臺列嶼議題，當時他提出所謂的《時際法》（inter-temporal law），意指在國際爭端發生時，適用的國際法並非爭端發生時的法律，而是先前提出主張時的法律，「這樣比較能符合實際的情況」[23]。

在此之前的 1946 年 10 月 2 日至 1947 年 2 月 4 日，中華民國政府派海軍總部、內政部、國防部及廣東省政府官員，乘太平、永興、中業、中建四軍艦，於 1946 年 10 月 2 日，由南京出發，赴南海諸島進行戰後接收。歷時 4 月，於次年（1947 年）2 月 4 日完畢。衛戍部隊開始駐守西沙、南沙數島。

21　王冠雄等檔案選輯，《中華民國南疆史料選輯》，同上，頁 120-121。

22　陳鴻瑜，〈舊金山和約下西沙和南沙群島之領土歸屬問題〉，《遠景基金會季　》，第 12 卷第 4 期，2011 年 10 月，頁 37。

23　馬英九，〈總統出席「中華民國南疆史料特展」開幕典禮〉，中華民國總統府新聞稿，< http://www.president.gov.tw/Default.aspx?tabid=131&rmid=514&itemid=33125>，2014 年 9 月 1 日，檢索日期：2015 年 12 月 29 日。

西沙永興島、南沙太平島均立有石碑，並設有氣象所及無線電台。同時設立「西沙群島管理處」及「南沙群島管理處」[24]。黃介正表示，二次大戰結束後，中華民國以戰勝國的地位，收復日本戰時占領的南海島礁水域，由海軍會同內政部方域司及地理專家多次巡弋、測繪、命名，而成 1947 年公布 11 個斷續線組成的 U 形線[25]。

伍、從國家利益觀點論中華民國擁有南海諸島及其海域的主權

中華民國政府一直以來對南海問題的立場就是，無論就歷史、地理及國際法而言，南沙群島、西沙群島、中沙群島、東沙群島及其周遭海域屬中華民國固有領土及海域，中華民國對該四群島及其海域享有國際法上之權利，任何國家無論以任何理由或方式予以主張或占據，中華民國政府一概不予承認。

中華民國外交部表示，南海諸島係由我國最早發現、命名、使用並納入領土版圖，日本於 1938 年至 1939 年非法占據東沙、西沙與南沙諸群島，並於 1939 年 3 月 30 日以臺灣總督府第 122 號告示將「新南群島」（即南沙群島之部分島嶼）納入臺灣總督府管轄，編入高雄州高雄市。第二次世界大戰結束後，中華民國政府於 1946 年間收復東沙、西沙及南沙諸島，除於主要島嶼上設立石碑並派軍駐守外，另亦於 1947 年 12 月公布新定南海諸島名稱及「南海諸島位置圖」，明示中華民國領土及海域範圍。

此外，1952 年 4 月 28 日生效之《舊金山和約》及同日簽署之《中日和約》及其他相關國際法律文件，已確認原由日本占領的南海島礁均應回歸中華民國，其後數十年間，中華民

24　傅崑成研究主持、行政院研究發展考核委員會編，《我國南海歷史性水域法律地位之研究》，同上，頁 85。

25　黃介正，〈南海，明年兩岸關係第一考題〉，《聯合報》，2015 年 11 月 3 日。

國擁有並有效管理南海諸島的事實亦被外國政府及國際組織所承認。1956 年，中華民國派軍駐守南沙群島中面積最大（約 0.5 平方公里）之自然生成島嶼—太平島，並於同年在該島設置南沙守備區。1990 年 2 月，中華民國行政院核定由高雄市政府代管太平島，行政管轄屬高雄市旗津區。在過去 60 年間，中華民國軍民充分利用及開發太平島上之天然資源，以便駐留該島完成其各自之任務。島上除有出產地下水之水井及天然植被外，亦蘊含磷礦及漁業資源，島上駐守人員更在該島種植蔬果及豢養家禽家畜，以應生活所需。

因此，無論自法律、經濟及地理之角度而言，太平島不僅符合《聯合國海洋法公約》第 121 條關於島嶼之要件，並能維持人類居住及其本身經濟生活，絕非岩礁。中華民國堅決捍衛太平島為一島嶼之事實，任何國家企圖對此加以否定之主張，均無法減損太平島之島嶼地位及其得依《聯合國海洋法公約》所享有之海洋權利[26]。

儘管菲律賓在 2014 年 3 月 30 日以電子文件形式向海牙國際法庭遞交了長達 4000 頁的分析和證據材料，正式將中國與菲律賓南海爭議提交國際法院仲裁[27]。而常設仲裁法院（Permanent Court of Arbitration, PCA）也在 2015 年 10 月 29 日宣布國際法院「有權管轄」菲律賓提交關於南海的爭端，將受理此案，判決可望於 2016 年出爐。在長達 151 頁的裁決書裡，仲裁庭指出幾點有權審理的理由：（1）在菲律賓提交的訴狀中，菲律賓並未要求仲裁庭判決南海爭議島嶼的所有權。（2）菲律賓僅要求仲裁庭裁決這些南海上係爭地區為「岩礁」

26　中華民國外交部，《中華民國對南海問題立場之聲明》，台北：外交部公眾外交協調會，2015 年 7 月 7 日，<http://www.mofa.gov.tw/News_Content.aspx?n=8742DCE7A2A28761&s=02A142E7057EF2C2>。

27　躍生，〈菲律賓正式將中菲南海爭議提交國際仲裁〉，《BBC 中文網》，2014 年 3 月 30 日，< http://www.bbc.com/zhongwen/trad/china/2014/03/140330_china_philippines_dispute>。

而非「島嶼」。（3）而根據聯合國海洋法，擁有岩礁不得據以主張 200 海里專屬經濟海域，只能主張 12 浬內的權利[28]。

不過，中華民國前駐美大使沈呂巡接受華府智庫「戰略暨國際研究中心」（CSIS）所屬亞洲海事透明倡議（AMTI）主任波林（Gregory Poling）的專訪時表示，太平島毫無爭議為島嶼，主權長期屬於中華民國。太平島不但有淡水，還有 4 座水井，淡水含量最高為 99%，每日總取水量達 65 公噸。島上生活自己自足。這些事證均說明太平島完全符合聯合國海洋法公約（UNCLOS）第 121 條，有關島嶼需可維持人類居住或其經濟生活的要項，太平島是島嶼為不爭的事實。太平島攸關中華民國重大國際權益，依據聯合國海洋法，太平島若僅被視為無法居住的礁石，海域權益的面積僅有領海 12 浬，共約 470 平方浬，若是可居住的自然島，則可主張 200 海里專屬經濟區，總海域權益面積可達約 12 萬 6 千平方浬[29]。

中華民國不論從歷史、憲法、國際法等層面而言，確實擁有南海諸島及其鄰近水域的主權，但我國仍願意秉持和平與合作的立場，設法解決相關的爭議，中華民國前總統馬英九就曾表示，關於南海問題，中華民國政府的基本立場是：無論就歷史、地理及國際法而言，南沙群島、西沙群島、中沙群島、東沙群島及其周遭海域係屬中華民國固有領土及海域，中華民國享有國際法上的權利，不容置疑。此一堅定立場，從未改變。事實上，我國持續在南沙群島最大自然島太平島駐有人員，說明南沙群島唯一擁有淡水資源的太平島能維持人類居住並能維持其自身之經濟生活，是中華民國在此一區域行使主權的明證。雖然我們的主權立場堅定不移，但為和平解決南海爭議，中華民國政府提出「南海和平倡議」。中華民國政府對於南海

28　蔡佳穎，〈對抗中國南海爭議菲律賓贏得第一回合〉，《ETAIWANNEWSWORLD》，
　　2015 年 10 月 31 日，< https://etaiwannewsworld.wordpress.com/2015/10/31/ 對
　　抗中國南海爭議 - 菲律賓贏得第一回合 />。

29　廖漢源，〈沈呂巡，太平島為島嶼屬中華民國〉，《中央社社稿》，2015 年 12 月 16 日。

爭議一貫主張，願秉持「主權在我、擱置爭議、和平互惠、共同開發」的基本原則，與其他當事方共同開發南海資源，也願積極參與相關對話及合作機制，以和平方式處理爭端，共同維護區域和平及促進區域發展[30]。

值此南海局勢日趨緊張之際，中華民國政府基於在東海促進和平的成功經驗，鄭重提出的「南海和平倡議」，呼籲相關各方應：一、自我克制，維持南海區域和平穩定，避免採取任何升高緊張情勢之單邊措施。二、尊重包括聯合國憲章及聯合國海洋法公約在內之相關國際法原則與精神，透過對話協商，以和平方式解決爭端，共同維護南海地區海、空域航行及飛越自由與安全。三、將區域內各當事方納入任何有助南海和平與繁榮的體制與措施，如協商建立海洋合作機制或訂定行為規範。四、擱置主權爭議，建立南海區域資源開發合作機制，整體規劃、分區開發南海資源。五、就南海環境保護、科學研究、打擊海上犯罪、人道援助與災害救援等非傳統安全議題建立協調及合作機制[31]。

中央研究院歐美研究所研究員宋燕輝就指出，基於捍衛南海領土主權、確保南海戰略安全、以及維護台灣在南海應享有的海洋權益，台北不是選擇站在美國或中國大陸任何一邊的問題，而是選擇如何最大化中華民國在南海重要國家利益的問題。我國南海政策最高指導原則「主權在我、擱置爭議、和平互惠、共同開發」此 16 字箴言、外交部歷年發布的南海政策聲明，以及馬前總統提出南海和平倡議的五大呼籲都已明確表

30　馬英九，《「2015 年世界國際法學會與美國國際法學會亞太研究論壇」開幕致詞內容》，台北：外交部非政府組織國際事務會，2015 年 5 月 26 日，< http://www.mofa.gov.tw/News_Content.aspx?n=604CBAA3DB3DDA11&sms=69594088D2AB9C50&s=9288D3A15F2036CA>。

31　中華民國外交部，《南海和平倡議》，台北：中華民國外交部條約法律司，2014 年 5 月 26 日，< http://www.mofa.gov.tw/News_Content.aspx?n=604CBAA3DB3DDA11&sms=69594088D2AB9C50&s=3BEC439D5F6A9CEE >。

達台灣的立場[32]。

　　前述所論顯示，中華民國政府的立場在兼顧國家利益的同時，為了地區的和平、穩定與發展，提出「南海和平倡議」，秉持主權在我的立場，但願意暫時擱置爭議，基於和平互惠的原則，共同開發南海資源，大家利益共享。

陸、結論

　　不論是從歷史、中華民國憲法、國際法、以及南海和平倡議的國家利益等層面而言，我國自史始即擁有南海諸島及其鄰近水域的主權。而中華民國自 1956 年起就已派遣人員駐守太平島，太平島不但出產地下水的水井，含有豐富的漁業磷礦、天然植物資源，太平島駐守人員並能在島上豢養家畜、家禽，種植蔬菜，以供應島上居民生活所需，是一個道地適合人類生活的島嶼，這是頗為符合聯合國海洋法公約第 121 條有關島嶼之要件，絕非島礁。近年來我國並持續進行海洋科學研究計畫，建設太陽能光電系統，近期太平島燈塔完工，這些不僅顯示太平島的自然島地位，更彰顯我國在南海存在的和平特質，這些均是菲方在仲裁案中的錯誤陳述所無法改變的事實[33]。

　　南海問題已成為各國關注的焦點，面對中國大陸與美國日趨白熱化的角力，而各有關聲索國亦不斷積極爭取其自身權益之秋，中華民國是一個主權獨立的國家，當秉持憲法的固有領土基本立場，在國際上積極發聲，爭取國際話語權，明白表示並捍衛我國擁有南海諸島及其附近海域的主權，讓其他國家清楚知道我國的立場，以免在南海爭議問題上因默不作聲而被逐漸邊緣化，嚴重損及我國的國家利益。

　　2016 年 5 月 20 日蔡英文總統在其就職演說中特別指出

32　宋燕輝，〈南海角力選擇國家利益〉，《中國時報》，2015 年 10 月 28 日，A 16 版。
33　王冠雄，〈南海仲裁案衝擊台灣〉，《中國時報》，2015 年 10 月 30 日，A13 版。

「...我依照中華民國憲法當選總統,我有責任捍衛中華民國的主權和領土;對於東海及南海問題,我們主張應擱置爭議,共同開發[34]。」誠哉斯言。2016 年 7 月 12 日,海牙國際法庭常設仲裁法院對南海仲裁案,不但裁決中國大陸主張九段線(內)享有歷史性權利沒有法律依據,亦裁決南沙群島內所有島礁皆不是島嶼,不得主張 200 浬專屬經濟區,當中包括中華民國實際管轄的太平島亦只是岩礁。對於海牙國際法庭常設仲裁法院一面倒向菲律賓,硬坳太平島為岩礁之裁決,中華民國政府隨後立即發表聲明,強調絕不接受,並主張此仲裁對中華民國不具法律拘束力,南海諸島及其相關海域屬於中華民國所有,享有國際法及海洋法上之權利,我們會捍衛國家之領土與主權,不讓任何損害我國利益的情形發生。誠如內政部長葉俊榮所指出的,「我方主張太平島為聯合國海洋法公約第121 條可維持人類居住及其本身經濟生活的島嶼,絕非岩礁:太平島得依『聯合國海洋法公約』享有完整的海洋權利。針對仲裁判斷對太平島的認定,我們絕不接受。內政部 1947 年就公布『南海諸島位置圖』,宣示東沙群島、西沙群島、中沙群島、南沙群島及相關海域享有國際法及海洋法上的權利,這是中華民國一貫的立場與堅持:政府將堅定捍衛國家領土與主權,以及應該享有的海域權利,絕對不允許任何損害中華民國利益的情形發生。」同時,外交部長李大維對南海仲裁案亦提出無法接受的三個主要理由:1. 仲裁庭在判斷本文中,以「中國臺灣當局」(Taiwan Authority of China)不當稱呼,貶抑中華民國作為主權國家地位。2. 太平島原不在菲律賓請求裁判的標的,仲裁庭卻自行擴權,將我方統治的太平島,連同由越南、菲律賓及馬來西亞等國占領的南沙群島其他島嶼,全數宣布為「岩礁」(rocks),不得擁有專屬經濟海域(Exclusive Economic Zone),嚴重損害中華民國南海諸島的法律地位及其

34　蔡英文,2016 年 5 月 20 日總統就職演說。

相關海域權利。3. 中華民國對南海諸島及其相關海域享有國際法及海洋法上的權利，不容置疑，仲裁庭於審理過程中，未曾邀請中華民國參與仲裁程序，也從未徵詢意見，因此這項判斷對中華民國不具有任何法律拘束力。

依筆者的觀點，海牙國際法庭常設仲裁法院那五位法官所作出的此一昧於歷史事實及國際現狀之判決，不但無助於南海爭端之和平解決，甚至很可能為南海之情勢帶來更為緊張複雜之局面，實屬不智之判決，令人深感遺憾之至。因此筆者認為今後有關南海問題，朝野全民當團結一致，對外發揮愛國愛鄉精神，共同為確保國家領土主權與人民安康的幸福生活作出最佳奉獻。

參考文獻

1. 亢樂義，〈南海主權法律大戰中國拒絕國際仲裁〉，《風傳媒》，2014 年 6 月 5 日，http://www.storm.mg/article/31930。

2. 中華民國外交部，《中華民國對南海問題立場之聲明》，台北：外交部公眾外交協調會，2015 年 7 月 7 日，<http://www.mofa.gov.tw/News_Content.aspx?n=8742DCE7A2A28761&s=02A142E7057EF2C2>。

3. 中華民國外交部，《南海和平倡議》，台北：中華民國外交部條約法律司，2014 年 5 月 26 日，<http://www.mofa.gov.tw/News_Content.aspx?n=604CBAA3DB3DDA11&sms=69594088D2AB9C50&s=3BEC439D5F6A9CEE >。

4. 丘宏達，2004 年。《關於中國領土的國際法問題論集》。台北：臺灣商務印書館。

5. 王冠雄等檔案選輯，2015 年。《中華民國南疆史料選輯》。台北：內政部。

6. 中國時報社論，〈中美南海角力台灣應堅持憲法立場〉，《中國時報》，2015 年 10 月 28 日，A 17 版。

7. 宋燕輝，〈南海角力選擇國家利益〉，《中國時報》，2015 年 10 月 28 日，A 16 版。

8. 沈克勤著，2009 年。《南海諸島主權爭議述評》。台北：臺灣學生書局。

9. 李明峻，2004 年 4 月。〈「台灣」的領土紛爭問題—在假設性前提下的探討〉，《台灣國際法刊》，第一卷第二期，頁 61-112。

10. 旺報社論，〈捍衛南海主權我需積極作為〉，《旺報》，

2015 年 12 月 15 日，D5 版。

11. 法務部，《中華民國憲法》。

http://law.moj.gov.tw/LawClass/LawAll.aspx?PCode=A0000001。

12. 法務部，《中華民國憲法增修條文》。

http://law.moj.gov.tw/LawClass/LawAll.aspx?PCode=A0000002。

13. 馬英九，〈總統出席「中華民國南疆史料特展」開幕典禮〉，中華民國總統府新聞稿，2014 年 9 月 1 日，檢索日期：2015 年 12 月 29 日。http://www.president.gov.tw/Default.aspx?tabid=131&rmid=514&itemid=33125。

14. 馬英九，《「2015 年世界國際法學會與美國國際法學會亞太研究論壇」開幕致詞內容》，台北：外交部非政府組織國際事務會，2015 年 5 月 26 日。http://www.mofa.gov.tw/News_Content.aspx?n=604CBAA3DB3DDA11&sms=69594088D2AB9C50&s=9288D3A15F2036CA。

15. 俞寬賜，〈從「歷史性水域」制度論我國南海 U 型線之法律地位〉，《理論與政策》，第八卷，第一期，1993 年 11 月，頁 87-101。

16. 高聖惕、王冠雄，〈放棄南海？人民進黨瘋了嗎〉，《中時電子報》，2015 年 5 月 22 日。http://www.chinatimes.com/newspapers/20150522001650-260109。

17. 陳威仁，2015 年 12 月 12 日。〈內政部長陳威仁主持太平島碼頭及燈塔啟用典禮，向國際社會宣示我國致力於將太平島打造成和平島、生態島及低碳島的具體作為與決心，落實「南海和平倡議」的精神〉，《內政部》。http://www.moi.gov.tw/chi/chi_latest_news/news_detail.aspx?type_code=02&sn=10127。

18. 陳鴻瑜，2011 年 10 月。〈舊金山和約下西沙和南沙群島之領土歸屬問題〉，《遠景基金會季刊》，第 12 卷第 4 期，頁 1-50。

19. 張國威，〈美公開承認台為南海聲索國〉，《旺報》，2016 年 1 月 9 日，A2 版。

20. 黃介正，〈南海，明年兩岸關係第一考題〉，《聯合報》，2015 年 11 月 3 日。

21. 黃名璽，2015 年 4 月 8 日。〈總統：南海是憲法領土不會放棄〉，《中央通訊社新聞稿》。

22. 傅崑成研究主持、行政院研究發展考核委員會編，2008 年。《我國南海歷史性水域法律地位之研究》。台北：行政院研考會。

23. 廖漢源，〈沈呂巡，太平島為島嶼屬中華民國〉，《中央社社稿》，2015 年 12 月 16 日。

24. 劉千綺著，2013 年。《兩岸有關南海爭議島嶼主權主張之作為—以國際法中有效統治原則之探討為核心》。台北：致知學術出版社。

25. 賴昭穎，〈沈呂巡：自己人講太平島不是自然島嶼，怎會有這種事〉，《聯合晚報》，2016 年 1 月 2 日。

26. 戴雅真，〈外交部重申南海立場秉持和平倡議原則〉，《中央社社稿》，2016 年 1 月 8 日。

27. 顧佳欣，〈南海爭議國際仲裁法院管定了〉，《自由時報》，2015 年 10 月 31 日，A15 版，

28. 躍生，〈菲律賓正式將中菲南海爭議提交國際仲裁〉，《BBC 中文網》，2014 年 3 月 30 日。http://www.bbc.com/zhongwen/trad/china/2014/03/140330_china_philippines_

dispute>

29. 蔡佳穎，對抗中國南海爭議菲律賓贏得第一回合，
《ETAIWANNEWSWORLD》，2015 年 10 月 31 日，。

30. 廖漢源，沈呂巡，太平島為島嶼屬中華民國，中央通訊
社，2015 年 12 月 16 日。http://www.cna.com.tw/news/
aopl/201512160198-1.aspx。

31. 外交部，「2015 年世界國際法學會與美國國際法學會亞
太研究論壇」開幕致詞，2015 年 5 月 26 日。http://www.
mofa.gov.tw/News_Content.aspx?n=604CBAA3DB3DDA11&sm
s=69594088D2AB9C50&s=9288D3A15F2036CA。

32. 外交部，《南海和平倡議》，台北：中華民國外交部條
約法律司，2014 年 5 月 26 日。http://www.mofa.gov.tw/
News_Content.aspx?n=604CBAA3DB3DDA11&sms=69594088
D2AB9C50&s=3BEC439D5F6A9CEE。

33. 宋燕輝，南海角力選擇國家利益，《中國時報》，2015
年 10 月 28 日，A 16 版。

34. 王冠雄，〈南海仲裁案衝擊台灣〉，《中國時報》，2015
年 10 月 30 日，A13 版。

35. 蔡英文，2016 年 5 月 20 日總統就職演說。

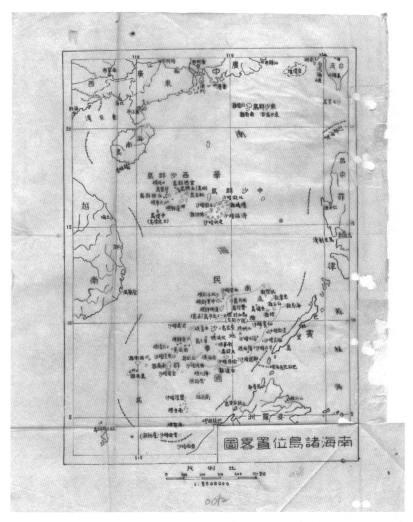

民國 36 年檔案管理局整理繪製南海諸島位置圖，其中標明了 11 段線
所框定的範圍。
（國家發展委員會檔案管理局網站，〈婆娑之洋、椰林風情：南海諸
島探索之旅〉，http://alohas.archives.gov.tw/54/search.html）

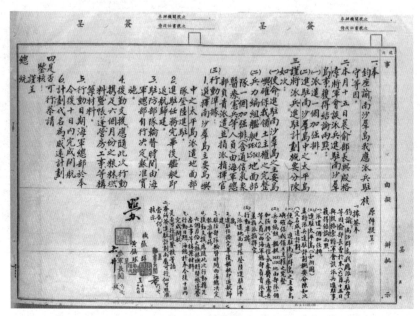

民國 45 年 6 月，蔣中正總統喻「南沙羣島我應派兵駐守」國防部隨即擬定進駐南沙群島計畫概要，行動代號定名為威遠作戰計畫，並呈蔣中正總統批示「照辦」。
（節自內政部出版《中華民國南疆史料選輯》，內政部，民 104.7。國防部資料照片）

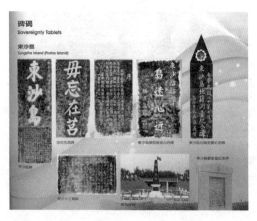

東沙群島碑碣
（翻攝自內政部出版《中華民國南疆史料選輯》，內政部，民 104.7）

東沙警衛隊序
（翻攝自內政部出版《中華民國南疆史料選輯》，內政部，民 104.7）

民國 89 年，陳水扁總統視導東沙群島、南沙太平島，並發表南沙倡議
（總統府網站資料照片）

民國 97 年 9 月，馬英九總統視導東沙島
（總統府網站資料照片）

蔡英文總統民國 105 年 7 月 13 上午前往高雄左營視導海軍艦隊指揮部，總統除慰勉海軍官兵辛勞外，並登上即將前往南海巡弋的迪化艦，向艦上官兵發表談話，特別指出，南海仲裁的判斷，特別是對太平島的認定，已經嚴重損及我國對南海諸島以及相關海域的權利。這艘船，代表中華民國。各位身上的制服，就代表國民的託付。這次巡航的任務，就是要展現臺灣人民捍衛國家利益的決心。我們向來主張，南海問題的解決，應該要透過多邊協商，和平解決爭端。我們也願意在平等協商的基礎上，跟相關國家共同促進南海區域的和平及穩定。

（〈總統視導左營艦指部〉，總統府網站資料照片，20160713，http://www.president.gov.tw/Default.aspx?tabid=131&rmid=514&itemid=37702）

葉俊榮部長、李仲威署長
及陳金德副市長共同新設
南沙 2 號門牌
（〈內政部長葉俊榮前往
太平島，為南沙醫院編
釘新門牌，宣示政府將
推動太平島成為南海海洋
生態、氣候變遷的研究重
心〉，內政部資料照片，
20160816，http://www.
moi.gov.tw/chi/chi_news/news_detail.aspx?type_code=02&sn=10927）

葉俊榮部長、李仲威署長及陳金德副市長等全體人員於永保太平念碑前
合影。葉俊榮指出，南海仲裁案仲裁判斷結果，嚴重損及我國南海諸島
及其相關海域之權利，由於本案仲裁庭審理過程中，並未正式邀請我國
參與仲裁程序，亦未徵詢我國意見，對中華民國不具法律拘束力，總統
府及相關部會已陸續發布新聞稿或召開記者會嚴正說明我國的立場與主
張，尤其仲裁判斷對太平島地位錯誤的認定及對中華民國不當稱謂，我
國絕不接受。
（〈內政部長葉俊榮前往太平島，為南沙醫院編釘新門牌，宣示政府將
推動太平島成為南海海洋生態、氣候變遷的研究重心〉，內政部資料照
片，20160816，http://www.moi.gov.tw/chi/chi_news/news_detail.aspx?type_
code=02&sn=10927）

第八部 社會與時事

1. 強化全面治安網
——有效保障人民憲法之基本人權

　　每天把「殺人當成遊戲」這樣的概念注入心智未成熟的青少年心中，將殺人當成理所當然，一個青少年每天宅在房間裡玩「殺人遊戲」，是否會對社會造成影響呢？

　　如果您不懂什麼是殺人遊戲，只要問一問 google、yahoo 等網路大神就會知道。

把殺人當成遊戲

　　而殺人遊戲到底有多少載具，包括漫畫、書籍、網站、手遊和各種電競、線上 online、任天堂的電鋸殺人狂及各種影片等，這些殺人遊戲，時時刻刻讓無數人在玩賞。如果玩家是心智成熟的人，也許沒有什麼問題，但如果是青少年呢？在殺人遊戲的種種規則來說，不管哪一個角色，最終目的就是運用各種方法，把人殺死，因為唯有把對方殺了，自己才能得勝。為了爭勝求贏，殺人便成了必然的事。這意味著什麼？就是「把殺人當成遊戲」。

　　「殺人是遊戲」這樣的概念每天注入心智未成年的青少年心智中，把殺人當成理所當然，而遊戲的訓練方式，更以如何成功殺人當成追求的目標，一個青少年每天宅在房間裡玩「殺人遊戲」，一天玩，兩天玩，天天玩，現在臺灣街頭出現「鄭捷殺人」、「ＸＸ殺人」……，便不足為奇了，對因無知以殺人當遊戲的玩家思維來說，那只是遊戲。鄭捷，其恐怕是殺人

遊戲的受害者而已。

殺手遊戲

殺人遊戲又稱殺手遊戲，殺手、黑手黨、天黑請閉眼等代名詞，是一種多人遊戲，一般由 8 到 20 人組成。由俄國心理學家迪米特里‧達維多夫在 1986 年發明，殺手遊戲擁有多種角色，規則也有多種模式。

殺手遊戲，一開始玩家在莫斯科大學的教室、寢室等處玩此遊戲。在 1990 年代初期，該遊戲在俄羅斯其他學校流行起來，並跨過國界，傳播到了歐洲各國（匈牙利、波蘭、英國、挪威等），隨後傳到了美國，如今該遊戲已經遍及世界各地。它被認為是 1800 年代以來 50 種最具歷史和文化意義的遊戲之一。1997 年 Andrew Plotkin 改進了該遊戲的規則。臺灣在 1990 年代後期已相當流行，現在則是包括網站遊戲、書籍漫畫、微電影、動畫、牌卡，大大小小的變種殺人遊戲多到不可勝數。

殺人遊戲的訓練技巧有哪些？綜括而言：冷靜、冷血、無情，為達殺人目標不計一切，以下介紹各種態樣：

一、冷靜

殺人遊戲雖然以語言及文字為主，但更多是一種心理戰，必須洞悉別人在各種不同角色及狀況下，露出的破綻，並且要防止自己露出馬腳，才能找到殺人成功的方法，所以想成為一個殺手，首先必須非常冷靜，只有在冷靜的時候發言，才具有殺傷力。（鄭捷給人的感覺也非常冷靜。）

二、語氣

以牌卡的殺人遊戲來說，每個玩家在發言時，為了能夠讓

人信服，即使是騙人，也要聲音堅定語氣明確，為了達成殺人的終極目標，騙人也變成必要的技巧，無論說的是真話假話都要讓人相信你。（以堅定的語氣騙人來達到目的，這樣的價值觀好嗎？）

三、矛盾

事實的真相並不重要，你發言的真假也不重要，重要的是達成目的，為了達成目的，製造搬弄是非，造成人與人之間的矛盾，是一種求生的必然方法。（以這種方法去養成孩子的人格好嗎？）

四、聆聽

聽別人說話裡有哪些破綻，以獲取情報，分析別人的信息，也是一種訓練方法。

五、判斷能力

判斷力的訓練，是一種找出誰是真正殺手，誰是警察的方法。

六、說謊

在遊戲中說謊是一種心理戰，所以遊戲越想贏，說謊功力也要特別強。

七、堅定的信念

有堅定的信念，發言才有說服力，偽裝才能不被發現，在這戰鬥中才能贏。才能成為真正的戰士。（這點應被 ISIS 及黑幫利用的很澈底）

八、犧牲精神

一個警察，一個匪徒，一個平民，一個殺手，隨時都要準備

為同伴、為理念犧牲。（是非不分，不理性犧牲好嗎？）

九、冷血、凶狠

　　為完成殺人目的，冷血、無情、凶狠更是殺手特質，並且把這種特質描繪成一種英雄性格，讓分不清問題嚴重性的小孩，以為英雄就是這種氣概。

　　青少年為了玩遊戲，每天沉浸在以上的訓練裡，那樣的訓練內容，對玩家來說只是遊戲，對懵懂無知的青少年來說，每天的訓練，無形中種種不好的價值觀，就潛移默化成了他腦海中的思考模式，並且認為理所當然，在心智不成熟的青少年心中種下了一個陰暗的種子。黑幫和 ISIS 等組織往往利用這種遊戲的特質，吸收青少年加入其黨派，在鄭捷身上幾乎看到完全相同的特質。

殺人遊戲對青少年之影響

　　殺人遊戲對青少年的影響有多大？以任天堂的電鋸殺人狂 2 來說，當恐怖的殭屍殺人狂要再次橫掃醫院時，凡是站在他的面前的人和物品，都成為他的攻擊目標，這種殺人的模式，彷彿看見鄭捷在捷運殺人！

　　而學院裡的殺人遊戲，除了有漫畫書外，各種載具也很多，最近幾年興起的網站直播、驚悚殺人遊戲和電影百萬殺人遊戲，更讓人分不清是遊戲、電影還是真實了。

　　另外，「殺人遊戲擬真版」，難道不是以殺人為滿足嗎？市面上充斥著這麼多以「殺人」之名設計的遊戲，雖然最原始遊戲設計的目的，有心智訓練成分在內，但「殺人」訓練的過程和浸染，對沈迷於遊戲，又無人開導的青少年，帶來的是無可復加的傷害。

　　試想年紀輕輕的鄭捷，人生為什麼走到這個地步？身上背

負著多條人命，傷害了幾個家庭，毀了別人的幸福。對鄭捷本身來說，他的人生也同樣毀滅了，從他關緊房門、沉浸在殺人遊戲的世界裡時，他的人生就已經開始崩壞了。

當他一個人在房間裡玩殺人遊戲時，他的父母在哪裡？他的父母知不知道，他一個人在房間裡玩了什麼遊戲、那個遊戲對他有沒有傷害？有沒有關心他、替他把關？他的心智年齡有能力判斷對與錯？當他第一次在學校威脅同學，或他第一次說他想殺人的時候，父母老師朋友，有沒有人來關心、了解和勸導他？當他第一次犯錯造成同學的傷害時，父母知不知道問題出在哪裡？

在遊戲的浸淫下，他真的成了殺人魔了，但他的本性真的原來就是惡魔嗎？從媒體報導，有次開庭時，他的國文老師說鄭捷在學校是個好孩子，看不出他人格有什麼惡質，鄭捷在法庭上立刻向老師道歉，說自己讓老師失望，很對不起老師。據媒體報導，這是鄭捷自殺人以來，第一次向人道歉，由這個報導可以看出鄭捷的本質並沒有那麼壞，壞的好像是沒有什麼人真正關愛過他。

一個人能活得快樂，對人生有企圖，對未來感到光明，主要原因是因為有人愛他，有人疼他，他深刻的知道他在某人的心中是重要的。人，唯有人愛，才更能感受到生命的價值，才有源源不絕生存的慾望。身為一個人，鄭捷有感受到誰篤信不疑的愛著他嗎？

鄭捷之後，又有數件沒有理由、沒有理性、隨機殺人的事件，這樣的事件接踵發生，以後還會不會發生，誰也不敢說，這樣的人對社會可能帶來的傷害和人身安全的威脅，著實令人恐懼，而更大的傷害，恐怕會四處蔓延！

ISIS 伊斯蘭國的恐怖行為，無可諱言地已令全球陷入恐

慌,而他們吸收新成員的方式之一,就是利用網路媒體,包括
Twitter,Facebook,YouTube,WhatsApp 等傳播致命的想法,
他們主要招募的對象是年輕人,而他們操弄青少年的方式主要
就是曬暴力,特別是用血腥畫面來刺激年輕人,成員結合殺人
遊戲在網路上找尋目標,再對他們利用圖片、文字、影音,甚
至 App 進行洗腦,每在一個城市犯案,便製成數據圖傳播,
他們更設計模擬遊戲,例如去年 9 月發表「槍擊遊戲」,讓
玩家攻擊美國警車,槍擊學校和建築,暗示「聖戰」是「好玩」
的。

　　利用暗示殺人遊戲概念,據網路上消息,至少已有 500
名英籍青年加入激進組織,而美國戰略安全情報諮詢機構蘇凡
集團報告也顯示,近 1 年來至少有英國、法國、美國、加拿大
和紐西蘭等國,共約 3,000 名人員到中東參加極端組織。雖然
這些加入的人,有許多是社會的激進分子,但透過網路媒體,
以「模擬遊戲,暗示殺人是好玩」這種概念,蠱惑青少年加入,
才是他們的目的,這也是「殺人遊戲」禍害的延伸。

　　殺人遊戲最初的目的,可能是一種智力遊戲,或小團隊的
心智訓練,但是以「殺人」為設定的遊戲方式,把殺人的概念
當成為了求勝的唯一目的,過程中如說謊等不擇手段的方式,
經由出版商大量發行及行銷後,大舉入侵青少年生活領域,殘
害著青少年心智,是類商人為了賺錢發行以殺人為名的遊戲,
其傷害與影響是非常嚴重的。

強化社會治安安全網

　　2016 年 5 月 20 日蔡英文總統在其就職演說中就特別指出:
「新政府必須要承擔的第 2 件事情,就是強化臺灣的社會安
全網。這些年,幾件關於兒少安全及隨機殺人的事件,都讓整
個社會震驚。不過,一個政府不能永遠在震驚,它必須要有同

理心，必須要讓受害者及家屬覺得，不幸事件發生的時候，政府是站在他們這一邊，除了同理心之外，政府更應該提出解決的方案，全力防止悲劇一再發生。從治安、教育、心理健康、社會工作等各個面向，積極把破洞補起來。」蔡總統所提出的強化社會安全網的確已明確指出當前我國治安核心問題與解決之重點方向。

我國是一個主權在民的民主國家，型塑一個優良的治安環境是政府責無旁貸的責任，而免於恐懼是人民的最基本人權。治安問題之解決必須與教育、心理健康及社工體系結合，如此才能建立一個更為優質的社會治安安全網。如中央警察大學多年來一再強化憲法人權保障、科學鑑識、犯罪預防、通識教育、關懷弱勢、性別平等教育、交通安全、防災救助等創新宏觀的現代化警政教育，尤其更能充分發揮為警政實務單位之智庫功能。而警政署已完成「防制隨機傷人事件發生」、「了解社會高風險族群犯罪預防研究」等因應策略及加強校園安全防護機制，力行查訪有暴力傾向的高再犯治安顧慮人口查訪次數等工作，此強化當前治安工作策略與積極作為，殊值吾人予以高度肯定與支持；惟依筆者之觀點，畢竟「警力有限，而民力無窮」，一個現代化國家治安工作的提升，實有待政府與人民通力合作，發揮維護治安人人有責之精神，如此才可為治安帶來無比的能量，共同確保國家安全與人民安和樂利的幸福生活，開創一個更為美好之新境界。

（余瑞仁攝，自由時報資料照片，20160608，〈警大畢業生索「愛的抱抱」，蔡英文總統：有熱情很好〉）

2. 讓老師與學生能看到更為美好的明天
——給長年默默奉獻教育志業的老師們一個愛的鼓勵吧

　　一年一度的中秋暨教師節即將來臨，相信大家都會想起自己的親人與曾經不辭辛勞教育我們的恩師們，向他們表達無比感恩的敬意。雖然有人說，現在時代不同了，對老師或親人的感念不需拘於任何形式，但筆者總認為親情與老師教誨培植我的恩情是山高水長，永遠銘記在你我的心田裡。在這個深具意義的日子裡，即使是發一通簡訊或寄一張小卡片給你敬愛的老師，表達內心感恩的情懷，相信老師心中的感受會是無限的安慰才對。按一個教育工作者心中當永遠懷著熱忱無比的愛去啟發學生之潛能，同時，處處扮演為「人師」與「經師」的角色，唯有擁有如此為人師表優質的榜樣，教育出來的學生，必然能有「養天地正氣，法古今完人」之良好品德素養，才能成為國家之中流砥柱，無私的奉獻國家。教育是國家力量的總集合，有一流的教育才能培育一流的國民，有一流的國民才能建立一流的政府，有一流的政府才能為國家與人民做出最佳的貢獻。睽諸我國推動九年國民義務教育成功及十大建設之落實，才得以繼創造「經濟奇蹟」再創「政治奇蹟」之民主改革成就。撫今思昔，我們正在推動的十二年國民義務教育及大學院校教育改革，亦當以更宏觀、前瞻、務實、創新之理念，循序漸進穩健地加以推動，尤其身為教育主管當局及站在第一線的各級學校教師，當以「愛與榜樣」之無比熱忱，共同為學生形塑一個

更為優質的快樂學習環境，要深刻切記愛是可以包容一切，教育是不分貧富貴賤，皆應予以平等扶持培育，造就國家優秀的人才，以蔚為國用，發揮實踐「良師興國」的價值功能。

筆者於民國 53 年考入屏東師範學校深造，從此就與教育工作結下了不解之緣，尤其從大平國小到中央警察大學、臺灣警察專科學校、臺灣大學、崇右技術學院等學府，教過不少學生，目前他們分佈於各有關機關或企業界服務，且皆有傑出之表現，令筆者深感光榮不已。在長年奉獻教育的生涯中，筆者深深地感到誠如古人所言：「師不必賢於弟子，弟子不必不如師」，亦如臺灣的諺語：「有壯元學生，沒有狀元老師」，真是「英雄代有人出」，所以學生的成就乃是老師最大的安慰。因為筆者始終堅信世界上唯有兩種人是最值得我們去敬愛與信賴的，一個是自己的父母，一個是自己的老師，因為父母與老師對孩子與學生的愛是永無止境的，甚至為了維護他們的子女與學生，就是犧牲一切亦是在所不惜的。也就是因為這種偉大愛心而堅定了子女與學生們對他們永遠的敬愛與景仰。而這種父母與教師對子女與學生發自內心真誠的愛心，乃是維護人類國家社會和諧與永續發展的無比動力。基於此，筆者誠懇呼籲國家社會各界能多多給予長年默默奉獻的老師們愛的鼓勵，而對曾經教導與培植你的老師們，請記得給他們一個溫馨感人的問候與關懷吧！

（本文刊載於臺灣時報—頭家心聲，2015 年 9 月 27 日）

3. 大學生追求理想與現實之平衡點

　　大學指考已經放榜，在理想、現實之間，錄取的大學考生一定做了一番周詳之考量，去追求未來他們選擇的學校與科系。的確時代改變了，而潮流亦隨之改變神速無比，在今年考生中有多位考取了頂尖國立大學，最後終於選擇就讀了中央警察大學，如林幸姿、祝學恩、鄧克均等考生，雖然皆已申請上了頂尖的國立大學之科系，但因為心嚮往「波麗士」（Police）為保障人權與伸張公平正義的志業而選擇就讀警大。

　　記得去年亦有多位考生亦申請上了台大等頂尖卓越的大學，他們亦為了追求理想志業而最後選擇了就讀警大，可見現在青年學子對選讀大學之思維已逐漸超越了傳統，如各大學的財經法系組之熱門，亦超越了一般的法律組，而牙醫系往往亦超過醫學系，在在證實現在的大學生注重理想與現實的追求平衡點。

　　記得去年有關單位所舉辦的大學博覽會之盛大活動中，南、北兩地「一在台大體育館，一在高雄展覽會場舉行」，現場最熱門的乃是軍事聯合院校及中央警察大學的攤位，最為家長及考生光臨之處，由此可以看出時代的改變，已使青年嚮往軍警學校就讀，不但充分保障考生未來就業之問題，更是他們實現未來奉獻國家社會的最佳捷徑，誠如西方哲學家柏拉圖所言：「教育乃是國家力量之總集合」，面康德亦指出：「教育之目的乃是培育有道德的人」。

　　大學指考已放榜了，筆者亦謹藉此呼籲社會各界，除了關

心大學教育的效率與品質外，更應該給那些在這次指考當中不
盡理想的考生多多給與愛的鼓勵，讓他們在情境與情緒正處於
低潮之際，給與愛的關懷與激勵，這才是真正愛的教育，以彰
顯我們社會溫馨的光明面。

4. 論大學就讀科系與人生理想志業之追尋

最近我閱讀了兩篇有關讀哲學系出路問題之文章，不禁令筆者勾起民國 59 年參加大學聯考，筆者所填寫志願就是哲學系。當大學聯考放榜後，很多親友都以「讀了哲學系將來要做什麼？」來問筆者，我皆回以追求更高深的學問為國家社會服務為目標，但他們都以半信半疑的眼光說：「哦！是這樣」。

在大學階段，的確有很多親友對我放棄選擇師範學校學生可擁有終身好聲譽「教師」乙職，而就讀哲學系感到困惑不已，（於當年時期來說，小學老師有相當的社會地位）；但筆者總覺得大學所唸的科系固然對未來求職有很大的關係，但個人事業的成功並不是在於所唸的科系是否熱門而定，不然筆者當時就讀師範學校的多位學長，他們雖然沒有進入大學法律系之大門，但憑他們自修苦讀亦皆能考上司法官、檢察官或律師，而若干表現傑出者在法政界亦身居要職。

按當時筆者亦追隨諸位師範學校學長於擔任教職工作業餘之際，亦潛研法律學門準備司法官國家考試，惟後因考入大學研究所而專心投入教學研究工作。但對法學理論與實務工作仍投入無比之關注，並施展法學研究心得奉獻社會服務工作。因此，筆者更堅信事在人為，有為者亦若是之道理。

在大學求學階段全心投入文史哲等學門之攻讀，亦在法政學術領域下了很大的自修功夫，因此，在大學畢業後便能一舉考入首屆台灣大學法學院三民主義研究所法律組（現在已改為國家發展研究所），後又入文大研究所，獲得國家法學博士又

前往美國德州大學奧斯汀校區政府系及日本東京大學擔任客座學者。自民國 74 年起迄今在台灣大學、中央警察大學、崇右技術學院等學府開授法政及法商專題課程。於民國 86 年起迄今擔任警大專任教授,並兼任校長機要秘書、公關室主任、圖書館暨世界警察博物館館長等一級行政主管十餘年,又曾擔任過中國新聞學會總幹事等行政工作多年。

民國 98 年 10 月借調至崇右技術學院擔任副校長暨財經法律系主任等職,並兼任國防部官兵權益保障委員會委員、衛生福利部法規委員會委員、國立中山大學行政主任班講座。因此,若就從求學至就業階段而言,筆者首先唸教育後唸哲學、歷史學門,直至民國 63 年考入台大法學院三研所法政組,獲得法學碩士後又獲得國家法學博士迄今 35 年間,專門從事法政學術之研究與教學等工作。

因此,筆者認為「行行出狀元」,大學所唸的科系亦只是我們人生求學問的方位與起點,無論您就讀任何科系只要努力以赴,最後皆能在各個領域獲得人生預期的成功指標。所以,人生追求的核心價值亦不是僅以「達官貴人」或「富商巨賈」而已,在這個民主多元的社會、價值多元世界村來臨的時代,只要你我肯抱定終生學習與全心奉獻的毅力與精神,那您就讀任何科系皆會開創出您美好人生的光明願景。

5. 教育、企業與真理之追求

　　日前筆者回南台灣故鄉，專程拜訪國立高雄大學校長黃英忠博士（按：黃校長係國內研究人力資源企業管理學之權威學者）、現在高雄縣林園鄉經營仁惠幼稚園的昔日屏師學長蕭振德先生、孔員園長，及昔日台灣大學國發所的學生，而現正在中山大學公共事務研究所博士班就讀的曾玉祥同學，曾論及有關教育文化、企業與國家發展等問題，在在認為推動現代化教育文化工作，企業界之參與乃是不可或缺之要件。其實企業界贊助教育事業乃是現代教育學術發展的主要方向，在美國的大學，無論是大學校長、副校長，皆在學術行政與向外募集教育學術基金做有效的分工，如此運作校務才會順利推展。因此，筆者希望國人應體認企業與學術合作的趨勢與真諦。

　　凡熟讀西方文明的人，都會深刻體會到歐洲文藝復興（renaissance）之所以能獲得有力地推動，使歐洲人民脫離黑暗時期，其主要原因與動力，乃是知識份子的啟迪與企業家的大力支持，渠等以高度的熱忱與強烈的使命感，贊助文藝復興之歷史文明之神聖志業。因此我們可以說，西方能有今日昂首世界的高貴文化，知識份子能文以載道，開風氣之先為人類現代化文明奉獻一切，尤其企業界大力的贊助更是居功厥偉。

　　筆者長期投入政治學術教學與研究工作，深深體會到中華民國在台灣的政治、經濟、文化教育之所以能有今日的成就，其主要原因乃是我國的教育文化工作能與時代發展趨勢有效結合所致，而在發展我國的教育文化事業的過程中，幾十年來我國的教育事業得力於企業界的大力支持，其情節頗為感人，如

數位傑出的企業家自動自發的贊助學術界興建圖書館、籌組學術研究發展基金會，或是成立更為先進的醫療研究中心，在在展現企業家能取之社會、回饋社會，為提升我國教育文化水準而大力奉獻的偉大精神，殊值吾人景仰與敬佩。

而筆者亦深深地感到，我國能有今日卓越政經發展的主要原動力，乃是得力於早期推動延長國民教育，大力地提升國民的素質有很大的關係，尤其是公平、公正的大學聯考制度之舉行，充分發揮了教育機會平等的憲法精神，人民無分階級貧富，學生們皆能在一個公正、公平的大環境下，接受嚴格的考驗才得以進入大學深造，試問若沒有這一個公正、公平的大學聯考機制之運作，我們能培育出今日執政治財經教育文化之牛耳的一時之選嗎？

因此我們應冷靜地省思，我們廢除這一個公平公正的機制，進行了多年的教育改革，無論是大學的考試制度的變革，中小學教科書的選擇，公民倫理教育的推動，有比以前更為進步嗎？在專業教育與人文教育無法獲得均衡發展的教育方式所培養出來的人才，是否能真正符合社會之期待？是否能適應全球化地球村高度競爭的時代需要？而成為國家社會真正的資產，而不是負債。

有一流的教育才有一流的國民，有一流的國民才能建立一流的國家，而推展國家的教育文化乃是社會每一個人的責任，而國民素質到底是走向提升或是步入沉淪之境，在在的與教育成功與否有很大的關係。因此，當我們朝野全民正在大力拚經濟之際，亦應注意教育文化工作的品質是否提升？乃是當今國民重要的一個課題。

正如西方大思想家柏拉圖所說的「教育乃是國家力量的總集合」。而喜好讀書的有福了，一個國家政府若能注意教育工作的推動，培養人民良好的讀書風氣，則其國民素質必能提

升，且能有效地增進國家之競爭力。如愛爾蘭、日本、新加坡等國家之所以能維持良好的經濟成長，就是其國民擁有良好的讀書習慣所致。日前英國首相布朗發起全民讀書運動，實是意義重大，如此之真知灼見，必能為英國帶來強盛的國力。

哈佛大學之校訓為「與真理為友」，西點軍校之校訓為「國家、責任、榮譽」，台灣大學之校訓為「敦品勵學、愛國愛人」，中央警察大學之校訓為「誠」。他們之所以能成為青年學子最為嚮往之學府，其主要之因素，在於他們能力行保持追求真理與愛國愛人之學風。

值此世界性能源缺乏、股市受挫、物價飛漲、國事紛紜的大環境裡，全民更應共體時艱，尤其是執政治、經濟、文教之領導菁英，更應發揮知識份子的良知，拿出真正愛鄉護土的道德勇氣與良知，堅守自由民主的一邊，為台灣兩千三百萬人民未來的美好前途做出更佳的奉獻！

6. 邁向更為優質校園學習環境新里程作見證

——對內政部警政署與教育部共同舉辦校園周邊安全走廊服務站啓動之感言

　　內政部警政署與教育部為貫徹社會安定、校園安心、家長放心的治安政策，特於 105 年 8 月 29 日上午在臺北市內湖區麗山國民小學舉辦校園周邊安心走廊之愛心服務站（活動），內政部長葉俊榮先生特蒞臨現場鼓勵，受到全校師生及各界參與此項活動的志工熱烈歡迎，尤其部長牽著兒童與其家長過馬路進入校園展現政府校園護童決心，過馬路時與協助交管之導護老師、員警、義交及警衛等揮手致意，對於這些共同守護學童上下學安全默默奉獻的英雄們展現的畫面，令所有參與活動者甚為感動。個人從這活動中深深體會到，警政署舉辦這樣的活動對於以後校園兒童安全維護，具有宏觀、創新的示範效果。

　　個人曾經擔任過三年多的小學教師並長年從事警政教育工作，看到此情此景，感到這樣有意義的活動，能讓未來主人翁能受到警察及志工的保護而免於恐懼，達到校園安全網建立的目的，內心甚有戚戚焉。

　　在去（105）年 6 月 8 日「105 年警大應屆畢業生聯合畢業典禮」，蔡英文總統親臨主持。總統 520 上任後，第一次出席大學畢業典禮，即選擇中央警察大學，警大師生與家長都感到十分光榮與喜悅，總統並親自為全體博士班畢業生、碩士班與學士班畢業生代表撥穗，見證畢業生們開始全新的人生旅

程;並頒發各學系第一名畢業生獎牌，鼓勵他們努力學習成果。總統同時在致詞時，對全體畢業生提出三大期許：一、要有責任感：警察是民眾安全感的來源，每次任務完成就是解決民眾問題及危難，要認知肩上重大責任。二、要充滿勇氣：警察工作需要在第一線忍受風吹雨打日曬雨淋，甚至冒著生命保護社會安全，因此需要無比的勇氣與決心，時刻謹記投入警界的熱情，成為人民最強的後盾。三、要將心比心：由於向警察求助的，多是內心煎熬徬徨無助的受害民眾，為了使民眾安心，要以同理心表達關懷與協助。

而內政部長葉俊榮先生在致詞時，提到「清廉、果決、智慧、愛心」八個字，期許每一位畢業生在面對工作環境誘惑時都能夠「清廉」自持，「果決」的處理違法事件，更應該展現執法人員追求正義的「智慧」，發揮「人飢己飢、人溺己溺」、為民服務的「愛心」，不負人民所託。

記得蔡英文總統在內湖女童遭受殺害案之後，蔡總統立即指出，政府的執政團隊在治安政策上要把兒少安全、反毒作為首要目標，落實對施暴高風險族群的社區處遇，未來更應參考國外的輔助警察制度，充實社區警力。未來的警政治安首長對反毒、社區治安要有具體策略與行動，面對孩子們無辜犧牲不能只有憤怒和傷心，我們的責任是給所有父母和孩子一個沒有恐懼的生活。

從以上蔡總統暨葉部長的談話，可印證新政府已將治安效率及品質的提升，尤其照顧弱勢者的治安工作，要建立在全面治安網絡的毅力與決心上。因此，內政部與教育部為貫徹政府的政策，特頒定推動國民中小學周邊安全走廊之愛心服務站建構實施計畫，結合民力資源及社會防護網，共同建構校園及周邊安全維護，藉由建置國民中小學周邊安心走廊之愛心服務站為出發點，串聯鄰近愛心服務站連結呈現，架構出校園及社區

之安全生活網，提供即時保護措施，使學童於就學途中，遇有特殊事件能走進暫時庇護，得到關懷服務。同時喚起全民參與之熱忱，以強化校園安全，充分發揮警民合作共同維護社會治安的優質功能。

從這一點就讓筆者想起，日本實施警民聯防頗為成功的啟示，日本國民由於具有良好的學校與社會教育，國民皆具有守法、守時、守信、整齊、清潔、簡單、樸素、勤勉、奮發向上與刻苦耐勞、善於體諒別人並具有高度的公德心，以愛護社會團體的美德，尤其在日本人的心中，早已深植維護治安乃是每個國民應盡的天職，因此能自動自發地組合各種的犯防組織，提供充分的社會資源，協助警方推動社區警政，強化社區意識，提升人人對共同維護社會治安的責任感，將民眾強烈的社區意識與警方的辦案融為一體，充分發揮預防犯罪的高度效能。

日本第一任警察廳長官齋藤昇，曾對日本警察應執行的任務特別指出：「新警察法以保障個人自由之理想的民主警察的理念為立足點，以合理的警察組織，有效率地執行治安任務，名副其實地確立不辜負國民之期待的警察制度而制定，尤其要努力於保障警察在政治上的中立，以防止警察的權力化。」依據警察法第二條規定，「警察以保護個人生命、身體和財產，預防、鎮壓和搜查犯罪，逮捕嫌犯、取締交通，以維護社會之安全與秩序為其任務」，同時又規定：「警察的活動，必須嚴格限於前項任務的範圍，執行其任務，要不偏不倚，公平公正，決不許亂用其職權干涉日本國憲法所保障的個人權力與自由。」

因此，筆者對於警政署能結合各界所舉辦的這項活動，感觸長年從事警政教育，同時也在警大、台大、警專、崇右技術學院從事法學教育工作，覺得維護社會治安固然是警察的責

任，但維護治安工作也需要全民一起努力，他山之石可以攻錯，況且現今警政工作必須接軌國際，尤其，日前有關警察人員對於一銀案可以在短時間迅速破案，主要就是利用警政工作能與時俱進，當中警民合作也發揮很大的成效。

　　值此，全球化知識經濟的大時代中，由於科技的發展一日千里，智慧型的犯罪更是千變萬化，所謂「道高一尺，魔高一丈」，有一流的科學辦案，才能確保一流的治安之維繫，而我國已是一個主權在民的國家，政府的任何施政，皆須傾聽民眾的聲音，注重民意的需求，更需獲得民意的支持，才能有高品質的施政效率，惟「警力有限，民力無窮」。因此，由警政署這次結合教育部及社會各界舉行的活動，可謂是為我國警政革新開創一個新里程，但願此示範性的活動，能為全民塑造一個更為理想的生活環境而做出最佳之奉獻。

（本文刊於警光雜誌，2016 年 10 月 723 期）

（照片引自警光雜誌，2016 年 10 月第 723 期）

7. 優質的警界與精彩的藝術人生
——從參加第一屆十大傑出金警獎暨終身奉獻獎表揚大會談起

筆者於 2016 年 12 月 23 日應台灣海巡警察消防領導人總會理事長蔡俊章之邀請，參加該會在台北市星靚點花園飯店舉辦的第一屆十大傑出金警獎暨終身奉獻獎表揚大會，與會貴賓有吳敦義前副總統、立法院院長蘇嘉全、監察院院長張博雅等政府首長與各界人士。總統蔡英文和副總統陳建仁特電致賀，行政院院長林全、司法院院長許宗力、內政部部長葉俊榮等亦皆題字道賀，場面溫馨感人。

此次榮獲第一屆十大傑出金警獎者為：行政院海巡署的洪金柱小隊長、內政部警政署的吳聲政巡佐、內政部警政署的黃大洧小隊長、內政部警政署的劉建明小隊長、內政部警政署的林志寬小隊長、內政部警政署的黃信文警員、內政部消防署的陳奕瑞隊員、內政部消防署的周光輝小隊長、內政部移民署的張耀仁科員、中央警察大學的陳明傳警監教官兼系主任；榮獲第一屆終身奉獻獎者為：（原行政院海巡署）王郡署長、（原內政部警政署、中央警察大學）侯友宜署長和校長、（原內政部警政署）王卓鈞署長、（原內政部消防署）陳弘毅署長、（原內政部移民署）吳振吉署長、（原中央警察大學）蔡德輝校長。吳敦義前副總統、立法院院長蘇嘉全、監察院院長張博雅於致詞時，都一致認為蔡理事長創辦該會及舉辦此次活動甚具意義，獲得此項殊榮的得獎者亦皆為海巡、警察、消防、移民、

教育等機關之一時之選，對國家社會有卓越之貢獻，真可謂是實至名歸。

對於成立於2016年2月的台灣海巡警察消防領導人總會，僅在短短10個月內即能遴選出十大傑出人員並舉辦此次的授獎典禮，實在令人感佩。台灣海巡警察消防領導人總會的成立乃是為了提供海巡、警察、消防與移民跨業服務平台，以團體力量關注在職與退休會員的生活。期許透過本次選拔活動，獎掖忠良、提振士氣，凝聚向心力，樹立良好警務人員形象以及表彰對國家社會有卓越貢獻者之犧牲奉獻精神。此活動之目標在於拋磚引玉，藉由頒獎表揚之方式，提升正能量，宣達有功事蹟以激發同仁榮譽與責任感，促進警民一家，提高治安管理水平以及促進社會安定。

蔡俊章理事長在警官生涯中，曾經偵破陸正案、張錫銘案等重大刑案，此外，蔡理事長是從基層做起的，曾任內政部警政署副署長，歷任澎湖縣、南投縣、台南縣、高雄市警察局局長、台北市政府警察局督察長以及警政署主任秘書，任職期間有許多創舉，貢獻良多。蔡俊章除了有〝警界儒將〞的稱呼外，同時又有〝國畫畫蝦大師〞之封號。他在台灣展出超過百幅水墨書畫展，尤其以風格獨特的〝蔡氏墨蝦〞最為稱道。由於蔡理事長自幼生長於鄉間，對山野和溪流間的小昆蟲頗為關注，特別對蝦子更是情有獨鍾；後來在屏東東港派出所服務時，因為屏東水產試驗所繁殖蝦子成功，而且岳父也在養蝦，經過長年的觀察，對蝦子的生態、習性特別感興趣，所以就把蝦子當作描繪的對象。在短短10分鐘內，蔡理事長就能畫出蝦的百態，這都要歸功於近50年的苦練。他作畫，除墨蝦之外，連風景畫亦是栩栩如生。蔡俊章說，警界的工作壓力很大，作畫可以讓他紓解壓力，同時也可以思考下一步，所謂〝下一步〞，不光是指作畫，還包括對警界工作的布局作法以及人生的下一

步。他說他現在已經學會和畫做對話了，甚至連齊白石的名畫，他也能與其做交流，可見他已將自己和繪畫融為一體了。

與南投知名國際書畫大家李轂摩的結識，對蔡俊章理事長而言，無疑是繪畫路程中很重要的一個進展。特別是在南投擔任局長期間，拜地利之便，只要有空即登門拜訪，就畫畫、田園景色、美麗的自然萬物，與李大師侃侃而談。而與外號「台灣蝦王」的蔡理事長亦師亦友的李轂摩則認為，在警界，蔡理事長能如此鍾情於藝術實屬不易。在南投任職期間，蔡理事長每週都會特別抽出一天到李轂摩的畫室習畫，回家後還繼續練習至深夜二、三點左右才肯作罷，由此可見其毅力十分驚人。而李大師從不對外收門徒，只有蔡俊章例外，此乃緣分矣。由於與李轂摩的緣分，讓蔡理事長在作畫路上的精進更上一層樓。

筆者曾經擔任中央警察大學的公共關係室主任、校長室機要秘書、圖書館館長、世界警察博物館館長等職務，在筆者任職期間，蔡俊章理事長在警大舉辦過多次的畫作展覽，每次展覽作品之繪畫造詣皆達專業水平，獲得一致好評，讓筆者留下深刻的印象。蔡理事長由警政署卸任退休後，仍然不遺餘力，熱心投入公益活動，成立了台灣海巡警察消防領導人總會。他認為，長年為治安無私奉獻的警務現職與退休人員，無所求的付出與服務精神，透過長期的貢獻，承擔了自己對周遭環境的責任，願意在認為有意義的事情上努力付出，而正是這種努力所形塑的典範，頒獎只是個美好的起點，藉由大家的共同參與及「蠟炬不成灰，薪火永相傳」經驗傳承，建立起台灣各級機關執法人員的優質形象，促進台灣永續的治安環境與長治久安的和諧社會風氣，未來必定會更加美好；而且為了協助政府維持治安，推動國際與海峽兩岸海巡、警察、移民、消防及協同民力防範，「台灣海巡警察消防領導人總會」將秉持創會宗旨，

持續加強政府與民間的團結合作、運用現任及退休海巡警察消防人力資源、凝聚共識關心退休會員生活、辦理學術研討會促進產學合作及相關書刊翻譯出版事宜，促進和諧交流與研究發展。

8. 媒體、政治、法律與倫理道德之核心價值與實踐功能

在一個國家社會群體生活中，任何人無論從事何種行業，最基本的信守原則就是：必須遵守倫理道德與法制規範。依倫理學說法，維持人類生活秩序的規範有兩種：一種為人律（即律法），另一種為神律，即（道德律），當人律無法壓制人類犯罪時，必須輔以神律，即倫理道德規範，以濟法律之窮。因為倫理學所稱的神律，就是發自內心深處，自發自動地對自己思維言行的制約，它是屬於一種道德規範；而人律則是屬於人類外部行為的法律規章。一個人的思維與言行，若能遵守法律與倫理道德規範，則必能守法守分而不逾矩，就不會恣意做奸犯科而侵害他人的自由權利。誠如著名的德國哲學家康德（Immanuel Kant, 1724-1804）所指出的：「教育的主要目的就是要培養守法且有道德的人」。

筆者覺得，我們的國家雖然已歷經多次的憲政改革與公民選舉的洗禮，而我們的民主法治之實踐似乎少了一項最重要的要素，那就是一個真正民主政治體系的生活中最需要的倫理道德規範。同時，筆者亦深深地體會到：媒體、政治、法律與倫理道德之核心價值與實踐功能，對於社會人心之影響至深且鉅。因此，筆者謹藉此誠懇呼籲社會各界有識之士，尤其是從事媒體、政治、司法的各界人士，應以天下蒼生為念，為這個早已病得不輕的社會，負起匡正與導引的責任。無論是執政或在野者，一切皆應以國家安全與人民福祉為其從政的核心價值，所謂「文官不愛財、武官不怕死」，一心一意為國家與人

民做出最佳的奉獻，如此必然能獲得民眾衷心的信賴與肯定，因為政治乃是一種良心的神聖志業，千萬不可為了個人或是自己黨派的私念，而忘記了自己當初從政時為國為民的正念！

　　處在這個民主多元的社會，早已不是過去所謂「萬般皆下品，唯有讀書高」的時代了，在這個全球化知識經濟來臨的時代，做官服公職，只是千百份工作項目的一種罷了，任何人只要學有一技之長，行行皆狀元。試問在世界上能有卓越貢獻的人，他們未必擁有所謂的博、碩士學位，或是發表多少篇 SSCI 的文章，或是在政壇上居多高的官位，或是在企業上擁有多大的財富！要知道這個全球化價值多元的社會中，品評一個人的成就標準早已是多層面的，亦就是說，只要你在各行各業中能有卓越的成就與貢獻，就能獲得世人的肯定與認同。

　　如賈伯斯、比爾蓋茲，他們的學歷是博士嗎？但他們仍對人類科技資訊的貢獻是至為厥偉，深遠無比！尤其是比爾蓋茲，甚至將其終身獲得的財富全部捐給國家社會，以嘉惠世人的高風亮節，直使那些終日為累積更多財富，而不擇手段做出傷天害理的少數達官貴人，或是喪盡天良的奸商感到汗顏不已啊！而這個時代成功的途徑也不是只有做官一途，從事各行各業者，只要心存善念、做有意義的事，必能達到成功的理想指標，而獲得世人的崇敬，因為真理永遠是站在公平正義的一邊。

　　最近筆者從媒體上閱聽到中央研究院士曹永和先生研究台灣歷史的心路歷程與卓著貢獻，雖然沒有大學文憑，但其專心一志、一路走來不畏艱苦、忠於自己信念、熱愛追求學術真理的精神，令筆者感動不已。而曾經轟動國內外的餿水油毒油事件中，首先揪出毒油元凶的人，竟是南台灣鄉間小村落的一位農夫，他為了要揪出這個毒害全台灣人食品安全的元凶，自動自發的自己出錢出力，自架監視器，日夜不休地花費了二年多

的時間，最後才使那位罔顧國人健康的黑心毒油奸商伏法。其他諸如我常在報章雜誌上看到各種捐款救濟全國的善行義舉，真是令人感動不已。又令我們更加的體認到，要為國家社會做事，只要有心，無論貧富貴賤，都是可行的。

而筆者亦深切地體悟到媒體、政治、法律三者的互動關係至為密切，對國家之民主化與現代化，以及人民基本權利之維護至為重大。但三者若要真正達到福國利民的預期指標，沒有輔以倫理道德規範之實踐，是難以掌握其核心價值與實踐功能的。因為，一個具有良好道德修養的政治人物，其一切施政必能以人民的福祉為前提。一個具有倫理道德的執法者，必能公正的執法，以維護人民的生命財產安全。而一個具有倫理道德的媒體人，在從事大眾傳播工作時，必能真正秉持公平公正客觀平衡地做報導，不但能善盡滿足讀者知的權利，更能善盡其社會責任，導引社會健康的輿論、淨化人心，形塑良好的社會風氣。甚至我們亦可說，萬事皆需要有正信與正念的倫理道德之發皇，如此我們的國家社會才能達到真善美聖之理想境界。

9. 一個大學法學教授在 2016 年總統、立委選後的省思與展望

　　2016 年 1 月 16 日總統、立法委員選舉已和平落幕，從這次選舉的過程或選後的結果，無論是各黨所推出的候選人，或是選民所表現的和平理性之成熟民主風度，已獲得國內外人士高度的肯定與讚許，台灣人民在政治活動所彰顯的實踐價值，已真正成為華人世界追求民主的標竿與典範。但願這一符合自由民主法治人權的核心價值，在台灣這塊民主聖地繼續茁壯發展。

　　因此，在這次大選後，無論您屬於哪一政黨，而在選舉時，無論您支持哪一位候選人，無論當選與否，都應從此恢復心靈的平靜，一切歸於正常，做一個守憲、守法、守分，具有高品質民主素養的現代化國民，否則就有違背我們追求自由民主之初衷本意了。因為大凡世界上民主國家的政黨屬性，正如美國哥倫比亞大學教授沙多利（Giovanni Sartori）所指出的：「政黨的本質乃為全民服務，不像派系只為了部分人士之利益著想。」亦就是說政黨之目的，乃是透過選舉的勝利來爭取全民的福祉來謀求人民幸福的生活。

　　在選舉時間各政黨可盡量的提出其福國利民之政策，但到了勝選之後，乃是兌現其為選民許下之政見的開始，而當選人在其執行其政策時，亦須超越黨派去為全民服務，因此國家的利益永遠是超越政黨的利益。因此，大凡世界上的民主國家政黨的競爭，無論選舉之競賽或平時政務之運作，皆須以國家的

利益與民眾的福祉為前提，不當以黨派相傾軋。而政黨之間亦應屬於彼此競爭又合作的關係，否則各黨固執己見，藉政黨之名行傾軋之實，彼此纏鬥不已，則國無寧日，內耗不已，誠非台灣人民之福矣！因為執政黨與反對黨實乃民主政治體系之一體兩面，彼此雖然在政治理念與政綱政見有所不同，但對民主政治之貢獻乃是殊途同歸。

記得在第一次世界大戰後，美國總統威爾遜出席巴黎和會回國，由於美國民主黨與共和黨在國會中惡鬥之結果，造成幾項和約條款無法順利通過，導致美國國際信譽嚴重之損傷，基於這一政黨惡鬥造成的國家與人民損失之教訓，因此在二次大戰後，促成所謂「杜魯門—范登堡傳統」，亦就是民主黨的杜魯門總統與共和黨的國會領袖，在聯合國等重大外交議題的充分合作，不單為美國且為世界和平做出了最佳貢獻。

在英國這一老牌的民主先進國家，其各政黨無論在平時或戰時之運作，亦皆能秉持一切以國家利益超越政黨之原則進行，如在第二次世界大戰時就立即政黨休戰（party truce），而在即將結束戰爭之際舉行大選，起初各界皆預料邱吉爾所領導的保守黨政府，因其擁有領導國人戰勝德國納粹侵略之豐功偉績，一定會贏得大選，但沒想到竟敗給主張戰後必須大力推行和平建設與社會福利的艾特禮所領導的工黨。但選後邱吉爾等保守黨人士亦坦然的接受這一民意決定之事實，扮演其最為稱職的忠誠反對黨之角色，經過幾年後的不斷努力經營結果，保守黨亦終獲得人民的信賴與支持，重獲執政之機會。

在世界上像英國這樣的其他民主先進國家，其政黨政治之運作又何嘗不是如此呢？台灣歷經多次的憲政改革，公民直選總統多次，政黨輪替已成為無可避免之常軌，而國人現在最需要的乃是一個安定、和平、經濟穩定發展的政治優質大環境，有效的因應世界經濟衰退之危機，確保人民免於恐懼，免於匱

乏的自由人權，提升人民的生活品質的政府，來維護台灣人民的最佳利益。

選舉的成敗是一時的，而國家安全與人民福祉之維護是永遠的，所謂「勝敗乃兵家常事」，選舉之勝負亦是如此。因此，在這次選舉後，筆者基於一個知識分子熱愛台灣斯土斯民的情懷，僅以無比虔誠之心情恭賀新當選的候選人外，並期望他們皆能有效地實踐其競選時所提出的政見，尤其對國家安全及人民幸福生活之維護，更應當竭智盡忠地服務選民。誠如美國第 35 任總統甘迺迪先生所言：「不要問國家可以為你做什麼，你應該要問自己可以為國家做什麼。（Ask not what your country can do for you -- ask what you can do for your country.）」

政治乃是一種為國家社會服務、犧牲奉獻的神聖志業，凡是擔任公務員的工作人員，尤其是處於高位的國家領導人，當以更前瞻、宏觀、創新、大格局的風範，為國家的永續發展與人民的幸福生活做出更加之奉獻。同時筆者亦謹藉此向這次參與大選而未能如願當選的先進們，致上最崇高之敬意，因為那美好的民主聖戰您們已經打過了，而今日台灣的民主能邁向一個新的里程，您們的奉獻都是不容抹煞的，因為政黨輪替在台灣已經成為正常之現象，只要時時秉持為國為民服務的熱忱，將來亦會有美好的新願景。因為在一個真正的民主國家執政黨與在野黨之輪替乃是平常之事，雖然他們彼此之間在政治理念或政綱政策上有所不同，但他們對民主政治的貢獻是殊途同歸，因此無論是執政黨或在野黨，一切的運作皆須以國家利益、民眾福祉為前提，以和平理性的方式作良性的競爭來博取社會大眾的支持，傾聽民眾的心聲，共同為台灣的民主政治與人民的幸福生活作出奉獻。

10. 為中華民國建構長治久安的憲政體制

一、建立公平公正的選舉制度與良性競爭的政黨政治以提昇優質的憲政文化

民主政治是民意政治，法治政治又是政黨政治。政黨成立的目的乃是透過選舉的方式，以求選舉勝利取得政權，實踐其福國利民的政綱政策為目的。因此，當選舉之際，各政黨皆會透過黨內的初選或政黨內部的協商，以求能選出更為傑出的候選人以代表其政黨，博取民眾的支持。法國名政治學者杜瓦傑（Maurice Duverger）在《政黨論》所指出的：政黨的緣起是與議會政治及人民選舉權的擴大，有著密切的關係。儘管政黨的選舉關係會隨著選民自由意願的高漲，新生代選民的自我認同，新的社會與環境問題等而式微，但毋庸置疑地在一個政治體系中，直到目前為止，尚無其他組織可以取代政黨去扮演這一個角色與功能，而唯有透過良好的選舉制度與政黨競爭體系，才能真正落實國家的憲政體制。

依照杜瓦傑所提出的選舉制度對政黨制度發展影響的三大規律（The Duverger's Law or The True Sociological Law）：（A）單一選區相對多數投票制會導向兩黨制，如英美國家之政黨制度。（B）政黨比例代表制會導向多數嚴密的獨立和穩定的多黨制，如歐陸國家的多黨制國家。（C）絕對多數選舉制（即二輪投票制）會導向多數彈性、互為依賴而相當穩定的多黨制。但杜瓦傑這一個規律雖被西方學者雷伊（Douglas W. Rae）認定是經得驗證，而稱其為「真正社會學法則的公式」，

由於這三大規律只有統計的關聯性，缺乏因果關係的論證，而招致若干政治學者如義大利的政治學者沙多里（Giovanni Sartori）之批評與修改，但他們基本上是肯定杜瓦傑的三大規律之正確性。

而不同的選舉制度對政黨發展影響都會造成不同的影響。就以德日兩國所採用的單一選區兩票制，即一般通稱的混合制（Misuda Hybrid System）為例，所謂德國制或日本制的計票方式亦各有其優缺點，但不可否認的其對各該國家政黨政治發展的影響與憲政體制的運作是有很大的關係。如德國 2005 年 9 月 18 日德國大選結果，梅克爾領導的基督教聯盟以 35.2% 的得票率，險勝現任總理施若得所屬社會黨 34.3% 歷經三個多星期的談判協商，最後獲勝的政黨黨魁梅克爾確定出任德國有史以來第一位女性總理，而其所領導的基民黨與社會民主黨，也決定合組大執政聯盟。而從這次德國大選我們由其所採用的單一選區兩票制產生之各黨席次，的確是容易產生多黨的局面，而又因各黨不易形成國會多數，而在組閣的過程中，在在的顯現組織聯合政府之艱難狀況，但畢竟德國乃是一個深具民主素養的國家，其朝野全民亦能深體沒有溫和與妥協就沒有政黨政治，而沒有良性的政黨競爭，就沒有健全的民主憲政的政治哲理，朝野最後能以理性冷靜高度政治智慧，一切以國家與人民的最高考量原則下，共同克服了這一政治上的難題。

筆者自 1985 年獲得法學博士學位後，即先後在台大、警大、崇右技術學院等學府開授憲法、政黨政治與選舉制度等法政學術專題課程，當中曾應美國德州大學奧斯汀校區政府系擔任訪問教授，並獲聘為台灣大學國家發展研究所兼任教授及研究生學位考試委員、考試院典試委員，亦曾榮獲日本東京大學聘為客座研究員，且一向關心我國民主憲政之發展，尤其是選舉制度與政黨良性的競爭問題，因此，筆者藉此呼籲能秉持一

切以國家與民眾的福祉為前提，共同塑造一個理性溫和、安寧優質而良好的選舉大環境，以爭取為國家與民眾服務的機會，「選舉的勝負是一時的，而國家與民眾的幸福生活之維護是永遠的」，而為國家與民眾服務的機會是多方面。

而且，任何憲政體制之實現，必須以建立一個良性的政黨政治制度為前提，我們亦應體認現在是一個政黨政治來臨的時代，因為政黨成立之主要目的乃是要為全民之福祉而奉獻，並不只是為其自己的政黨之利益著想，而必須以更宏觀的格局為全民之幸福生活而打拼，因此「政黨政治」並不是「仇敵」的政治，而是建立在既合作又競爭的基礎，如此，我們的民主政治才能朝向更為健全的方向發展，有關這點，老牌的民主憲政國家，其高尚典雅的憲政文化殊值我們參考借鏡。筆者認為唯有建立一流的憲政體制與良性競爭的政黨政治，才能有效的形塑一個更為優質的選舉大環境。

二、總統制、內閣制、雙首長制在民主十字路口的抉擇

我國中央政府體制之設計與運作無法發揮真正權力分立與制衡，且權責劃分不清之應有功能所致。因此，中央政府體制未來的走向，究竟是朝內閣制、總統制、混合制或是堅守五權憲法制，選舉制度之改革，兩岸關係之交流，行政與立法部門之互動，中央與地方權限之劃分及族群融合等問題接踵而來之盤根錯節之爭議，尤其是朝野政黨由於互信不足所引發的政黨的惡鬥不已，造成政局動盪不安，使台灣人民對未來的生存發展產生一定程度的「不安定感」與「不確定感」，令各界甚感憂心，因而引發對我國憲政體制未來的走向投以無比的關注。論及我國的政府體制，綜合各界所提出的約有總統制、內閣制、混合制、改良式雙首長制、五權憲法制等主張，其實世界

上各民主先進國所實施的憲政體制皆有其特色，也沒有絕對的優劣標準，只要能符合權責相符、一切政治之運作能遵守民主憲政的原理、且又政黨之間能秉持以國家之安全與人民之福祉為前提，做好彼此協商，在既合作又競爭的良性政治遊戲規則下，共謀國是之推動。

如 2000 年美國的總統大選所引發的選舉結果爭議，經美國最高法院判決之後，雙方皆能遵守憲法之規約，使國是一切恢復正常，而日本在前首相小泉純一郎解散國會後進行大選，亦透過民意解決了郵政民營化之爭議，從以上筆者所提出的美、日、德等民主先進國家，無論是實施總統制或內閣制之所以能夠推行順暢除了其憲政體制能符合權責分明，一切運作皆能合乎民主政治運作原理原則外，而其中最重要的乃是其國家人民早已建立良性的政黨競爭體制與培育了深厚良好的民主憲政文化所致，否則就是制定了一部所謂最好的規範性憲法，亦是很難達成真正的民主憲政的預期效果的。

就我國的制憲歷史而言，孫中山先生所主張的建國理想，本來就是提倡建設一個像美國或法國那樣分權與制衡的政府，來保障人民的基本人權，以落實主權在民的理想。因此民國初年制定的臨時政府組織大綱，亦就是中華民國開國的第一部成文憲法，乃仿效美國總統制，至民國 25 年雖有五五憲草之擬定，究其內容而言亦是偏向總統制，但因抗日戰爭而停擺。直至抗戰勝利後國民黨、共產黨、民社黨、青年黨、民主同盟及社會賢達共同舉行政治協商會亦，並就「五五憲草」之內容提出憲政且據以制定現行中華民國憲法。其中央政府之體制，是世界上絕無僅有的中央政府體制，就憲政原理而言就種下了各界解說紛爭不已的根源，且在運作上往往有與實際政治環境扞格不入。

　　若依照這部憲法的規定，總統在憲法上的權利是有限的，而真正實權乃在行政院院長，後制定動員戡亂時期臨時條款，凍結了部分的憲法條文，但因總統與國民大會及立法院隸屬同一政黨，因此中央政府體制有如總統制，而李前總統登輝先生可以在其任內進行了六次憲政改革，經過修憲後的憲法實際上是改良式的雙首長制。改制後總統雖由公民直選，除非總統與立法院多數黨是同黨，否則總統亦會遭遇立法院杯葛很難施展其實權。

　　而論及我國當前所實施的憲政體制，的確是國、民兩黨於民國 79 年召開國是會議起至 94 年間，透過政黨協商修憲方式而經歷七次修訂的，目前的雙首長制亦有學者稱為半總統制，在我國已轉型為自由民主的政治體系中，為何會出現運作上的處處不順暢之境，甚而造成國無寧日呢？而過去同樣是混合制的憲法理而言亦迭遭批判，亦如前最高法院院長謝瀛洲先生、憲法教授管歐先生、台大教授薩孟武先生、前大法官林紀東先生等憲法名家對中華民國憲法的批評亦頗為激烈，而個人又都有他們修改的主張。對於我國現行憲法向來提出批評的，大致有三種不同的觀點，第一，是說現行憲法與國父的五權憲法的精神大有出入，如謝瀛洲博士、管歐教授皆持此觀點加以批評；林紀東大法官也說現行憲法之精神與五五憲草大有不同。第二，是認為現行憲法與英美三權分立憲法有所不合，難以促成民主政治。第三，是認為情勢變更，非制憲當時所能料及，因此必須加以修改……薩孟武教授亦說：吾國各種新制度方在草創之時，時條款制定的理由，即可看出我們的憲法並不是十全十美的（姚嘉文，1999：20-25；李鴻禧，2001：201-247；李鴻禧等合著，2002 年：1-26；胡佛，中國時報，2000 年）。

三、體制設計權責不符致政黨競爭紛擾難休

的確，世上難有百代不衰之思想，亦不容易找到完美無缺的政治體制，而中華民國憲法之制定乃是經過各黨各派政治協商之結果，亦因中央權責劃分不清致而種下了爾後各界爭論不已之根源，但由於當時執政的國民黨，由於充分掌握黨政軍警媒體與財經等部門，且透過政黨政治之運作，因此在實際的運作上行政權方面卻仍能發揮相當的功能與效率，而同樣的憲政體制，到了 2000 年發生第一次政黨輪替，就變成所謂的「朝小野大」，即使 2004 那次總統大選，前總統陳水扁先生已獲50.11％超過半數得票率，但由於那時泛藍陣營在國會仍居多數，且立法與行政互動關係欠佳，甚而多次造成僵局，而在2008 年發生第二次政黨輪替，國民黨重新贏得執政，前總統馬英九先生連續當選第十二任、第十三任總統，而且在國會，國民黨亦贏得多數席次，組成所謂「一致政府」，所謂國民黨完全執政完全負責。2016 年 1 月 16 日總統選舉，民進黨籍的蔡英文、陳建仁當選中華民國第十四任總統、副總統，且在立法委員的選舉中，民進黨獲得六十八個席次，也就是說，民進黨取得完全執政完全負責的地位。

惟自 2016 年 5 月 20 日蔡英文總統就職半年多以來，藍綠政黨之間的相爭仍未見有減緩的跡象，其中的之因素不只一端，然而依筆者之看法，尚未建立一個真正權力分立與制衡、權責相符的憲政體制及良性的政黨競爭體制，乃是其中最大的因素。因此為提昇我國的民主政治品質、以利國是推動順暢，當前憲法實有待加以改革之必要，尤其是未來的中央體制之走向，究竟應朝向總統制或內閣制或實施的雙首長制來加以改良，亦在在皆是我們必須加以正視並從根本上去加以解決的重要課題。

誠如英國名法學家戴雪（A.V. Dicey）在其所著「英憲精

義」一書中曾引述英國的一句格言「憲法不是造成的，而是成長的（The constitution hasnot been made but has grown.）」，而日本當代憲法大師小林直樹亦指出「憲法既然是屬於法律之類，就如其他法律會隨社會變遷而變遷」因此我們必須深深的體悟到民主憲政的成長是「一眠大一吋」循序漸進，因時因地加以改革的道理，以順應世界民主思潮與民主主流民意趨向，尤其是憲法的變遷有其時代背景與主流民意的需求，而民主的道路是不能走回頭路的，所以凡是真正熱愛台灣斯土斯民的人，當會毫無疑問的去珍惜這幾十年來大家無分朝野、族群、黨派全民所共同努力打拚所締造的民主成果。

筆者在長年的研究歐美先進國家實施民主憲政的歷程與經驗，亦深深體會出當前我們的政局亂象，其主要因素，乃在於我國尚未建立完善的憲政制度與良性的政黨競爭體系及符合台灣政治發展之選舉制度，尤其是中央政府體制權責未能真正釐清，權責不符所致，因此如何建立一個真正符合權力分立與制衡，權責相符的新世紀台灣憲政體制，並能為國家帶來長治久安的選舉制度與良性政黨競爭之政治體系與優質民主文化，在在皆是朝野、全民責無旁貸地去加以思考與努力的方向。筆者亦認為要有效的突破當前台灣民主憲政之困境，我國的中央政府體制確實有加以改革之必要，而未來我國憲政體制的走向究竟朝向內閣制、總統制或是對當前實施的雙首長制加以改良，皆有待朝野全民來加以審慎思考，並以民主協商方式凝聚民主之共識而來加以共同解決。

四、良好憲政體制是穩健發展基石、 檢討憲改以落實民主政治

當然就民主憲政的原理及西方民主先進國家實施民主化的過程與經驗，無論是總統制、內閣制或法國的雙首長制，皆有其自己國家的立憲背景與特色，而政治制度亦沒有絕對的優劣

標準，只能說哪一種憲政制度比較適合哪個國家的憲政文化、民意主流趨向與政治發展需要罷了。而筆者亦深深的感受到憲政體制乃是規範行政、立法、政黨之間的分權與制衡之互動，同時亦影響人民之政治態度和行為模式的最重要因素，而總統制、內閣制、雙首長制皆有其利弊得失所在，英美等先進國家實施內閣制或總統制亦有發生行政與立法部門互相嚴重對峙或一黨長期獨大之僵局，但他們之所以能保持憲政體制制度運作順暢，其主要因素不在其制度本身是多麼完美無缺，其關鍵點乃在於其國人早已培育出高品質的民主憲政文化，而朝野政黨對憲政制度皆能予以充分的尊重與維護。

因此，筆者認為對國人一切的憲政改革大業，所有朝野政黨及全民亦應當以天下蒼生為念，徹底屏除自己黨派之私見，將國家與台灣兩千三百萬人民的利益置於自己黨派的利益之上，一切的改革皆須以國家與人民的福祉為優先，將改革求變與國家安全與人民福祉兼融並顧，以生命共同體的情感結合，培養良性競爭的憲政文化，共同建立一個更為符合公平正義、自由民主與人權之憲政體制，以建立真正能符合人類自由民主人權之普世價值與國家發展需要。

當然，各種民主憲政制度實施成功的因素皆有其種種必備的條件，諸如國家的歷史文化背景、選舉制度、政黨體系、憲政文化等，皆是推行民主憲政成功不可或缺的要件，而世界上任何國家無論是實施何種中央政府體制各皆有其優缺點與獨有之特色，而當中最應考量者乃是哪一種制度較為適合哪一個國家的需要，否則難免會有橘逾淮則枳，產生水土不服，亦是很難達成直政治改革之預期指標，因為沒有建立溫和及協商的良性政黨競爭體系，那是很難落實國家的民主憲政，因此朝野更應具有寬闊的胸襟，以協商代替對抗的理性溫和方式解決各項紛爭，朝野政治人物應以天下蒼生為念，認真、冷靜的思考這

一關係國家長遠利益與後代子孫幸福生活的憲政體制之改良問題，因為唯有建立權責相符的憲政體制，才是台灣走向長治久安與確保兩千三百萬同胞安和樂利生活的最佳保障。

參考文獻

1. 謝瑞智(2008)。《法律百科全書 II 憲法》，三民書局總經銷。

2. 姚嘉文（2003）。《制憲遙遠路 -- 台灣的制憲與建國》，關懷文教基金會發行，2003 年 11 月再版。

3. 李鴻禧著（2001）。《憲法教室》。台北：元照出版有限公司。

4. 李鴻禧等合著（2002）。《台灣憲法之縱剖橫切》。台北：元照出版有限公司。

5. 胡佛（2000）。政治問題與政治改造，《中國時報》，4 月 30 日，十四版。

6. 黃炎東(2014)。《憲政論：憲政變遷與體制改革》。台北：臺灣商務印書館

7. 黃炎東(2014)。《中華民國憲法概要》，五南圖書公司總經銷。

8. 黃炎東(2008)。《憲政思辨— 我國中央政府體制發展方向之研究》，五南圖書公司總經銷。

9. 黃炎東(2013)。《政黨政治與民主憲政》，中央警察大學出版社，2013 年 12 月再版二刷。

國家圖書館出版品預行編目資料

為理想而奔馳──一個大學教授的夢 / 黃炎東
--初版-- 臺北市：博客思出版事業網：2017.04
ISBN：978-986-93783-3-8（平裝）

1.臺灣政治 2.中華民國法律 3.時事評論

191.9   105018650

心靈勵志 43

為理想而奔馳──一個大學教授的夢

作　　者：黃炎東
編　　輯：塗宇樵
美　　編：塗宇樵
封面設計：林育雯
出 版 者：博客思出版事業網
發　　行：博客思出版事業網
地　　址：台北市中正區重慶南路1段121號8樓之14
電　　話：(02)2331-1675或(02)2331-1691
傳　　真：(02)2382-6225
E—MAIL：books5w@gmail.com或books5w@yahoo.com.tw
網路書店：http://bookstv.com.tw/、http://store.pchome.com.tw/yesbooks/
　　　　　http://www.5w.com.tw、華文網路書店、三民書局
　　　　　博客來網路書店 http：//www.books.com.tw
總 經 銷：成信文化事業股份有限公司
電　　話：02-2219-2080　　傳 真：02-2219-2180
劃撥戶名：蘭臺出版社 帳號：18995335
香港代理：香港聯合零售有限公司
地　　址：香港新界大蒲汀麗路36號中華商務印刷大樓
　　　　　C&C Building, 36,Ting, Lai, Road, Tai,Po, New,Territories
電　　話：(852)2150-2100　　傳真：(852)2356-0735
總 經 銷：廈門外圖集團有限公司
地　　址：廈門市湖裡區悅華路8號4樓
電　　話：86-592-2230177　　傳 真：86-592-5365089
出版日期：2017年04月 初版
定　　價：新臺幣350元整（平裝）
ISBN：978-986-93783-3-8